KB088766

굴뚝 속으로 들어간 의사들

굴뚝 속으로 들어간 의사들

2017년 6월 23일 초판 1쇄 발행
2018년 8월 1일 초판 5쇄 발행

지은이	강동묵, 공유정옥, 김대호, 김영기, 김인아, 김재광, 김정수, 김형렬, 류현철, 송한수, 이진우, 이혜은, 전주희, 최민

편집	최인희 김삼권 조정민
디자인	이경란
제작	도담프린팅
종이	타라유통

펴낸곳	나름북스
펴낸이	임두혁
등록	2010.3.16. 제2014-000024호
주소	서울 마포구 월드컵로 15길 67(망원동) 2층
전화	(02)6083-8395
팩스	(02)323-8395
이메일	narumbooks@gmail.com
홈페이지	www.narumbooks.com
페이스북	www.facebook.com/narumbooks7

ISBN 979-11-86036-33-4 03300
값 15,000원

이 도서의 국립중앙도서관 출판예정도서목록(CIP)은 서지정보유통지원시스템 홈페이지 (http://seoji.nl.go.kr)와 국가자료공동목록시스템(http://www.nl.go.kr/kolisnet)에서 이용하실 수 있습니다. (CIP제어번호: CIP2017012999)

굴뚝 속으로 들어간 의사들

일하다 죽는 사회에 맞서는 직업병 추적기

한국노동안전보건연구소 기획

강동묵 공유정옥 김대호 김영기
김인아 김재광 김정수 김형렬 류현철
송한수 이진우 이혜은 전주희 최민

나름북스

글 싣는 순서

프롤로그

당신은 어떤 일을 합니까? | 김재광 _7

1장

산업재해 혹은 노동권을 뒤흔든
일곱 개의 장면

제일화학의 기억: 끝을 알 수 없는 죽음의 먼지 석면 | 강동묵 _14

터널 끝 어둠으로부터 진폐병동까지: 석탄 광부 이야기 | 최민 _34

마음을 병들게 한 청구성심병원의 일터괴롭힘 | 김재광 _48

간을 망가뜨린 독성물질, 죽음을 막지 못한 건강검진 | 이혜은 _58

도시철도 기관사의 정신질환도 직업병입니다 | 김형렬 _72

'골병'의 현장을 바꾼 두원정공 노동자들 | 김영기 _82

아픈 노동자 대우자동차 이상관, 죽음으로 항변하다 | 김정수 _92

2장

오늘, 우리 시대의 산업재해:
죽음의 공장, '관계자 외 출입금지'

열사병, 그리고 저열한 제도에 쓰러진 조선소의 청년 | 류현철 _104

숨겨진 산업재해들, 위험을 방치하고 생명을 무시한 범죄 | 이진우 _116

작업중지권: 얼마나 위험할 때 일을 멈춰도 될까? | 최민 _130

건강진단의 모순: 예방하려다 배제되는 불편한 진실 | 류현철 _144

산재노협 활동가 남현섭의 삶과 죽음 | 김정수 _156

3장

소리 없는 살인자, 직업병:
당신은 고장 난 쓰레기가 아닙니다

- -

위험한 첨단전자산업, 삼성반도체 피해자들과의 10년 | 공유정옥 _166

돌먼지 속에서 살아온 사람들 | 김대호 _180

죽거나 혹은 나쁘거나: 유산과 기형아 출산 | 김인아 _188

조리급식 노동자의 골병이 말하는 것 | 류현철 _200

영혼까지 팝니다: 감정노동의 맨 얼굴 | 김인아 _212

과로사와 과로 자살: 열심히 일한 당신, 죽는다 | 김형렬 _224

우울한 사회, 죽음을 향해 달려가는 노동자 | 김인아 _234

4장

안전의 외주화:
불안정노동자의 불안전 노동

- -

그때도 있었고 지금도 있는 수은중독 | 송한수 _248

태국 노동자 집단 앉은뱅이병을 일으킨 노말헥산 | 이혜은 _272

메탄올 중독사건:
법의 사각지대에서 시력을 잃은 파견노동자들 | 이진우 _284

현장실습이라 불리는 어린 노동자 착취의 굴레 | 최민 _300

에필로그
굴뚝 밖으로 나온 노동자들 | 전주희 _318

당신은 어떤 일을 합니까?

혹시 당신을 진료하는 의사가 당신의 직업, 하는 일을 물은 적 있나요? 진료비를 걱정하는 눈치가 아니라면, 당신의 일에 관해 의사에게 가능한 한 자세히 이야기하세요. 무슨 말인가 하면, 질병의 정확한 진단뿐 아니라 원인을 알고 치료하는 데에 당신이 현재 하는 일이나 전에 했던 일이 매우 중요하다는 말입니다. 직업 환경은 여러 질병의 원인이 되기도 하고, 직접적인 원인이 아니더라도 질병의 진행이나 경과에 영향을 줍니다. 당신의 건강과 삶은 당신의 일과 일터로부터 분리될 수 없는 것이지요.

늘 피곤한 당신은 자신의 나약한 간을 원망할지도 모르겠지만, 오래 일하고 높은 업무 강도에 시달리고, 상사 또는 고객으로부터 스트레스를 받으면 아무리 건강한 간도 쉽게 피로에서 회복할 수 없습니다. 작업장에서 발암성 물질을 포함한 유해물질을 흡입하는 당신이 아무리 깨끗이 씻어도 당신을 아프게 하는 물질은 몸속에 들어와 여기저기 퍼져나갑니다. 따라서

"무슨 일을 하느냐"는 의사가 환자에게 반드시 물어야 할 질문입니다.

그러나 현실에선 질문하지 않는 경우가 더 많습니다. 이 간단한 물음이 없어 몇 개월 동안 병의 원인을 모르고 죽어가기도 합니다. 과장이 아닙니다. 우리나라 직업병 역사를 말할 때 빠질 수 없는 '문송면 사건'의 중학생 문송면이 그랬습니다. 1988년 당시 15세 소년 노동자 문송면이 사망했습니다. 공장에서 온도계에 수은을 넣는 일을 하고 겨우내 현장에서 잠을 자곤 했던 소년은 어느 날부턴가 불면증과 두통에 시달립니다. 처음에는 병원에서 감기약을 타다 먹었는데 도통 듣지 않습니다. 증세는 악화하여 전신발작까지 하게 됐습니다. 발작 이후에도 여러 병원과 한의원을 전전하지만 차도도 없고 원인도 밝혀내지 못했습니다. 급기야 굿까지 하게 됩니다. 의사들도 모르는 병이니 어쩌면 한 가닥 희망이라도 잡고 싶은 부모의 절박한 마음이었겠지요. 당연히 굿도 효험이 없었습니다. 왜냐하면, 소년의 병은 수은에 중독되어 발생한 것이기 때문이었습니다. 소년은 뒤늦게 한 의사로부터 "어디서 일하다가 이렇게 되었니?"라는 물음을 받게 되고 그제야 수은 등에 중독된 것을 알게 됩니다. 그러나 불과 얼마 뒤 소년은 안타깝게도 저세상으로 떠납니다. 이 사건은 당시 시대적 상황과 맞물려 직업병을 사회 문제로 삼는 불씨가 되었고, 본격적인 산재추방, 조직적인 노동자 건강 운동의 시발점이 되었습니다. 그가 묻힌 마석 모란공원에서는 그가 사망한 7월 2일 즈음 매년 산재 사망 노동자 추모제가 열립니다. 만일 소년에게 무슨 일을 했는지 묻는 의사가 진작 있었다면 어땠을까요? 아니, 30여 년이 지난 지금은 많이 달라졌을까요?

이 책은 이런 질문을 하는 의사들이 썼습니다. 그들이 갖가지 일터에서 갖가지 직업병과 직업성 질환을 겪은 노동자들의 사연을 써 내려갑니다. 이들이 만났던 노동자 사연을 보면 "지금도 이런 일이 있어?"라고 되물을 법한 일들이 아직도 벌어지고 있습니다. 폐업한 공장을 철거하던 노동자들은 수은에 집단 중독되었습니다. 형광등을 만들던 공장이 폐업하고 철거하게 되었는데, 건물을 철거하는 노동자들에게 수은이 있다는 사실을 알려주지 않아 작업자들이 그대로 노출된 것입니다. 이들 역시 자신들이 수은 중독 때문에 아프다는 사실을 고통을 겪은 지 몇 개월이 지나서야 알게 됩니다.

제품 출하 전 노트북컴퓨터 겉면을 닦던 태국 출신의 이주노동자는 어느 날 하반신이 마비되어 일어날 수가 없습니다. 이른바 '앉은뱅이병', 말초신경병증이 생긴 겁니다. 이들이 노트북컴퓨터를 닦는 데 사용한 물질은 노말헥산으로 신경독성이 강하기로 유명한 화학약품입니다. 회사는 무색무취하고 무서운 이 물질의 위험성을 노동자에게 알려주지 않았고, 작업장에는 보호구도 없었습니다. 심지어 초기에 고통을 호소하는 노동자들을 무시했습니다.

이런 일이 이주노동자에게만 발생하는 것은 아닙니다. 인천과 부천 등에는 소규모의 휴대폰 하청공장이 많습니다. 이곳에서 일했던 20대 청년 노동자들이 갑자기 눈이 멀고, 뇌에 문제가 생깁니다. 알고 보니 에탄올을 쓰게 돼 있던 해당 공정에서 에탄올 대신 값이 싼 메탄올을 사용한 겁니다. 흔히 공업용 알코올로 알려진 메탄올은 굉장히 오래된 유해물질입니다. 그 유해성 때문에 대체 물질로 에탄올이나 이소프로필알코올 등을 사용하는 것이 보통입니다. 이곳의 사업주 역시 노동자가 사용하는 물질의 위험성을 알려 주지 않았고, 보호구를 지급하지도 않았습니다. 심지어 감독기관에는 에탄올을 사용하는 것처럼 속였고 기본적인 관리조차 받지 않았습니다. 이 청년들은 모두 불법으로 파견된 노동자로 12시간 맞교대로 일했습니다. '사람보다 우선하는 이윤'의 논리에 따라, 위험은 사라진 것이 아니라 세상의 눈을 속여 가며 더 취약한 노동자에게, 아래로 아래로 내려가고 있었던 겁니다.

이런 일이 중소 사업장에서만 일어나는 것도 아닙니다. 위험은 사업장 크기와 업종을 불문하고 '사람보다 우선하는 이윤'을 따라 광범위하게 퍼집니다. 그 어디보다 청정할 것 같은 대기업 반도체 공장 '클린룸'의 노동자들은 백혈병과 희귀질병을 앓으며 평생 고통에 시달리다 죽고 있습니다. 고객을 응대하는 서비스 노동자는 고객의 횡포와 사업주의 방치로 정신질환에 시달리고, 노동조합 활동을 했다는 이유만으로 지속적인 괴롭힘을 받아 부서진 마음을 부여잡아야 하는 노동자들도 있습니다. 어떤 일을 하건 팔다리, 어깨, 허리가 아픈 골병에 시달리는 노동자가 부지기수입니다. 어느 특정한 사람들만의 문제가 아니더란 말입니다.

참 우울하고 힘든 일입니다. 오죽하면 30년 전부터 외친 "다치지 않고, 병들지 않고, 죽지 않고 일하자"가 여전히 일터의 절박한 구호로 남아있겠습니까. 그러나 굴뚝에 함께 서 있는 이 의사들은 마냥 슬퍼하고 좌절하지만은 않습니다. 이들은 의사인 동시에 스스로 '노동안전보건활동가'가 되었습니다. 때로는 비인간적이고 비문명적인 현실 앞에서 무력감을 느끼기도 하지만, 이에 굴하지 않고 자신이 할 수 있는 정책적, 의료적, 조직적 노력을 해나가고 있습니다. 이들과 함께 여러 노동안전보건 단체가 사회활동을 하고, 일터에서는 노동자들이 자신의 건강과 삶을 지키기 위해 무던히 애쓰고 있습니다. 이 책의 필자들이 직간접적인 연을 맺고 활동하는 '한국노동안전보건연구소'도 이런 노력의 과정이자 결과입니다. 만약 지금이 이전보다 아주 조금이라도 나아졌다면 감히 이들의 무던한 노력 덕분이라 말하겠습니다.

우리 모두는 "다치지 않고, 병들지 않고, 죽지 않고 일하자"는 절박한 요구에 전적으로 공감합니다. 그러나 여기에만 만족할 수는 없습니다. 일을 하며 아프지 않고 죽지만 않으면 되는 것이 아니라, 일을 통해 행복하고 더욱 건강한 삶을 살아야 하기 때문입니다. 이를 위해서는 '삶보다 이윤이 우선'인 일은 사라져야 합니다. 일의 과정과 결과에서 정작 일하는 사람을 소외시키는 구조와 생각은 변해야 합니다. 일하는 사람이 일의 진정한 주체가 될 때 일터와 사회의 건강은 비로소 온전할 것입니다.

　비단 의사만이 아니라 우리는 언제나 질문해야 합니다. 궁금해야 합니다. 나는, 당신은 무슨 일을 합니까? 우리의 질병은 어디서 왔나요? 우리에게 일터는 행복입니까 아니면 고통입니까? 건강한 삶을 위해 우리에겐 어떤 일터가 필요한가요?

2017년 5월

김재광(한국노동안전보건연구소 소장)

1장

산업재해 혹은 노동권을 뒤흔든 일곱 개의 장면

제일화학의 기억

끝을 알 수 없는
죽음의 먼지 석면

강동묵
(양산부산대학교병원 직업환경의학과 교수)

2006년 12월, MBC의 박상규 기자라고 자신을 소개하는 전화가 걸려 왔다. 2005년 일본 열도를 떠들썩하게 했던 '구보타 쇼크'를 아느냐는 질문으로 이야기를 시작한다. 당시 나는 석면 문제가 노동자에게만 해당한다고 생각했기 때문에 공장 주변 주민에게 석면 관련 질병이 생길 수 있다는 이야기를 믿기 어려웠다. 일단 기자를 만나 이야기를 들어보기로 했다. 말쑥한 차림의 박 기자는 구보타 공장 인근 주민의 사례가 부산에도 있을 수 있지 않겠냐면서, 1990년 부산 MBC의 탐사보도를 추측 이유로 들었다. '죽음의 먼지 석면'에 관한 이 보도의 최화웅 기자는 "연신국민학교(현 연신초등학교) 4학년 2반 교실에서 바라보

---

1 2005년 6월 29일에 마이니치신문은 '석면 관련 질환으로 지난 10년간 51명 사망 – 구보타가 사원들을 지원키로'란 기사를 1면에 실었다. 그 이후 일본 전역의 석면공장 노동자뿐 아니라 석면공장 인근에 거주한 적이 있는 주민에게도 석면 관련 질환이 생길 수 있다는 사실이 연속적으로 밝혀짐으로써, 일본 전체가 석면 공해에 큰 충격을 받았고 이후 석면 피해에 관한 구제법이 만들어지는 계기가 되었다. 구보타 쇼크는 석면 관련 질환이 직업병이면서 환경병이라는 사실을 일본 사회에 각인시켰다.

면 발암성 분진을 내어놓고 있는 제일화학을 이웃하고 있습니다"라고 이야기한다. 나를 찾아온 박 기자는 평소 이런 과거 기사를 틈틈이 찾아 공부해 왔다. 집념을 갖고 사회 문제를 파헤치는, 직업윤리 의식이 투철한 언론인을 만난 것이다.

파란 미나리꽝을 하얗게 덮은 석면

당시 보도에선 이런 공장이 부산에만 11개가 있고 이들 공장에서 인근 주택가로 석면을 내뿜고 있다고 했다. 박 기자는 1990년에 이런 문제가 있었다면 2006년까지 16년이란 시간이 흘렀으므로 부산에도 일본의 구보타와 비슷한 문제가 분명히 있을 거라면서 함께 문제를 파헤쳐보자고 제안했다. 뒤에 알게 된 사실이지만, 1989년 9월 18일자 항도일보(후에 부산매일신문으로 개칭)에 "주택가에 발암분진 공장, 부산 연산1동 석면가공업체 가동"이라는 제목의 기사가 실렸고 그 내용은 "맞은편 5m 거리에 국민학교", "죽음의 먼지", "조금만 마셔도 20~30년 뒤 암 발생", "악성중피종, 폐암 등 인체에 치명적인 공해병을 유발" 등이었다. "죽음의 먼지로도 일컬어지는 석면을 원료로 석면포를 제조하는 공장이 주택가와 국민학교 한가운데 위치하고 있어 작업장 내 노동자들은 물론 인근 주민과 학생, 교사들의 건강이 크게 우려된다"는 것이다.

1970년대 당시 제일화학 주변은 미나리꽝이었다. 공장에서

©Johanning

–
1991년의
제일화학 담벼락 옆 주택가

먼지가 날리면 파란 미나리꽝이 하얀 눈밭처럼 변했다고 제일화학 전직 근무자들은 말한다. 1991년 한국을 방문해 우리나라의 석면공장 문제에 관해 논문을 쓴 뉴욕 마운트사이나이Mt.Sinai 의과대학 요하닝Johanning 교수는 제일화학 주변에 주택이 밀집해 있어 매우 위험하다고 지적했다. 그는 1991년 한국 방문 당시 제일화학 주변을 찍은 사진을 보관하고 있었다.

석면공장 옆에 살던 주민을 찾아서

박 기자가 던진 숙제를 해결하기란 매우 난감했다. 16년이나 지났는데 당시 주민을 어떻게 찾을 것인가? 발전이 빠른 도시의 특성상 주민들은 이리저리 흩어졌을 것이었다. 그리고 대부분의 석면 관련 질환은 잠복기[2]가 최소 10년에서 최대 50년까지다. 직업적으로 석면을 다루는 노동자가 석면을 고농도로 호흡

2 주로 감염성 질환에 쓰이는 용어로 병원체에 감염 후 증상이 나타날 때까지 걸리는 시간이다(감염역학에서 잠복기와 잠재기의 의미가 다르지만, 여기서는 잠복기로 표현하기로 한다). 석면 관련 질환의 경우, 석면을 흡입한 후 폐 섬유화가 진행되어 폐가 굳거나, 폐암이 진행되어 발견되기까지의 시간을 말한다.

한 경우 잠복기가 이보다 짧은 수개월 정도가 될 수 있지만 통상 최소 10년 정도로 본다. 저농도에 노출되는 환경성 석면 관련 질환은 직업성 질환보다 잠복기가 더 길어 보통 30년 정도다. 연산동의 제일화학은 1990년경 문을 닫고 양산으로 이전했으니, 그보다 전에 연산동 제일화학 주변에 살던 분들을 찾는 일은 쉬운 일이 아니다. 특히나 석면의 기여율[3]이 낮은 질병은 석면과의 관련성을 찾기가 더 어려울 것이 분명했다. 석면이 일으키는 것이 확실한 병은 아래 표와 같다. 따라서 석면 때문에 생긴 것이 틀림없는 악성중피종[4] 환자를 대상으로 과거 주거지를 추적하기로 마음먹었다.

---

3 특정 질병을 일으키는 데 특정 요인(병원체, 독성물질 등)이 차지하는 비율을 말한다. 예를 들어 폐암의 기여율이 흡연 90%, 석면 5%, 기타(원인 미상) 5%라고 했을 때, 폐암 환자 100명 중 5명은 석면 때문에 발병했다는 것이다. 그러나 이것은 집단을 대상으로 한 통계적 수치로서, 개인 폐암 환자의 90%는 흡연 때문이고 5%는 석면 때문이라고 말할 수는 없다. 흡연을 하지 않은 석면공장 노동자의 폐암은 석면 노출량과 노출 기간이 충분하다면 거의 전적으로 석면 때문에 생겼다고 할 수 있으며, 석면 노출이 없는 일반인 폐암 환자가 장기적으로 많은 양의 흡연을 했다면, 이 경우의 폐암은 거의 전적으로 흡연 때문이라고 할 수 있다. 석면의 발암성이 큼에도 불구하고, 폐암의 기여율이 낮은 이유는 전체 국민 중 많은 양의 석면에 노출된 노동자(와 환경성 피해자)의 수가 적기 때문이다.

4 중피에 생기는 암이다. 정자와 난자가 만나 배아가 생기고 태아로 발전하면, 바깥쪽(외피)은 피부가 되고, 안쪽(내피)은 내장 장기, 즉 위, 폐, 간 등이 된다. 피부와 내장 장기 사이의 막이 중피이며, 여기에 암이 생기는 것이 악성중피종이다. 중피는 주로 폐와 피부 사이(흉막중피), 창자와 피부 사이(복막중피)에 존재하기 때문에 흉막중피종과 복막중피종이 주요한 악성중피종이다. 이 악성중피종은 대부분 석면노출 때문에 발생하여, 환경부에서는 어디서 얼마나 노출되었는가에 상관없이 석면피해구제법에 따라 환경성 피해로 보상하고 있다. 따라서 악성중피종 진단을 받았다면 구청에 보상을 신청한 후 절차에 따라 보상받을 수 있다.

석면 질환의 종류

질환	소구분	국제암연구소 발암성	석면 기여율	석면 피해구제법
암	폐암	1군(확실)	흡연 90%, 석면 5~10%	대상
	악성중피종 (흉막과 복막의 암)	1군(확실)	석면 80~90%	대상 (100% 보상)
	후두암	1군(확실)	낮음	
	난소암	1군(확실)	낮음	
	대장직장암	2A군 (가능성 높음)	낮음	
	위암	2A군 (가능성 높음)	낮음	
폐질환	석면폐증 (폐 섬유화)		높음	대상
흉막질환	흉막반, 미만성 흉막비후 (흉막의 섬유화)		높음	대상
기타	폐성심(석면폐 합병증: 심장질환)		낮음	

[표]에 나와 있는 석면피해구제법 대상 질병은 구청에 피해 구제를 신청할 수 있다. 또한, [표]의 모든 질병은 산재 대상이므로 직업적으로 석면을 취급한 분은 근로복지공단에 산재 요양 신청을 하시기 바란다. 위 질환들은 중증도가 높은 질병이며, 잠복기가 지난 이후에 나타난다. 무서운 것은 과거에 얼마간의 석면 노출이 있었고 그 이후에는 노출이 전혀 없다 하더라도, 병은 계속 진행되어 말기까지 이른다는 점이다. 석면폐증은 고농도에 장기간 노출된 경우 호흡곤란과 병의 진행이 빠르지만, 노출이 낮은 경우엔 진행이 매우 더딜 수 있다. 그러나 폐암과 악성중피종은 진단받고 보통 9개월 정도 생존하다 사망하는 매우 치명적인 질환이다. 석면폐증이 비교적 높은 농도에 노출되어서 생기는 질병인 데 반해, 악성중피종(과 늑막반)은 낮은 농도에서도 생길 수 있다.

석면피해구제법은 2011년에 발효되어 현재까지 환경성 석면 피해자들을 구제

1996년부터 2006년까지의 과거 10년간 부산지역 4개 의과대학병원에서 진료받은 적이 있는 악성중피종 환자의 거주지를 추적 분석해 다음과 같은 결과를 얻었다. 2006년까지 발견된 부산지역 거주 경험 환자 25명 중 11명은 제일화학(과거 연산동 소재, 현재는 제일 E&S로 양산 소재) 인근, 1명은 동양아스베스트(덕포동 소재, 현재 동양 ENG) 인근, 1명은 한일화학(장림동 소재) 인근에 거주했으며, 제일화학 인근 거주자의 경우 2km가 넘는 경우라도 바람이 불어가는 쪽으로 환자들이 분포해 있었다. 연구 결과 석면방직공장이 소재하지 않은 지역에서 악성중피종 환자가 생길 위험도를 1로 했을 때, 3개 공장 인근 2km 내에서 환자가 발생한 위험도(비례위험도)는 6.46배였고, 제일화학만을 대상으로 했을 때의 위험도는 10.23배에 이르렀다.

이런 결과는 2007년 7월 16일 MBC 9시 뉴스에 대서특필됐다. 그 이후 23일까지 전국과 부산의 주요 뉴스에 총 9회 연속 보도되었고, 유사한 사건 보도가 연일 이어지며 우리나라에서도 환경성 석면 문제가 사회적 의제로 등장하게 되었다.

아픈 노동자들이 있다는 걸 우리는 몰랐다

내가 한 연구 결과에도 불구하고 나는 여전히 환경적으로 석면에 노출된 경우에도 석면 관련 질환이 생긴다는 사실에 대해 확신이 부족했다. 즉, 공장 밖으로 석면이 나와 봐야 얼마나 나올 것이며 이게 정말 일반인에게 위험할 정도였는지 장담하기 어려웠던 것이다. 내 연구 결과가 우연의 일치는 아닐까? 정말 일반인에게까지 문제가 될 정도라면 석면을 직접 취급한 노동자들의 피해는 그보다 훨씬 클 텐데도 그때까지 석면 취급 노동자에게 직업병이 대량 발생했다는 소식이 없던 터였다.

한편, 석면 보도 이후에 환경운동연합을 중심으로 부산시에 석면피해신고센터가 만들어지고 시민들의 제보가 이어졌다. 2007년 8월엔 부산지역 석면피해대책위원회가 구성돼 전국석면추방네트워크BANKO 준비위원회 워크숍이 열렸다. 이런 사회적 관심과 맞물리면서 제일화학 퇴직자 고 원점순 씨의 악성중피종 석면 피해 소송이 승소 판결을 받았다. 원 씨(여·사망 당시 46세)는 1976년 2월부터 2년 동안 제일화학에서 일했다. 회사를 떠난 지 16년이 지난 2004년 7월경, 가슴에 담이 든 것처럼 아파 병원을 찾았고, 악성 흉막중피종 진단을 받았다. 그녀는 제일화학을 상대로 소송을 냈고 판결을 보지 못한 채 투병 2년 만인 2006년 10월 사망했다. 이듬해인 2007년 12월 4일 대구법원은 원 씨의 손을 들어줬다.

당시의 판결문은 이렇게 기술하고 있다. "회사(제일화학)는 석면 관련 전문회사로서 석면의 위험성을 잘 알고 있었는데도 근로자들에게 석면으로부터 보호될 수 있는 보호복과 보호 마스크, 장갑 등을 제대로 지급하지 않았고 석면 먼지나 가루가 완전히 환기될 수 있는 시설도 설치하지 않았던 점이 인정된다".

또한 이후 부산에서 진행된 제일화학 상대 소송의 판결문도 "피고 제일이엔에스는 1976년경 이전에는 근로자들에게 필터가 부착되지 않은 마스크를 제공하다가 1976년경부터는 방진마스크를 제공하였으나 방진 기능을 담당하는 필터를 제때 교체해주지 않았고, 작업 도중 석면사가 끊어질 경우 이를 이어야 하는 업무를 담당하던 근로자들에게 방진 장갑을 제공하지 아니하였으며, 작업복도 방진 작업복이 아닌 일반 천으로 만들어진 일반 작업복만을 제공하였고, 작업장의 방진 및 집진 시설을 제대로 설치하거나 가동하지 아니하여 작업장에 항상 석면 분진이 비산되어 있었다"고 기술하고 있다.

그러던 중 뿔뿔이 흩어져 지내던 제일화학 퇴직자들이 판결 소식과 뉴스를 듣고 모이면서, 2007년 12월 28일에 석면피해자 모임 1차 준비회의가 열렸다. 그날 참석한 노동자 30명 중 22명이 폐 관련 질환을 앓고 있었다는 사실을 알게 되면서, 이 모임에 참석한 나는 전문가로서 심각한 자괴감을 느꼈다. 석면 관련 질환을 앓고 있는 노동자가 별로 없던 것이 아니라, 전문가를 포함한 우리 사회가 이를 모르고 있었을 뿐이다.

왜 폐병에 걸렸을까

첫 모임 이후 발견한 한 장의 사진으로 이전의 내 의구심은 완전히 해소됐다. 그 사진은 피해자모임의 박영구 씨가 오래 간직해온 부인 하경생 씨의 젊은 시절 사진이었다. 고인이 된 하경생 씨는 제일화학에서 만난 박 씨와 결혼했고 이후 폐질환을 앓다 사망했다. 하 씨와 그 동료들은 훗날 서로를 기억하기 위해 사진관에서 사진을 찍고 '아름다운 추억'이라는 제목을 붙인 적이 있다. 하 씨의 풋풋한 젊은 날의 모습을 보니 문득 '그 옆의 동료들은 지금 어떻게 되었을까?'하는 궁금증이 생겼다. 한 사람 한 사람의 생사를 확인해 본 결과 함께 사진을 찍은 17명 중, 2008년 현재 9명(53%)이 폐암(3명)과 석면폐증(6명)으로 사망하거나 산업재해보상 중이었다.

박영구 씨는 17세인 1971년에 시골에서 부산으로 왔고 누나의 소개로 제일화학에 입사했다. 당시 국내 석면방직공장 중에서 제일화학이 규모가 가장 컸고 보수도 많았기 때문에 이 회사 직원이라는 사실이 자랑스러웠다고 한다. 그때는 석면 먼지가 해로운지 몰랐고 대수롭지 않게 생각했다. 회사에 들어서면 앞이 뿌옇게 흐렸고, 온 공장에 먼지가 눈처럼 쌓이곤 했다. 기계공인 박 씨는 행여 방직기가 고장 날세라 먼지를 불고 털면서 애지중지 아꼈다고 한다. 입사 초기에는 하루 12시간씩 2교대로 근무했다. 밤참으로 먼지구덩이 공장 안에서 도시락이나 라면을 끓여먹었고, 야간근무의 휴식시간엔 조금이라도 더 쉬기 위해 서둘러 밥을 먹고 나서 석면포를 덮은 채 잠깐씩 눈을 붙였다.

박 씨는 입사 8년째인 1978년에 직장 동료인 하 씨와 결혼했다. 결혼 후 둘째를 출산한 아내 하 씨는 마른기침을 시작했고, 점차 심해져 진통제와 산소호흡기로 연명했다. 10여 년의 병치레 끝에 아내는 38세에 세상을 떠났다. 사망할 때까지도 하 씨는 석면폐증 진단을 받지 못했다. 하 씨도 남편 박 씨도 두 아들도 하 씨의 병이 석면과 관련 있으리라곤 꿈에도 생각하지 못했다. 오랜 시간이 흐른 후 남편 박 씨는 하 씨 죽음에 책임이 있다며 제일화학을 상대로 낸 소송에서 승소했고, 본인도 2007년 석면폐증 진단을 받았다.

과거 제일화학 근무자를 찾아 나선 석면피해자모임은 약 160명 정도와 연락이 닿았다. 그런데 이 중 50명은 이미 폐질환으로 세상을 떠난 후였다. 사망 당시 대부분 40~50대의 젊은 나이였다. 석면에 노출된 노동자들은 한결같이 불안하고 우울하다. 자신도 먼저 간 동료들처럼 석면 관련 암으로 세상을 버리게 될 거라 믿기 때문이다. 우리나라 최초 석면 소송 승소자인 고 원점순 씨의 남편도 같은 공장에서 일했다. 남편 안병규 씨는 아내 원 씨의 소송 과정에서 과거 회사 동료들을 만나게 되었고, 석면피해자모임 초대 대표를 맡았다. 안 씨도 2010년경부터 가슴이 아프기 시작했고 CT 촬영 결과 광범위한 흉막반[5]이 나타났다. 통증 때문에 흉막 일부를 떼어 냈지만, 가슴의 통증은

제일화학 동료들의
1976년 사진 (박영구 씨 제공)

점점 심해졌다. 안 씨는 가슴의 통증을 호소하다 악성중피종 판
정을 받은 아내 원 씨의 경우를 잘 알고 있다. 본인의 증상이 아
내의 증상과 똑같은 것 같아 매일이 악몽이다. 악성중피종 진단
을 받는 순간 시한부 인생임을 알고 있는 것이다. 이들의 불안
과 우울은 시간이 갈수록 확대 재생산된다. 한 해에도 동료 여
러 명이 암 진단을 받고, 장례식장에서 만나기도 한다.

　　제일화학 석면피해자모임의 총무였던 박정희 씨는 회사에서
시아버지가 될 전덕주 씨를 만났다. 박 씨는 먼저 회사에 들어
와 있던 작은언니의 소개로 1970년 일을 시작했는데, 뒤이어 큰
언니까지 입사해 세 자매가 모두 제일화학에서 일했다. 야무지
고 똑똑했던 박정희 씨는 곧 반장으로 승진했고, 그런 그가 마
음에 들었던 전 씨로부터 아들을 소개받아 며느리가 되었다. 그
러나 1990년대에 작은언니는 폐암으로 사망했고, 2000년대부

5　폐를 감싸고 있는 흉막이 석면으로 인해 석회화하여 판처럼 두꺼워지는 증상.

터 큰언니도 석면폐증을 앓고 있다. 시아버지 전 씨는 석면폐증으로 오랜 기간 투병하다 2010년께 사망했다. 박 씨도 석면폐증으로 산재 인정을 받고 투병 중이며 이제는 만성신부전까지 겹쳐 힘겹게 삶을 버티고 있다. 2008년 내 진료실에서 처음 석면폐증 진단을 받은 순간, 박 씨의 흐느낌은 지금도 생생하다. "너무 억울하게 살았어요. 폐병 옮는다고 밥도 가족과 따로 먹었어요. 식사 때마다 식기는 삶아서 소독했고요. 가족들하고 웃으면서 밥 한 끼 같이 못 먹은 세월이 너무 원망스러워요. 아이들도 마음껏 안아주지 못했어요." 그녀가 천형처럼 달고 산 그 폐병이 석면에 의한 직업성 질환이며 다른 사람에게 전염되지 않는다는 것을, 본인의 잘못에 의한 것이 아니라는 사실을 말해줄 의사가 없었던 것이다.

공해산업의 수출: 일본에서 한국으로, 그리고 인도네시아로

석면의 문제는 작업장 노동자만의 문제가 아니라 무차별적인 대중에게 피해를 끼치는 환경의 문제여서 노동자와 시민이 힘을 합쳐야 문제를 해결할 수 있다. 선진국에서 석면산업은 노동자와 시민의 힘으로 쫓겨나는 공해산업인데, 이로써 석면산업이 사라지는 것이 아니라 후진국으로 수출된다는 점이 큰 문제다.

2008년 1월 25일에 석면피해자모임의 2차 모임이 있었다. 이 자리엔 일본의 석면피해자가족협회의 임원들이 초청됐다. 일본의 피해자모임에서 한국의 소식을 듣고 연락을 취해온 것이다. 우리는 이들로부터 일본의 피해 상황과 석면피해 관련 운동 현황을 들을 수 있었다. 이 자리에서 제일화학 퇴직 노동자들은 과거의 일본 사업가들과 전문가들을 매우 강하게 비판했다. 이 노동자들이 과거 제일화학에 근무할 당시, 일본으로부터 기계와 기술을 수입했고 기술 이전과 제품 점검 차 일본 기술자들이 수시로 공장에 들어왔다고 한다. 그런데 그때 방문한 일본 기술자들의 복장은 마치 우주복처럼 단단히 싸맨 차림이었다. 말하자면 일본은 석면의 위험성을 다 알면서 한국에 석면산업을 수출했고, 자신들이 잘 알고 있는 석면의 유해성을 한국의 노동자들에게는 제대로 설명하지 않았다는 것이다. 제일화학은 1971년에 니치아스(일본석면)와 합작하면서 니치아스의 자회사 격인 다츠다공업의 석면 기계를 들여왔고 석면 원료로 석면포를 짜서 넘기는 OEM 방식으로 제품을 생산했다.

일본의 피해자분들로부터 상황을 전해 들은 나는 일본의 피해 상황이나 노동자−주민의 연대 방식을 자세히 알아보기 위해 석면추방네트워크와 함께 일본을 방문하기로 마음먹었다. 이미 지난해 언론의 힘을 알게 된 지라, MBC를 공동조사단으로 팀을 꾸렸다. 2008년 2월 당시 방문단의 방문 목적은 다음과 같다.

이와 같은 석면피해 문제를 해결하기 위해서는 구보타 사건 이후 석면에 대한 관심이 크게 높아진 일본을 방문해 피해 사례와 보상제도, 의학적인 치료나 검진시스템, 시민단체BANJAN의 역할과 활동, 재일한국인의 피해 실태 등을 알아야 한다. 그리고 국가 간 석면공해산업의 이동을 규명하고, 이들 기업의 비도덕적인 경영에 항의하며 한국 피해자에 대해 책임질 것을 요구하고자 한다.

이 과정에서 나는 비극적인 역사의 반복을 확인했다. 1970년경 일본에서 한국으로 수출된 석면공장은 그로부터 20년 후인 1990년경에 한국에서 인도네시아로 수출된다. 1970년 이전의 일본 노동자들은 마스크를 쓰지 않거나 면 마스크를 썼을 뿐이었다. 하지만, 석면 문제가 사회화되어 석면을 수출한 후엔 기술 이전을 위해 한국에 온 일본의 전문가들은 방진복과 방진마스크를 착용했다. 1990년 이전의 한국 노동자들은 보호 장비 없이 일하다가 석면산업이 수출되는 1990년대에 들어서야 비로소 보호 장비라는 것을 알게 되었을 터였다. 우리나라의 미래를 알기 위해 일본을 방문했던 나는, 일본의 지식인과 전문가들이 공해산업 수출을 부끄러워하고 있으며 일본에서의 석면 질환 진단과 피해자 발굴에 앞장설 뿐 아니라, 석면산업을 수출한 나라에 정보를 전하고 피해자를 찾아 연대하려는 활동에 매우 적극적이라는 사실을 알게 되었다. 그런 면에서 나는 중국, 말레이시아, 인도네시아, 베트남 등에 석면산업을 수출한 바 있는 우리나라의 지식인들이 이 문제에 관해 너무 모르

쇠로 일관하는 것이 아닌가하고 고민하게 되었다. 나는 제일화학이 1990년경에 기계를 수출한 인도네시아를 방문해 노동자들의 상황과 공장 주변의 상황을 점검하고, 인도네시아 정부 관계자들과 의사들에게 석면 문제의 심각성을 알리기로 결심했다. 2008년 여름에 인도네시아를 방문한 조사단은 내 연구진과 산업위생 전문가, BANKO, 한국의 언론인, 일본의 사회학자와 BANJAN(석면대책전국연락회의), 인도네시아 산업보건공단 등 한-일-인도네시아의 전문가와 언론인, 사회활동가들이 공동으로 꾸렸다.

일본 니치아스사의 간부들이 공장 시찰을 올 때면 눈만 보이게 온몸을 감싼 특수복을 입고 다녔다던 제일화학 노동자들의 증언은 우리 방문단의 인도네시아 석면방직공장 방문에서 똑같이 재현됐다. 너무나 서글픈 비극적 역사의 반복이다.

끝나지 않은 석면의 위협

석면의 유해성은 전 세계가 알고 우리나라에서도 일반인에게 익숙한 문제다. 우리 모두 담배의 유해성을 잘 알지만, 담배는 금지되지 않으며 심지어 정부가 담배의 생산에 관여했다는 사실도 안다. 케이티앤지KT&G의 전신인 담배인삼공사는 담배와 홍삼을 전매하던 국가기관이자 공기업이었다. 많은 연구에서 담배의 유해성을 지적하지만, 이와 반대되는 내용의 연구도 많다.

담배에 호의적인 연구들은 주로 담배회사 등으로부터 자금을 지원받은 연구자들에 의해 수행되는데, 이것이 개인의 양심 문제로 끝나지 않는다. 법정 다툼에서 흡연이 암을 유발한다는 증거에 일관성이 부족해지는 결과를 초래한다. 소위 '물타기' 효과를 내는 것이다.

이런 문제는 석면도 마찬가지다. 석면회사는 규모가 크고 때때로 국가 또는 석면 산지의 지역경제를 떠받치는 경우가 많다. 캐나다 퀘벡의 석면광산 지역은 지역명이 석면Asbestos이며, 러시아의 석면광산 지역도 석면이 그 지역의 주력 산업이다. 캐나다가 선진국이기는 하지만 석면 금지에는 매우 소극적이다. 러시아 중심의 친 석면 관련 협회와 전문가들은 백석면에 섞인 다른 종류의 석면이 문제이고, 백석면만으로 잘 정제하면 백석면 그 자체는 괜찮다는 주장을 끊임없이 늘어놓고 있다. 유해물질의 사용 금지 또는 무역 금지를 위한 세계적인 노력 중엔 로테르담 협약이 있다. 오래전부터 여러 국가와 전문가들이 로테르담 협약의 금지 품목에 백석면을 비롯한 모든 석면을 포함시킬 것을 주장했지만, 석면을 생산 수출하고 있는 여러 나라와 소수의 전문가에 의해 무산된 바 있다. 이러한 연유로 석면은 점점 제3세계의 개발도상국으로 넘어가고 있으며, 이 나라들에선 노동자들과 공장 주변의 주민이 그 유해성을 모르는 채로 여전히 석면에 무방비로 노출되고 있다.

우리나라에서 석면은 2009년에 생산, 유통 등이 금지됐다.

그러나 과거 석면을 포함해 지은 건축물이 많이 있다. 관공서와 학교 건물의 60~80% 정도에 석면이 들어 있다. 시골과 저소득층 거주지 주택에 덮인 슬레이트도 석면으로 만들어졌다. 이 석면들의 제거에는 많은 비용이 들고 위험하므로 장기간의 과제로 삼아야 한다. 석면 포함 자재의 마모 정도에 따라 저위험, 중위험, 고위험으로 나누고 위험성이 높은 것들부터 없애는 것이다. 석면을 해체, 제거하는 과정에는 건설노동자들이 관여하게 된다. 그런데 건설업의 특성상 도급의 도급으로 넘어가면서 단가 후려치기 등이 벌어지므로, 실제 작업을 하는 노동자들은 석면을 원칙대로 다루고 제거할 수 없는 경우가 허다하다. 이 노동자들을 보호할 책임이 우리에게 있다. 또 석면을 불법적으로 해체할 경우, 이 석면은 해체되는 건물로부터 날아와 우리를 위협한다. 가령 대규모 개발공사 등으로 인한 건물 해체로부터 석면 가루가 날아와 어린아이에게 노출되는 경우, 30~40년 뒤 치명적인 암에 걸려 천수를 다하지 못하는 상황에 빠질 수도 있다. 과거에 노출된 노동자들이나 석면공장 주변 주민들이 석면 관련 암을 초기에 발견하면 절제술로 생명을 살릴 수 있다. 따라서 과거 석면 노출자들을 추적 조사해 석면 관련 질환을 조기 진단하는 것이 중요하다. 과거 고노출자들의 경우 언제 생을 마감할지 모른다는 불안감에 고통스러운 시간을 보내고 있다. 석면 고노출자와 석면 환자 가족들에 대한 심리 지원도 필요하다.

석면의 문제는 석면공장 노동자들에 관한 과거의 문제다. 그러나 이제야 모습을 드러내는 현재의 문제이기도 하다. 석면은 과거에 쓰였지만 지금도 남아있고, 제거하는 과정에서 미래의 문제가 된다. 사회에 축적되어 끊임없이 문제를 일으키는 석면은 과거-현재-미래와 노동자-주민-학부모가 어우러져 풀어가야 할 어려운 숙제다.

터널 끝 어둠으로부터 진폐병동까지

석탄 광부 이야기

최민
(직업환경의학 전문의, 한국노동안전보건연구소 상임활동가)

태백중앙병원[6]

태백중앙병원의
환자들은
더 아프게 죽는다

아버지는 죽어서
밤이 되었을 것이다

자정은
선탄選炭을 마친 둘째형이
돌아오던 시간이다

---

6 박준, 《당신의 이름을 지어다가 며칠은 먹었다》, 문학동네, 2012.

미닫이문을 열고

드러내 보이던

형의 누런 이빨 같은

별들이 켜지는 시간이다

　　얼마 전 시집을 읽다 멈칫했다. 산재 환자의 치료와 재활을 위해 근로복지공단에서 운영하는 병원이 전국에 몇 개 있다. 태백중앙병원은 그중 하나다. 지역 특성상 진폐 환자가 매우 많다. 한때는 근육질을 자랑하며 캄캄한 지하, 뜨거운 막장에서 석탄을 캐다가, 지금은 만성 폐질환으로 서서히, 그리고 아프게 죽어가고 있을 태백중앙병원의 환자들이 떠올라서. 내가 치료했던 환자들, 나와 함께 시간을 보냈던 환자들이 떠올라서.

막장의 광부, 진폐증 환자들과의 만남

　　내가 직업환경의학 전공 수련을 받은 병원은 우리나라에서 최초로 진폐전문병동이 설치됐던 병원이다. 직업병도 직업에 의하지 않은 병도 진단이나 치료는 같기 때문에 직업환경의학과에서 산재 환자의 치료를 직접 담당하는 경우는 많지 않다. 직업환경의학과는 그 병이 직업과 관련이 있는지 판단하거나, 질병이 생기기 전에 작업환경을 어떻게 관리해서 질병을 어떻게 예방할지를 주로 고민한다. 보통 진폐증 환자들은 호흡기 내과에서 치료를 받는데, 내가 일했던 그 병원은 전통을 살려 우리 과에서 진폐증 환자의 진료를 직접 담당하고 있었다. 직업환경의학과 전공의를 시작하는 1년차, 6개월 동안 일주일에 한 번만 퇴근하고 병원에 상주하면서 내가 주치의로 처음 담당했던 환자들이 죄다 진폐증 환자들이었다.

60대나 70대 환자가 많았는데, 광부로 일한 경력이나 일자리를 찾아 탄광까지 들어간 사연은 아주 다양했다. 18살에 탄광일을 시작해 20여 년 일한 경우도 있었지만, 겨우 1, 2년 광부로 일하고 이후엔 계속 다른 일 하며 살다가 숨이 많이 차서 찍어본 엑스레이에서 진폐증 진단을 받은 경우도 있었다. 진폐증뿐만이 아니다. 대부분의 환자가 몸에 사고의 상흔을 안고 산다. 광부로 일했던 사람치고 젊어서 사고 한 번 안 당해본 사람이 없었다. 누구는 광차에 손가락 몇 마디가 잘렸고, 누구는 갱도가 일부 무너져 내리면서 허리를 다쳐 몇 달간 병원 신세를 졌다. 친구 중에 이미 죽은 사람도 많다. 막장의 기계 소음과 폭발 소음으로 인해 대부분 청력도 매우 나쁘다. 앞장서서 돌을 깨는 역할을 했던 사람들은 기계 진동 때문에 미세한 혈관이나 신경이 손상돼 손발가락 끝이 하얗게 변하는 레이노증후군을 호소하기도 한다.

우리 병동은 그런 환자들이 진폐증으로 혹은 다른 폐질환으로 모여 있는 병동이었다. 진폐증은 폐에 무기물 분진이 쌓여 조직 반응이 일어나는 질병을 모두 칭하는 말이다. 우리나라 돌

가루처럼 규산 성분이 많이 들어있는 분진으로 생긴 진폐증은 규폐증silicosis이라고 부른다. 석면에 노출됐을 때 폐에 들어간 석면 가루 때문에도 진폐증이 생길 수 있고, 용접할 때 금속 성분이 아주 작은 입자가 되어 폐에 쌓이는 경우에도 진폐증이 생길 수 있다. 석탄 가루 분진 때문에 생긴 진폐증은 탄광부진폐증이라고 한다. 흡입된 분진과 여기에 대한 염증 반응으로 폐에 결절이 생기게 되는데, 엑스레이로 보면 까만 폐에 동글동글 하얀 덩어리들로 보인다. 말 그대로 진폐증의 정의가 '무기물 분진을 흡입해 발생한 폐의 조직반응'이기 때문에, 진폐증으로 진단받으려면 무기물 분진에 노출된 직업 이력이 있고 엑스레이상에서 이 결절이 보여야 한다.

진폐증은 아주 고농도 분진 환경에서 일하는 경우 노출 직후에 발생하기도 하지만, 대부분 노출 후 수년에 걸쳐 조직 반응이 일어나 그 결과로 발생한다. 탄광부진폐증은 진폐증 중에서 그렇게 독한 종류는 아니다. 석공들이 많이 걸리는 규폐증은 규산 성분 가루 노출이 중단돼도 한번 시작된 폐 섬유화나 염증 반응이 계속 진행되는 경우가 많지만, 탄광부진폐증은 원래 노출이 중단되면 폐의 조직 반응도 중단되는 것으로 알려져 있다. 그런데 우리나라는 암석에 규산 성분이 많이 함유돼 있어, 채탄 과정에서 순수한 석탄 가루뿐만 아니라 지속적인 염증 반응을 일으키는 암석 가루에도 동시에 노출된다. 그래서 광산을 떠나 더 이상 분진 작업을 하지 않는데도 조직 반응이 진행돼 결절이

커지고 폐기능이 악화되는 사례가 많다.

오늘도 살았다

진폐증으로 진단받으면, '진폐의 예방과 진폐근로자의 보호 등에 관한 법률'에 따라 보상을 받게 된다. 산업재해보상보험법에 의해 보상받는 일반 산재와는 별도로 광부였던 사람에게서 발생한 진폐증에 대해서만 특별히 적용되는 법이다. 이 법은 1985년부터 시행됐다. 보상에서도 진폐증을 특화했을 뿐 아니라, 일반적인 직업병 예방과 산업안전보건 관련 사항을 산업안전보건법에서 규정한 것과 달리 진폐증의 예방을 따로 규정한 것도 특별한 점이다. 이렇게 광업 노동자의 진폐증 예방과 보상을 따로 규정하는 법까지 제정된 데에는 그만큼 이 문제가 심각했던 사정이 있다. 산업화 시대 귀에 못이 박이도록 들었던 '석유 한 방울 안 나는 나라'의 '유일한 국내 부존 에너지'였던 석탄은 한국 산업화에서 중요한 역할을 담당했다. 1960년대 경제개발 5개년 계획을 시작하면서 증가하는 에너지 수요에 맞추기 위해 정부도 적극적으로 탄광 개발, 석탄 산업 육성 정책을 폈다. 1960년 500만 톤이던 석탄 생산량은 정부 정책에 힘입어 1970년 1,200만 톤, 1980년 1,800만 톤으로 비약적으로 증가했다.[7]

그러나 석탄이 경제 발전의 초석이 되는 데에 꼭 필요했던 것은 단순한 생산량 증가가 아니었다. 이 많은 석탄이 아주 싸게 공장으로, 발전소로 유입되는 저탄가 정책이 필요했다. 그리고 저탄가 정책은 공짜가 아니었다. 그 값은 1960~70년대 광산 노동자들이 고스란히 치르고 있었다. 폭력적인 저곡가 정책으로 농촌이 황폐해졌듯 저탄가 정책은 광산 노동자를 착취한 결과였다. 광부는 '인생 막장', '문둥이 다음이 광부'라는 표현이 자조하듯 대부분 농촌에서 가난하게 살다 결국 정든 고향을 버리고, 어떻게든 살아보기 위해 모여든 사람들이었다. 이런 사람들을 대기업과 어용노조가 이중으로 착취했다.

작업은 3교대에 의해 하루 여덟 시간, 그러나 그들은 똑바로 설 수도 없는 갱 속을 4,000m 이상 들어가, 햇빛 한 줄기 들어오지 않는 암흑 속에서 곡괭이질을 한다. (중략) 언제 어떻게 닥쳐올지 모르는 죽음의 공포를 안고 작업장에 들어가는 광부의 표정은 우울하며, 일과가 끝나면 오늘도 살았다는 안도감에 술집을 찾는다.[8]

사고도 끊이지 않았다. 1977년 11월 16일 태백 장성탄광에서 화재가 발생해 12명이 사망하고 220명이 다쳤다. 1979년 4월 14일 낮에 강원도 정선군 함백광산에서 광부를 태우고 탄광으로

7   대한석탄협회, 연도별 석탄수급실적(1947~2016), http://www.kcoal.or.kr/info/info03.php?ptype=view&code=info03&idx=5111

8   민주화운동기념사업회, 〈사북사태의 진실, 동원탄좌 시위 조사보고서〉,

들어가던 광차에 실린 다이너마이트가 폭발하면서 모두 26명이 사망하고 38명이 중경상을 입었다. 1979년 10월 27일에는 문경의 은성탄광에서 컨베이어 모터 과열로 화재가 일어났다. 불이 난 곳은 갱도 입구로부터 2,250m나 들어간 곳이었다. 현장에서 작업하던 광부 126명 중 44명이 사망하고 다수가 부상당해 최악의 탄광 사고로 기록됐다.[9] 이렇게 쌓이던 분노가 터져 나왔다. 1980년 4월 21일부터 24일까지 4일에 걸쳐 국내 최대의 민영 탄광인 강원도 정선군 동원탄좌 사북영업소에서 광부와 그 가족 6,000여 명이 어용노조와 열악한 노동환경에 항거해 들고 일어났다.[10] 목욕탕 시설은 언감생심, 먹을 물도 나오지 않는 성냥갑 같은 사택에서 살아내고 진폐가 있다고 하면 직장에서 쫓겨날까 두려워 증상을 숨긴 채 살아가던 광부들이었지만, 개발독재를 진두지휘하던 독재자의 피살에 따라 짧은 봄이 그들에게도 찾아왔었나 보다. 당시 동원탄좌 어용노조 지부장의 사퇴를 요구하던 광부들이 집회를 시작하자, 어용노조는 경찰 투입을 요청했고 경찰 50여 명이 동원탄좌로 출동했다. 그렇지만 오히려 숫자에서 밀려 꽁무니를 빼던 경찰들은 앞을 가로막은 광부들을 차로 치고 달아났다. 광부 네 명이 차에 치여 크게 다쳤다. 사태는 폭력적인 양상으로 전개되기 시작했다. 결국, 광부

---

9   "사투의 참상 역력히-은성탄광 참사", 경향신문, 1979. 10. 29.

10 민주화운동기념사업회, 〈사북사태의 진실, 동원탄좌 시위 조사보고서〉.

들은 곡괭이와 몽둥이로 무장한 채 무기고와 화약고를 장악하고 3일 동안 사북을 점거했다. '사북사태'로 널리 알려진 '동원탄좌 시위'다.[11]

'진폐의 예방과 진폐근로자의 보호 등에 관한 법률'이 1984년 제정된 것은 사북사태로 대표되는 탄광 노동자 투쟁의 결과라는 평가가 중론이다. 물론 우리나라뿐 아니라 대부분의 나라에서 진폐증 등 광산 노동자의 건강 문제에 대해 따로 관리하는 법이 있고, 이를 담당하는 정부 부처가 독립적으로 운영되는 경우도 있다. 워낙 위험한 업종이기 때문이다. 게다가 노천 탄광이 거의 없고 대부분 지하 깊숙하게 갱도를 파 나아가며 작업해야 하는 한국의 경우 사고나 질병 부담이 모두 크다. 한국에서 1971년부터 2004년까지 34년 동안 광업에 종사하다가 산업재해를 당한 노동자는 총 207,019명이고, 그중 진폐로 사망 또는 요양을 받은 사람은 약 41,000명이나 됐다.[12]

병에 걸린 건 당신 잘못이 아닙니다

탄광 노동자들의 작업 환경을 측정, 감시하고 진폐증 환자를 진료하면서 우리나라 산업보건활동도 발전해나갔다. 1961년

---

11 "'사북항쟁' 27주년, 이젠 화해만 남았다", 오마이뉴스, 2007. 4. 21.

12 국가기록원, 아카이브, 진폐의 예방과 진폐근로자의 보호 등에 관한 법률, http://www.archives.go.kr/next/search/listSubjectDescription.do?id=000258

대한석탄공사 장성광업소 작업환경 측정과 광부의 건강조사가 시행됐는데, 이것이 우리나라 산업보건활동의 효시와 같았다. 1962년 만들어진 가톨릭산업의학연구소에서는 첫 사업으로 대한중석광업주식회사 상동광업소의 작업환경 조사와 근로자들의 적성검사를 실시했다. 1964년 시행된 산업재해보상보험법도 '상시 500인 이상의 근로자(일용근로자를 제외한다. 이하 같다)를 사용하는 광업 및 제조업'에 가장 먼저 적용되었다. 산업재해보상보험법이 시작된 후, 광산노동자들의 폐 기능 검사와 요양 판정이 본격화되었고 이후에도 지금까지 진폐증은 우리나라 산업재해 보상에서 가장 중요한 질병 중 하나다. 직업병이라는 개념 자체가 광산 노동자의 경험으로부터 발전했다.

우리나라 산업보건, 산업의학 1세대인 고 조규상 선생이 1970년대 강원지역의 진폐 병원을 방문했을 때, 한 진폐 환자가 "이 병이 내 잘못이 아니라 일해서 생긴 거라고, 일 때문이라는 걸 밝혀줘서 정말 고맙다"며 화랑담배 2갑을 손에 꼭 쥐어줬다고 한다. 선생은 그 일을 잊지 못하고 "평생 산업보건 일을 할 수 있었던 힘이 되었다"고 말했다. 일하다 다치거나 병에 걸린 노동자들에게 '당신의 잘못이 아닙니다, 당신이 했던 일에서 이게 잘못됐던 겁니다'라고 말해주는 것은 세상과 사회의 '고맙고 미안합니다'라는 인사다. 탄광 노동자들의 작업 환경을 조사하고, 질병을 진단하고 치료하면서 우리는 이렇게 인사하는 법을 배웠지만, 아직도 우리가 배운 것을 다 돌려주지 못하고 있다.

1989년부터 본격화된 '석탄산업합리화정책'으로 석탄 산업은 급격히 축소됐다. 1988년 2,400만 톤이 넘던 생산량은 연 170만 톤 수준으로 줄었고, 석탄광업에 종사하는 노동자도 1988년 62,000명에서 현재 3,000여 명 수준으로 줄어들었다. 사람들이 빠져나간 폐광 지역은 카지노로, 관광단지로 개발되어 이제 예전의 모습은 폐광을 이용해 만들어 놓은 '석탄박물관'에나 가야 만날 수 있다. 그러나 광업은 여전히 산업재해가 많은 산업이다. 노동자 100명당 발생하는 재해자 수 비율인 재해율을 보면, 2015년 전체 산업재해율은 0.50이었는데, 광업 재해율은 12.65다. 25배다. 전체 산업재해 사망자 수 1,810명 중 광업 사망자 수가 417명이다. 대부분 진폐증 때문이긴 하다. 광업 사망자 417명 중 413명은 질병 사망자, 4명만 사고 사망자다.

2015년 업종별 산업재해 발생 현황(고용노동부)

구분	근로자 수	재해자 수	사망자 수	재해율	사망 만인율
총계	17,968,931	90,129	1,810	0.50	1.01
광업 소계	11,615	1,469	417	12.65	359.02
석탄광업	3,148	1,185	381	37.64	1210.29
금속 및 비금속광업	514	66	19	12.8	369.65
채석업	374	68	8	18.18	213.90
석회석광업	1,458	20	4	1.37	27.43
기타광업	6,121	130	5	2.12	8.17

그렇지만 사고 사망률도 여전히 가장 높은, 그것도 현저하게 높은 업종이다. 사고 사망자 자체는 4명뿐이지만, 광업에 종사하는 노동자 숫자 자체가 이제 크게 줄었기 때문에 비율로 보면 심각하다. 전체 산업의 사망 만인율(노동자 10,000명당 발생하는 사망자 수의 비율)은 0.53인데, 광업의 사망 만인율은 3.44로 전체 평균의 7배다. 여전히 가장 위험한 업종이다.

2015년 업종별 사고 재해 발생 현황(고용노동부)

구 분	2015년 1~12월		
	근로자 수	재해자 수(사망자)	재해율(사망 만인율)
총 계	17,968,931	82,210	0.46
		955	0.53
광 업	11,615	145	1.25
		4	3.44
제조업	4,161,536	23,940	0.58
		251	0.60
건설업	3,358,813	24,287	0.72
		437	1.30
전기·가스 수도업	64,244	88	0.14
		3	0.47
운수·창고 통신업	805,403	3,735	0.46
		88	1.09
임업	86,565	1,593	1.84
		15	1.73
기타의 사업	8,701,072	27,490	0.32
		149	0.17
기타	779,683	932	0.12
		8	0.10

힘들여 숨 쉬고 있는 그들의 몸과 마음

전공의 시절, 우리 과에서는 4년의 수련 기관 중 꼭 한 번은 탄광을 방문하게 했다. 진폐증을 치료하는 과이니 진료하는 환자들을 잘 알기 위해, 그리고 가장 극한 직업 중 하나인 탄광 노동자들의 노동 환경을 이해하기 위해서였다. 태백에 있는 한 석탄 탄광을 방문했던 경험은 정말 잊히지 않는다. 군데군데 가등이 있지만 순간순간 헤드랜턴이 아니면 내 손도 볼 수 없을 정도의 완벽한 어둠, 한 바퀴 둘러보고 나오는 동안에 수도 없이 머리를 부딪칠 수밖에 없는 좁고 낮은 통로와 경사가 심한 계단, 바닥에 수북이 쌓인 탄가루, 갱도 초입의 서늘함과 들어가면 들어갈수록 짓누르듯 높아지던 기온과 습도. 죽을 수도 있겠구나, 진폐증이고 뭐고 사고가 당장 제일 큰 위험이겠구나 싶었다. 견학을 다녀오니, 비쩍 마른 채 기운 없이 누워 있거나 병동 한 바퀴 도는 것도 어려운 진폐 할아버지들이 젊어서는 어떻게 그런 곳에서 죽음의 공포를 이기고 하루 6~8시간씩 일했을까, 수십 킬로그램씩 탄을 캐냈을까 생각하면 신기하고 놀랍기도 하다.

호흡은 1분에도 10~20번, 자신이 숨 쉬고 있다는 것을 의식하지도 못한 채 이루어진다. 그런데 폐 기능이 떨어지면 매번 힘들여 숨을 쉬어내야 한다. 폐에서 일어나는 미세한 염증반응은 에너지를 지속해서 소모한다. 그래서 젊은 날 한때를 막장에서 용감하게 보냈던 진폐 할아버지들은 대부분 마르고 작아진다. 몸피만 줄어드는 게 아니라, 사람이 작아진다. 진폐증 진단으로 연금이라도 받지 않으면 곤궁한 삶을 벗어나기 어려워, 치료법도 없는 진폐증 진단을 기다리는 게 안타깝다. 폐 기능이 나쁠수록 진폐 등급이 높아지고 연금 액수가 늘어나기 때문에 폐 기능 검사 결과가 잘 나오면 오히려 실망하는 모습이 속상하다. 숨은 차는데 진폐증 진단은 아무래도 안 나오니 엑스레이 찍는 데 몰래 피부 여기저기에 돌가루를 묻혀 왔다는 얘기는 너무 슬프다. 이런 마음을 이용해 브로커들이 그들을 이 병원 저 병원으로 끌고 다니며 진단이 될 때까지 검사를 되풀이하게 하고, 청력검사니 레이노증후군 검사니 받도록 하는 것도 안타깝다. 그들이 산업폐기물같이 되는 게 싫다. 산업은 '합리화'하고 '강제 조정'할 수 있지만, 사람은 아니다. 사람 몸에 남은 상처나 경험은 그렇게 할 수 없는 법이니까. 사고로 죽어간 동료의 기억과 위험에 대한 공포, 하지만 그걸 이겨낼 만큼 컸던 그들의 자부심과 경험이 충분히 존중받는 세상이었으면 좋겠다.

마음을 병들게 한 청구성심병원의

일터괴롭힘

김재광
(한국노동안전보건연구소 소장)

"아 글쎄, 자기 혼자 넘어지더니 내가 폭행을 했다는 거야. 이제 별별 일을 다 겪어."

평소에도 약간 느린 말투였던 K는 그동안 어떻게 지냈느냐는 나의 인사에 더욱더 느리고 크게 놀랄 것 없다는 투로, 툭 던지듯 대답했다. 혼자 할리우드 액션을 한 자는 다름 아니라 그로부터 3년 전인 1998년 5월 병원 수련회에서 K를 조직적이고 의도적으로 집단 폭행한 당사자였다. K가 노동조합 간부가 되고서 얼마 뒤의 일이다. 그때 K는 실신할 정도로 집단 폭행을 당했다. 그 이후 지속적인 괴롭힘은 계속되었다. 되레 폭행당했다고 거짓말하며 징계와 형사고소 등으로 괴롭히려는 수작은 개인적 원한이기보다 K가 다니는 청구성심병원의 노조 탄압용 괴롭힘 중 하나였다. K는 담담한 척 얘기했지만 2001년 그때부터 적응장애를 겪기 시작했다. 그리고 K가 말한 '별별 일'은 거기서 그치지 않고 매우 다양한 방식의 정신적 신체적 폭력으로 계속 저질러졌다. K뿐 아니라 노동조합의 동료들 역시 잔인한 괴롭힘을 당해 정신질환을 앓게 되었다. 그로부터 2년 뒤인 2003년 7월, K를 포함한 8명(이때는 사측의 회유와 탄압으로 100여 명이 넘던 노동조합원 수가 채 20명도 안 되던 때다)은 한국에선 최초로 노동조합 탄압에 의한 정신질환을 이유로 근로복지공단에 집단 산업재해 요양 신청을 하게 된다. 과연 이들에게는 무슨 일이 있었던 것일까?

세상을 놀라게 한 '똥물, 식칼테러' 사건

서울시 은평구에 위치한 청구성심병원은 1977년 의원급으로 개원해 2016년 현재 200병상 규모에 200명의 직원을 둔 중소병원이다. 한국의 치열한 의료시장에서 대학병원급과 의원 사이에 낀 중소병원이 살아남기 어려운 환경임에도 나름 지역의 거점 병원으로 40년간 발전을 거듭했다. 이 병원의 노사관계는 1998년을 기점으로 심각하게 불안정해졌는데, 특히 병원 측의 태도는 건전한 사회 상식으로는 납득하기 어려운 지경이었다. 1998년 4월 병원 로비에서 전과 다름없이 조합원 총회를 하는데, 분위기가 이전 같지 않았다. 병원 측은 비조합원인 남자 직원들과 낯선 청년들(용역깡패로 추정되는)을 동원해 괜한 시비를 일으키려 했다. 그때 노동조합은 이것이 노조 탄압의 신호탄임을 감지했으나 뒷날의 탄압이 그토록 끔찍하리라고는 예상할 수 없었다. 이날 선약 때문에 중간에 빠져나온 K는 미안한 마음에 얼마 뒤 노동조합 간부를 맡았다. 노동조합 간부가 된 그 순간부터 그는 집단 폭행 등 온갖 폭력에 시달리게 된다. 조합원의 수가 극히 적은 노조에서 남성 노동조합 간부는 특히 물리적 폭력의 대상이 되었다. 1998년 그해 8월 파업전야제에서 병원 측은 로비에 불을 끄고 들이닥쳐 조합원들에게 똥물을 던지고, 소방호스로 물을 뿌려댔다. 의자며 물병 그리고 신발 등 온갖 집기를 조합원에게 던지고, 급기야 식칼까지 들이댔다. 이 사건이 이른바 '청구성심병원 똥물, 식칼테러' 사건으로 당시 여러 매체에 기사화된 사건이다. 병원의 시달림에 많은 조합원이 노조를 탈퇴하거나 병원을 그만뒀다. 그해 12월 병원은 정리해고라며 집단 해고를 했는데, K를 포함해 모두 조합원이었다. 이후 복직투쟁으로 100일 만에 병원에 돌아왔지만, 또다시 본격적인 괴롭힘이 기다리고 있었다.

공개적인 탄압에도 노동조합에 질기게 남아있던 조합원에게 병원은 의도적으로 과중한 업무를 맡겼다. 간호사 조합원은 둘이 하던 병동 업무를 혼자 맡게 되었다. 결원이 생기면 비조합원 업무는 인원보충이 되었지만, 조합원에게는 해당되지 않았다. 그나마 업무가 익숙해질 만하면 다른 부서로 이동시켰다. 몸이 아파도 대체 인원이 배정되지 않았다. 한 조합원은 "감기몸살로 열이 40도가 오르내리는 상황에서도 출근할 수밖에 없었다. 인간으로서 최소한의 대우조차 받지 못한다는 사실에 서글픔을 느꼈다"고 울먹였다. 노동조합 사무실 바로 코앞에는

CCTV가 설치됐다. 누가 노동조합에 드나드는지 감시했고, 노동조합 사무실에 간 이유를 캐물었다. 자연스럽게 조합원조차 노동조합 사무실에 가기 어려워졌다. 노동조합 사무실에서 나눈 이야기를 병원 측은 귀신같이 알고 있었다. 이 때문에 회의할 때는 서로 글을 써서 의사소통하고, 음악을 크게 틀어 놓을 지경이었다.

물리치료사인 조합원 M은 물리치료실 커튼 뒤에 숨어 자신을 감시하던 자를 보고 기겁하기도 했다. 얼굴이 벌게지고 숨을 몰아쉬며 당시 이야기를 하던 M의 모습을 지금도 잊을 수가 없다. 부서 내 비조합원 직원들은 조합원의 일거수일투족을 병원에 보고했다. 지속적인 감시와 그에 대한 강박과 불안은 조합원들을 항시적인 우울 상태로 내몰았다. 한숨과 눈물이 일상이 되었다. 근무 중 사소한 실수에 대해 조합원에게만 경고장을 남발하고, 조퇴나 외출에서도 비조합원과 차별했다. 부서 회식에 조합원을 배제하고, 직원들 상부상조 단체인 원우회 가입 역시 허락되지 않았다. 비조합원은 조합원의 인사도 받지 않고 말도 걸지 않았다. 남성 조합원에 대한 폭행 및 폭행 유발, 물리적 위협은 계속되었다. 퇴근하던 조합원에게 '훔친 것이 있지 않으냐'며 시비를 걸고 멱살을 잡고 얼굴을 때리며 바닥에 내동댕이쳤다. 폭행의 가해자는 아무 문제 없이 근무하고 피해자는 더욱더 움츠러들었다. 조합원은 승진은 고사하고 좋은 업무평가를 기대할 수 없었다. 시간이 지남에 따라 퇴사하거나 노동조합을 탈퇴하는 조합원도 늘었다. 남아있는 조합원의 수가 줄어들자 괴롭힘은 더욱 집중됐다. 조합원을 늘 괴롭히는 것이 마치 관리자의 의무인 것처럼 보였다. 괜한 시비를 걸고, 지나가면서 침을 뱉고, 귓속말로 "개XX 죽인다", "싸가지 없는 XX"라고 욕한 뒤 유유히 지나갔다. 노동조합원에 대한 비아냥과 위협은 일상이 되어버렸다. 분노와 모욕감에 잠을 이루지 못하여 수면제를 복용하지 않는 조합원이 없을 정도가 되었고, 마음의 병은 점점 깊어만 갔다.

학대를 견딜 수 있는 사람은 많지 않다

2003년 5월 M은 허리디스크로 원진녹색병원을 찾았다. 허리디스크에 대한 산업재해 상담을 하던 원진노동환경연구소 임상혁 소장은 '병원'이란 말만 하면 얼굴이 벌겋게 달아오르는 M의 반응에 무언가 문제가 있음을 감지하게 된다. M은 청구성심병원 이야기만 나오면 얼굴 근육이 마비되고 가슴이 뛴다고, 다른 상당수의 조합원도 그렇다고 말했다. 문제의 심각성을 인식한 임 소장은 조합원의 정신질환 여부 검사를 적극적으로 권하게 된다.

M을 포함한 조합원의 정신건강 상태는 충격적이었다. 20명이채 되지 않는 조합원 중 절반 가까이가 적응장애로 인한 우울과불안 반응을 보이는 것, 그리고 그 이유가 노동조합을 깨기 위

한 집요한 사측의 괴롭힘에 있었기 때문이었다. 적응장애란 경제적 어려움, 신체 질환, 또는 대인 관계에서 비롯되는 스트레스 이후 우울, 불안 등과 같은 감정적 반응, 혹은 문제 행동을 보이는 경우를 말한다. 일반적으로 인구의 2~8%가 앓을 가능성이 있는데, 청구성심병원의 노동조합원은 50% 가까이 정신 질환을 앓고 있었다. 당시 조합원을 진료했던 의사는 "적응장애의 진단을 받은 조합원들은 장기간 극심한 스트레스를 받아 왔으며 스트레스 사건의 정도, 횟수, 시기에 상당한 기간 정신적, 사회적으로 유해한 작업환경을 벗어나 안정을 취하고 전문적 치료가 필요할 것으로 생각된다"며 "조합원 대부분의 정신 건강을 위협하는 이러한 비인간적 작업환경의 근본적인 개선이 없이는 안정과 치료 후에도 재발의 소지가 높을 것으로 예상한다"고 말했다.

산재 신청은 조합원에게 보통의 일이 아니었다. 이것 자체가 용기를 필요로 하는 투쟁이었다. 병원 측은 정신질환이 산재로 인정되면 간호사나 의료기사의 면허가 정지되는 것처럼 근거 없는 이야기를 공공연히 흘렸다. 게다가 다른 질병과 달리 한국사회에서 정신질환은 밝히기 꺼려질 뿐만 아니라, 산재 승인도 불확실했다. 한국 최초로 노조 탄압에 의한 직업성 정신질환이고, 근로복지공단이 꺼리는 집단 신청이라는 점도 산재 승인을 낙관할 수 없는 이유였기에 불안한 마음은 지극히 당연했다. 하지만 그렇다고 가만히 있을 수도 없었다. 조합원의 상태는 점점 더 악화되고 있었다. 아무 잘못 없이 병원을 제 발로 나오고 싶지는 않았다. 이제 단순히 산재 인정을 넘어 1998년부터 계속된 노동조합에 대한 차별과 멸시 등의 폭력을 세상에 폭로하고 대처하지 않으면 노조의 존립은 둘째치고 각 개인의 생존마저 보장할 수 없었기 때문이다.

충격적 사실을 접한 민주노총, 보건의료노조 등 노동조합 조직과 노동안전보건 단체들은 몇 차례의 대책회의 끝에 2003년 7월 7일 '청구성심병원 노동자 집단 산재 인정과 책임자 처벌을 위한 공동대책위원회'를 구성하고, 언론 홍보 및 기자회견, '산재 승인과 책임자 처벌'을 위한 결의대회, 노동부 특별감독 촉구, 릴레이 1인 시위 등 다양한 투쟁을 벌였다. 이를 통해 문제의 심각성과 병원 측의 야만성을 폭로하고 탄압을 중지시키며 산재 승인을 통해 피해자들의 건강을 보다 안정적으로 보호하려 노력했다. 이러한 노력으로 그해 8월과 9월경 8명의 조합원이 적응장애 등의 직업성 정신질환을 근로복지공단으로부터 승인받게 된다. 노조 탄압에 의한 집단 정신직업병 신청도 최초였지만, 인정 역시 최초인 경우로 이후 유사한 사례에 영향을 미쳤다. 최근 유성기업의 노조 탄압으로 인한 정신질환에 대해 산업재해가 승인된 것 역시 청구성심병원의 사례와 맥을 같이 한다.

처음으로 인정된 '노조 탄압에 따른 집단 정신질환'

산재 승인과 병원에 대한 사회적 비난 이후 청구성심병원은 어떻게 되었을까? 안타깝게도 병원의 횡포는 잠시 잦아들었지만 이내 비슷한 유형의 괴롭힘이 반복되었다. 2003년 산재 승인을 받아 치료를 받았던 S는 이 때문에 2008년 동료들에게 "미안해"라는 짧은 문자를 남기고 자살을 시도했다. 다행히 목숨을 건지긴 했으나 1998년 이후 근 10년간의 병원의 비인간적 횡포가 멈추지 않고 있었음을 가슴 아프게 확인하는 순간이었다. 결국 "비인간적 작업환경의 근본적인 개선이 없이는 안정과 치료 후에도 재발의 소지가 높을 것으로 예상한다"는 2003년 주치의 말이 적중한 것이다. 헌법과 이에 근거한 현행법이 보장하는 노동조합을 설립하고 그 활동을 했다는 이유로 이토록 참담한 고통을 당하는 일터에서 노동자의 안전과 건강이 무슨 수로 보장될 수 있겠는가. 이 같은 고통에도 자신의 권리를 주장하고 싸워나가고 앞선 발자취를 남겼던 이들에게 경외감마저 든다.

전형적인 '일터괴롭힘[13]', '가학적 노무관리'에 시달렸던 이들

---

13 '일터괴롭힘'이란 '직장 내외의 자가 직장에서의 지위에 기반하여 또는 업무와 관련하여 노동자의 권리와 존엄을 침해하거나 신체적·정신적·정서적 건강을 훼손하는 행위(일터괴롭힘에 대한 노동법적 접근 연구모임, 2016)'라 정의할 수 있다. 청구성심병원 노동조합의 조합원이 당한 괴롭힘은 이에 해당할 것이고, 특히 '가학적 노무관리'와 중복되는 경우라 할 것이다. '가학적 노무관리'는 특정한 목적을 위해, 특정한 대상에 고통과 피해를 주기 위해 인사조직과 역량을 의도적으로 편재하는 것이다. 청구성심병원 사업주가 노동조합을 분쇄 또는 약화시키기 위해 의도적으로 병원 조직의 물적·인적 자원을 총동원하여 조합원을 괴롭혔다는 사실은 가학적 노무관리의 전형을 보여준 사례다.

은 그런데도 여전히 (소수이기는 하지만) 노동조합을 유지하며 활동하고 있다. 미안한 마음에 노동조합 간부가 되었다는 K는 지금은 청구성심병원 노동조합의 대표자가 되었고, 노련한 활동가의 분위기마저 느껴지는 중견 노동조합 활동가가 되어있다. M은 질기게 버티고 버티어 결국 정년퇴직을 해냈다. 정년퇴직하던 즈음에 만난 M은 힘들었지만 노동조합 활동을 후회하지 않으며, 오히려 자랑스럽다고 환하게 웃어 보였다. 병원의 탄압이 육체나 정신을 힘들게 했지만 결국 그와 동료들이 노동조합을 버리게 할 수는 없었다. 일터의 부속품임을 거부하고 인간이기를 희망한 그들을 꺾을 수 없었던 것이다. 이들은 노동자의 정당한 권리와 자존을 소중하게 생각하는 것이야말로 건강한 일터를 가능하게 하는 시작과 끝임을 온몸으로 보여주었다.

간을 망가뜨린 독성물질,

죽음을 막지 못한 건강검진

이혜은
(경희대학교병원 직업환경의학과 임상조교수)

"이보쇼, 내가 이 사업만 수십 년째인데 여태 그런 일은 한 번도 없었어요. 아니, 그럼 저기 일하고 있는 사람들은 벌써 다 죽었게요? 십 년 넘게 하고들 있는데 다들 멀쩡하지 않습니까. 그 사람은 일을 한 달도 안했다고요."

6~7년 전쯤 소규모의 반사원단 제조 사업장에서 독성간염으로 산재 신청이 들어와 조사차 방문했다가 사업주에게서 들은 말이다. 독성간염이란 몸속에 들어온 약제, 식품, 화학물질 등을 해독하는 과정에서 간세포가 심하게 손상된 상태를 말한다. 이 사업장에서 만드는 반사원단이라는 제품은 자동차 불빛을 반사해 어둠 속에서도 도로의 윤곽을 알 수 있게 하는 표시에 쓰인다. 도로 표지에 부착되어 있는 그 원단이다. 바탕 필름에 '글라스비드'라는 유리구슬을 촘촘히 붙여 만들기도 하고 형광페인트를 코팅해 만들기도 한다. 바로 이 형광페인트를 만들 때 폴리우레탄수지 페인트를 섞는데, 여기에 'DMF(디메틸포름아미드)'가 다량 포함되어 있었다. 사업장을 방문해 사용 중인 화학

물질들을 직접 확인하기 전까지는 이곳에서 DMF를 쓰고 있는 줄 몰랐다. 사용물질 자료나 작업환경측정결과 보고서 등의 관련 서류를 통해 DMF 사용 여부를 미리 알았다면 아마 방문 조사의 수고를 생략하고 곧바로 직업병이라는 결론을 내렸을 것이다. 그만큼 DMF는 적어도 산업보건 관련자들에게 직업성 독성 간염을 일으키는 것으로 잘 알려진 물질이다.

화학물질 때문에 간이 나빠진다고요?

직업병일 리 없다고 억울해하던 사업주의 반응도 한편으론 이해가 간다. 해당 노동자가 입사한 직후 사업장이 이전해 그는 기계 이전과 청소 작업 등에 투입됐다. 기계를 유기용제로 세척하고 이틀간은 형광도료를 바가지로 퍼서 코팅기에 붓는 작업도 했다. 코팅작업 6일 만에 구토, 어지러움, 식욕 감퇴 등의 증상이 발생했고 간 수치가 급격히 상승했다. 병원에선 바이러스 등 간염을 일으킬 만한 다른 원인이 없어 독성간염으로 진단했다. 이후 작업장에 복귀하지 않고 치료받으면서 독성간염은 완전히 호전됐다. 고작 이틀 코팅작업을 하고서 독성간염이라니, 게다가 그 일을 십 년 넘게 해온 다른 노동자들은 아무렇지 않으니 쉽게 이해되지 않을 수도 있다. 그렇지만 그게 바로 특이체질 반응으로 발생하는 DMF에 의한 독성간염의 특징이다(아무렇지 않게 일하던 노동자들도 자세히 묻자 '초반에 한동안 배가 아팠지만, 곧 괜찮아졌다'고 공통적으로 말했다). DMF뿐 아니라 몇몇 약제나 한약, 건강보조식품 등도 이런 특이체질 반응으로 독성간염을 일으킬 수 있다. 그렇다면 어떤 사람이 DMF에 독성간염을 일으킬까? 바이러스성 간질환이나 알코올성 간질환으로 이미 간 기능이 떨어져 있는 경우 더 위험하다. 그러나 그 외에 심한 독성간염이 발생할 사람을 사전에 확실히 알아낼 방법은 아직 없다. 그러므로 DMF를 안 쓸 수 없다면 최대한 노출 농도를 줄이고 노동자들의 간 기능을 초기에 모니터링하는 것이 대안이다.

DMF의 독성간염이 문제가 되기 시작한 것은 1990년대 이후의 일이다. 그중 사망에 이르거나 집단 발병으로 사회 문제가 되었던 사례만도 여럿이다.

DMF 독성간염 발병의 대표 사례

1993년 인천의 합성피혁공장에서 전격성간염[14]으로 진행되어 사망 - DMF로 인한 독성간염의 최초 산재 인정 사례.

1997년 양산의 합성피혁공장 배합실 노동자 전격성간염 사망 - 유족이 회사와 합의하여 산재 신청은 하지 않음.

2001년 위 공장에 신규입사한 조선족 노동자 독성간염 집단 발병.

2006년 부산 합성피혁공장 조선족 노동자 전격성간염 진행되어 사망.

2007년 김해 합성피혁공장 노동자 독성간염 사망.

2007년 순천 장갑공장(폴리우레탄 코팅 장갑) 코팅공정 노동자 2명 독성간염 발생.

---

14 이전에 간 기능이 정상이었으나 급성 간 손상이 생긴 후 짧은 시간 내에 다른 장기의 장애를 가져오는 심한 간 손상 상태로 발병 3주 이내 사망률이 80%에 이르는 치명적 간질환.

1990년대 초반 처음으로 DMF 중독으로 사망에 이른 사례가 알려진 이후 2000년대 중반까지 대략 2~3년에 한 번꼴로 DMF 사망사건이 발생했다. 유기용제 중독으로 사망까지 이르는 경우가 결코 흔하지 않기 때문에 이 문제의 대응을 위해 관련 부처, 관계자들이 노력을 기울인 것은 사실이다. 1993년의 최초 직업병 인정 사례 이후 산재 예방 공공기관인 한국산업안전보건공단 산업안전보건연구원이 해당 사업장 위주의 실태조사를 했고 1997년 같은 사망 사건이 또 발생하자 조사를 전국으로 넓혀 그간의 독성간염 사례들을 분석했다. 전격성간염으로 진행되는 심각한 경우는 대부분 입사 2개월 이내에 발생했다는 점도 알게 됐다. 당시의 특수건강진단은 채용 시에 검사하면 다음 검진은 1년 후에나 받게 되어 있었다. 노출 초기에 발생하는 심각한 질병을 잡아낼 수 없는 조건이었다. 이를 바로잡아 DMF에 노출되는 노동자들은 작업장 배치 전에 간 기능 검사를 하고, 한 달간 일한 후 다시 간 기능 검사를 하도록 검사 주기를 조정했다. 간 기능 저하 초기에 발견한다면 더 이상의 DMF 노출을 막아 적어도 사망과 같은 심각한 결과는 예방할 수 있기 때문이다.

건강진단 주기 조정, 대상 사업장 일제점검 등 몇 가지 노력에도 불구하고 2000년, 2001년에는 더 많은 사례가 발생했다. 급기야 고용노동부에서는 2002년 'DMF에 의한 독성간염 종합예방대책'을 발표했다. DMF를 취급하는 업체에 해당 노동사무소의 감독관 실명제를 도입하고 담당 감독관의 관리 책임을 묻겠다는 내용, 해당 업체에 대해서는 사용·작업중지, 보건진단 또는 안전보건개선계획 수립을 명령하며, DMF 독성간염 축소·은폐 사업장은 사법처리하겠다는 내용이 포함되어 있었다. 대상 사업장 일제점검이 벌어졌고 근로자 건강진단을 수행하는 직업환경의학 의사들 대상의 교육도 다양한 경로로 이루어졌다. 그러나 더는 DMF 사망 사건이 발생하지 않기를 바라는 많은 사람의 기대와 달리 2006년 또다시 합성피혁업체 노동자가 전격성간염으로 사망했다. 충분히 막을 수 있었던 사건이었기에 파장은 컸다.

부실 건강검진으로 놓쳐버린 생명[15]

2006년 조선족 노동자의 DMF 독성간염 사례는 우리나라 DMF 직업병 역사에 가장 중요한 사건이다. 조선족 중국인 김씨(남성, 당시 33세)는 2005년 12월 한국에 입국했다. 입국하자마자 실시한 외국인 산업연수생 건강진단에서 간 기능 검사는 정상이었다. 처음 일했던 곳은 안산의 합성피혁공장. 이곳에서는 DMF를 사용하지 않는 공정에서 근무했다. 안산에 있는 동안 속 쓰림 증상이 있어 2006년 2월 3일 서울 소재의 한 대학병

---

15 본 사건의 경과는 [강성규, DMF에 의한 독성 감염과 산업의학전문의 역할, 대한직업환경의학회 연수강좌 2006, 7]을 참고하여 기술하였다.

원에서 진료를 받았고 검사 결과 역시 간 기능은 정상이었다. B 형간염이나 C형간염과 같은 바이러스성 간염 또한 없었다. 다만 위내시경 결과 만성위염이 있어 약 처방을 받았을 뿐이었다. 2006년 2월 8일 같은 회사의 부산공장으로 옮겨졌다. 이곳에서는 여러 화학물질을 섞는 배합공정에서 DMF를 배합하고 배합용 드럼통을 세척했다. 화학물질을 섞을 때는 가정에서 흔히 쓰는 플라스틱 바가지로 유기용제를 떠서 부었다. 작업을 하던 중 점차 메스꺼움과 복통을 느꼈다. 원래는 DMF 노출 전에 받았어야 할 '배치전건강진단'을 작업 시작한 지 19일이 지난 2월 27일에 받았고 검사 결과 간 기능이 상당히 떨어져 있는 것이 확인됐다. 담당의사는 D1(직업성 질환 유소견자)이 아닌 D2(일반 질병 유소견자)로 판정하고 '진료 및 치료 요함, 금주' 조치와 함께 '근무 중 치료'라는 사후관리 소견을 냈다.

이렇게 특정 물질에 노출되는 노동자들을 위한 '특수건강진단[16]'의 경우 질병 여부를 판정하면서 작업을 중단해야 하는지, 작업 조건과 환경을 어떻게 바꿔야 할지, 아니면 그대로 일하면서 치료할 것인지 등의 사후관리 방향을 제시하게 되어 있다. 그리고 사업주는 의사가 제시한 사후관리 방안을 반드시 따라

---

16 산업안전보건법에 따라 정해진 유해인자(약 180종)에 노출되는 근로자들은 '특수건강진단'이라는 검진을 받게 되어 있다. 유해인자에 노출되기 전에는 '배치전건강진단'을 받고 노출된 이후에는 정기적으로 검진을 받으며, 검진 항목은 노출 유해인자가 이상을 일으킬 수 있는 장기에 대한 검사로 구성되어 있다.

야 한다. 이 노동자는 안타깝게도 건강진단의 조치에 따라 계속 일했고 몸은 점점 더 나빠졌다. 복수가 차서 배가 불러오고 황달로 눈이 노랗게 되자 회사 관계자와 함께 4월 7일 다른 병원을 방문했다. 이때의 간 기능 검사 결과는 전보다 훨씬 더 나빴다. 그런데도 계속 작업을 했고 4월 11일 다시 받은 특수건강진단에서 간 기능은 정상치의 수십 배를 넘을 정도로 심각하게 악화된 상황이었다. DMF의 노출 수준을 반영하는 소변 중 대사물질 검사 결과는 허용기준의 10배 이상이었다. 결국, 4월 17일 입원치료를 시작했지만 망가진 간은 끝내 회복되지 못하고 4월 29일 사망하고 만다.

몇 번의 기회를 모두 놓쳐버렸다. 제때 배치전건강진단을 받고 또 제때에 첫 특수건강진단을 받았다면 어땠을까? 비록 적기는 아니었지만 처음 간 기능 저하가 확인된 2월 27일에 '근무 중 치료'가 아닌 '작업 중단'이라는 사후관리 지시를 받았다면, 하다못해 병원에 다시 찾아간 4월 7일에라도 일을 그만뒀더라면 결과는 어땠을까.

사실 간 기능이 떨어지는 원인은 직업적 이유보다는 술과 관련되었거나 바이러스성 간염, 비만과 같은 다른 이유인 경우가 훨씬 더 많다. 워낙 이런저런 이유로 간이 안 좋은 사람이 많으니 건강진단 기관에서 간 기능 저하의 결과를 보고도 경각심을 갖지 못하는 경우가 많다. 그렇지만 그냥 일반인이 아니라 간 독성물질을 사용하는 노동자의 특수건강진단 아닌가. 그것도 몇 번의 사망 사건을 교훈으로 건강진단 주기도 유독 특별하게 정해져 있다. 이 사건은 조기에 작업 중단만 시켰더라면 충분히 예방 가능했던 죽음이라는 점에서, 건강진단을 안 받아서가 아니라 받았는데도 불구하고 적절한 조처를 하지 못했다는 점에서 노동안전보건 사회에 큰 충격을 주었다. 나아가 제대로 기능하지 못하고 있는 근로자 건강진단에 대해 큰 비판이 이어지고 고용노동부는 대대적으로 전국의 특수건강진단기관 일제점검에 나서게 되었다.

김 씨의 DMF 독성간염 진행 경과

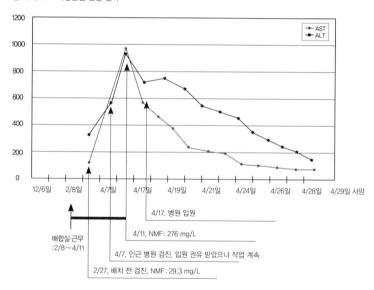

* 정상범위 AST 5~40 IU/L, ALT 5~35 IU/L, 요중 NMF (DMF 대사물질로 노출 수준 반영) ⟨15mg/L

유례없는 특수건강진단기관 일제점검

조선족 노동자 DMF 사망 사건을 계기로 2006년 말 수행된 특수건강진단기관 일제점검 결과는 그야말로 충격적이었다. 당시 전국의 특수건강진단기관 120곳 중 119곳에서 법 위반사항이 발견되어 지정취소, 업무정지, 시정조치 등을 받게 된 것이다. 법 위반사항으로 적발된 사례는 총 393건이었고 가장 많은 것은 판정 부적절(107건)로 직업병이 있는데도 '없다'고 판정하거나 직업병을 개인 질환으로 판정한 경우였다. DMF 사망 사건 역시 D2(개인 질환)로 판정하고 사후관리를 '작업 중단'이 아닌 '근무 중 치료'로 했기에 막지 못한 일이다.

왜 많은 의사가 직업병이 아닌 개인 질환으로 판정할까. 사실 검사 결과에 큰 차이가 나타나진 않으므로 직업병과 개인 질환을 구분하기 어렵다. 그래서 이상소견을 일으킬 수 있는 위험물질에 충분히 노출됐다면 직업병(의심)으로 판정해야 하지만, 이 경우 개인 질환이 상당수 포함될 가능성이 있다. 특수건강진단기관을 선택하고 비용을 지불하는 쪽은 사업주이기 때문에 많은 기관이 사업주의 눈치를 본다. 직업병과 개인 질환 구분이 애매한 많은 경우에 개인 질환으로 판정이 기우는 게 현실이다.

다음으로 많았던 법 위반 사항은 위험물질이 체내에 얼마나 흡수되었는가를 검사하는 생물학적 노출검사 규정 위반(94건)이었다. 검사는 하고 있으나 위험물질의 노출 수준이 제대로 측정되지 않고 있어 결과를 신뢰할 수 없는 상황이었다. 그 외에도 진찰 시 반드시 점검해야 할 문진표 누락(69건), 법에서 정한 특수건강진단 자격을 갖추지 않은 의사가 판정을 시행한 의사기준 위반(64건)도 있었고, 심지어 의사 자격조차 없는 사람이 건강진단을 하다 적발된 경우까지 있었다. 이 결과에 대해 민주노총이 "개선 방안이 나올 때까지 소속노조 모든 사업장에서 특수건강검진을 전면 거부"하겠다는 입장을 밝히기도 했으나 전국 120개 병원 중 3개소가 지정 취소되었고, 93개소가 업무정지를 당했으니(3월 이상 48개소, 3월 미만 45개소) 막상 특수건강검진을 받을 기관조차 마땅치 않은 아이러니한 상황이었다. 우리나라 직업환경의학계의 가장 부끄러운 역사가 아닐까 생각된다. 그렇지만 부끄러운 역사일수록 덮어버릴 것이 아니라 한층 발전하는 계기로 삼아야 한다. 물론 특수건강진단이라는 제도 자체의 한계는 있으나 2006년의 일제검검을 계기로 자격이 없는 의사에게 검진받는 말도 안 되는 행태는 확실히 개선됐고 대체로 기준에 맞춰 직업병(주의) 판정을 하게 되었다. 이전보다 충실한 특수건강진단을 하고자 노력하는 젊은 의사도 상당히 늘었다.

이제는 안심해도 좋을까?

DMF 사망 사례가 발생했다는 소식을 듣지 못한 지 한참 되었다. 이젠 정말 괜찮을까? DMF는 우리나라에서 여전히 상당한 양이 사용되고 있다. 가장 많은 양을 사용하는 합성피혁을 비롯해 섬유코팅, 스판덱스 제조업종 등에서 다룬다. 10~20년 전보다는 작업환경이 많이 개선된 것 같다. 여전히 바가지로 퍼서 배합기에 넣는 사업장도 있겠지만, 어느 정도 규모가 있는 사업장에선 배합공정을 밀폐시키고 화학물질 투입도 기계를 통하는 방식으로 개선한 경우가 많다. 열심히 홍보하고 지적한 탓에 DMF 간독성에 관해 잘 아는 사업장도 늘었다. 합성피혁 등 DMF 사용 사업장들이 몰려 있는 지역에서 관리자들을 만날 기회가 있었는데 각자 나름의 대응방안을 갖고 있었다. 간 기능이 나빠지기 쉬운 특정 나라가 있어서 해당 나라의 이주노동자를 채용하지 않는다든가 기숙사 생활을 하는 이주노동자들에게 금주 각서를 받는다든가 하는 조치들이었다. 근거가 있다거나 좋은 대응이라고 하긴 어렵지만 어쨌든 관리자들이 꽤 경각심을 갖고 있다는 점은 확인할 수 있었다.

적어도 사업주나 노동자 본인이 DMF의 위험성을 알고 있거나 DMF 노출로 특수건강진단을 받는 노동자라면 이제는 사망까지 이를 상황이 생기지 않을 거라 생각한다. 이만큼의 뼈아픈 경험이 있었고 그만큼 조건이 성숙했기 때문이다. 하지만 걱정을 놓을 수 없다. 처음에 소개한 것처럼 DMF의 위험을 잘 모르는 사업장이 분명히 있을 것이다. 남영전구 수은중독사건이나 휴대폰 하청업체 메탄올 중독사건처럼 최근 몇 년 새 문제가 불거지고 있는 하청 노동자, 소규모 영세사업장이 걱정스럽다. 자신들이 쓰는 물질이 간독성이 있는지 모를까 봐, 특수건강진단이 뭔지도 모를까 봐. 특정 화학물질에 집중된 대책이 아닌 산업보건의 사각지대를 밝힐 전체적인 체계가 필요한 부분이다. 다른 건 몰라도 DMF 사망만큼은 걸러낼 수 있는 특수건강진단이 모든 노동자에게 빠짐없이 제대로 작동하길 바란다. DMF 독성간염 사망이 지나간 역사로만 남을 수 있도록.

도시철도 기관사의

정신질환도 직업병입니다

김형렬
(가톨릭대 서울성모병원 직업환경의학과 교수)

2016년 4월 18일 한 기관사가 목숨을 끊었다. 2003년 이후 이 회사에서만 9번째 벌어진 일이다. 우리나라에서 자살은 암, 심장질환, 뇌혈관질환에 이어 4번째로 높은 사망 원인이다. 그리고 우리나라는 전 세계에서 자살에 의한 사망이 가장 높은 나라이기도 하다. '기관사의 자살'이 더 특별했던 이유는 뭘까? 기관사들은 왜 자살했을까?

도시철도 기관사 자살 현황(2003~2016)

시기	사망 경위	부서	사망 당시 나이
2003년 8월	A 기관사 (공황장애, 6호선 열차에 치여 사망)	6호선 수색승무	35세
2003년 8월	B 기관사 (신경성질환, 투신자살)	7호선 대공원승무	34세
2005년 10월	C 기관사 (자택에서 목을 매 자살)	7호선 대공원승무	35세
2006년 4월	D 기관사 (자택에서 목을 매 자살)	7호선 신풍승무	48세
2012년 3월	E 기관사 (공황장애, 5호선 열차에 투신자살)	5호선 답십리승무	43세
2013년 1월	F 기관사 (신경성질환, 자택 옥상에서 투신자살)	6호선 수색승무	40세
2013년 10월	G 기관사 (우울증, 자택에서 목을 매 자살)	7호선 대공원승무	43세

| 2014년 9월 | H 기관사 (우울증, 자택 지하주차장에서 목을 매 자살) | 7호선 대공원승무 | 44세 |
| 2016년 4월 | I 기관사 (우울증, 공황장애, 불안장애, 자택에서 자살) | 6호선 수색승무 | 51세 |

지하철은 자살하기 좋은 곳?

지하철에 스크린도어가 설치되기 전엔 선로에서 자살하는 사람이 많았다. 지하철 플랫폼에서 선로로 뛰어들어 열차에 치여 죽는 것은 당시만 해도 가장 확실하게 죽는 방법이었다. 지하철 선로에서 벌어진 자살 때문에 운행이 지연됐다는 뉴스 보도가 간간이 나오곤 했다. 얼마나 많은 사람이 지하철에서 자살하는지 확인해 보니, 2001년부터 2006년까지 363건이나 됐다. 일주일에 한 건씩 이런 사고가 벌어졌다는 이야기다. 특히 경제 위기 때 이런 사고는 급격하게 늘었다. "얼마나 힘들었으면 선로에 뛰어들어 죽었을까?" 안타까운 일이지만 우린 이런 생각도 한다. "그 사람을 친 기관사는 얼마나 놀랐을까? 얼마나 괴로울까?"

갑자기 선로에 뛰어내리는 사람을 치지 않고 제동기를 밟아 열차를 멈추기란 불가능하다. 자살하려는 사람은 대부분 플랫폼의 앞쪽에서 뛰어내리기 때문에 열차의 속도가 상당히 빠른 상태에서 열차와 부딪히게 된다. 기관사가 아무리 노력해도 죽음을 막을 수 없다. 그런데도 기관사는 이 죽음에 죄책감을 느낀다. '내가 죽였다'는 감정을 가진다. 사람의 죽음을 목격하는 것, 그것도 자신이 운전한 열차에 치여 죽은 사람을 목격하는 것은 엄청난 충격(트라우마)이다. 이런 충격을 경험한 사람이 자꾸 그 장면이 떠오르고, 꿈에 나타나고(재경험), 사고가 난 곳을 피하려 하거나(회피), 잠을 자기 어려워하고 불안 증상이 나타나는 경험(과도한 반응)을 하는 경우, 이를 '외상후스트레스장애'라고 한다. 이 질환의 양상을 보이는 기관사가 늘기 시작했다. 선로에 떨어지는 사고를 사상사고라고 하는데, 2007년 조사에 의하면 30% 이상의 기관사에게 사상사고 경험이 있었다. 전체 800여 명의 기관사 중에서 300명에 가까운 기관사가 한 번 이상의 사상사고를 경험했다는 것이다. 제대로 된 예방과 치료가 이루어지지 않았다면, 이들 기관사에게 외상후스트레스장애가 발생할 가능성은 매우 높을 수밖에 없었다.

"○○역으로 들어가는 중이었어요. 플랫폼에 가까워지면 서 있는 사람들이 보여요. 그런데 갑자기 하얀 옷을 입은 여자가 제일 앞쪽 선로로 뛰어내리는 거예요. 이미 늦었죠. 눈이 마주쳤어요. 역무 직원들과 함께 시신을 수습하고, 다음날 경찰서에 가서 피의자 조서 쓰고, 유족들 만나고… 너무 힘든 경험이었어요. 그다음부터 자꾸 그 눈빛이 떠올라서 그 역을 지날 때면 눈을 감고 지나가요. 그날 이후로 잠도 못 잤죠. 일주일에 한두 번은 새벽 운전이라 회사에서 자는데, 거의 뜬 눈으로 새우는 날이 많아요. 5년이나 지났는데도 점점 더 심해지는 것 같아요."

1~4호선 기관사보다 더 많이 아픈 5~8호선 기관사

앞서 말한 사상사고가 유독 5~8호선(2기 지하철)에서만 발생한 건 아니다. 1~4호선 지하철(1기 지하철)에서도 비슷한 사고가 일어난다. 그런데 2000년대 들어 외상후스트레스장애, 공황장애와 같은 불안장애를 호소하는 쪽은 주로 2기 지하철 기관사들이었다. 똑같이 사상사고를 경험하는데 왜 5~8호선의 기관사들이 더 정신질환을 호소하는지 그 이유를 찾아야 했다. 우리에겐 힘든 대형사고의 경험이 많다. 가깝게는 세월호 사고가 있고, 백화점이 무너지고, 한강다리가 무너지고, 비행기가 추락하는 사고 등도 경험했다. 이렇게 엄청난 큰 충격을 받은 사람들 모두에게서 외상후스트레스장애가 나타나는 건 아니다. 똑같은 충격을 받더라도 정신질환으로 이어지기 쉬운 요소가 있는 것이다. 2기 지하철 기관사에게서 정신질환이 더 잘 발생할 상황이 있지는 않았을까?

일반적으로 지하철은 10개의 차량으로 구성되어 있다. 맨 앞쪽엔 열차를 운행하는 기관사가 있고, 열차의 맨 뒤쪽에는 열차가 멈췄을 때 출입문을 여닫는 차장이 승차한다. 그러나 2기 지하철은 애초부터 자동 운전을 할 수 있도록 설계됐다. 기관사가 직접 운전하지 않아도 자동으로 운행하므로, 앞에 탄 기관사는 비상시에만 운전할 뿐 평소엔 지하철 출입문 개폐 일을 한다. 그래서 2기 지하철이 1기 지하철과 가장 크게 다른 점은 기관사한 명만이 열차에 타 운행하는 1인 승무체계라는 것이다. 보통의 상황에서 큰 문제가 되지 않을 수도 있는 1인 승무는 갑작스러운 열차 고장이나 사상사고에서 이를 홀로 수습해야 하는 기관사에게 큰 부담을 지운다.

"사상사고가 났어요. 당시만 해도 사고가 났을 때 시신 수습하는 일이 기관사 책임이었어요. 너무 겁이 나서 도저히 혼자서 못 하겠더라고요. 사령에 연락하고 역무 쪽에 전화해서 도와달라고 했죠. 한참을 지나도 안 와서 반대편 열차를 타고 들어오는 기관사에게 부탁했어요. 도와달라고. 그런데 열차 운행 때문에 어쩔 수 없다면서 그냥 가더라고요. 30분 정도 지난 후에 누군가 와서 수습을 같이했는데, 그 시간이 어떻게 지나갔는지 모르겠어요. 그렇게 사고 수습을 하고 나서도 종일 운전했어요. 혼자 엉엉 울면서 운전하는데, 누구에게 말할 수도 없고 말할 사람도 없고… 그날 기억은 잊을 수가 없어요. 지금도 심장이 벌렁거려요."

기관사는 많은 사람이 선호하는 직업 중 하나였다. 남자아이에게 최고의 선물은 기차 장난감이었고, 장난감을 가지고 놀며 기관사의 꿈을 키우기도 했다. 철도 파업이 일어나면 회사는 가장 먼저 기관사를 회유한다. 열차 운행 중단을 막기 위해 파업에 참여하지 못하게 하려는 것이다. 참여 여부에 따라 파업의 효과가 좌지우지되는 핵심 직종이자, 지하철과 철도 회사의 다양한 종사자들 중 가장 자부심이 높은 직종으로도 알려져 있다. 그런데 도시철도공사(2기 지하철)의 기관사들은 자부심이 별로 없어 보였다. 회사 내부의 신구 세력 갈등이 심했고 배타적이며 경쟁적이었다. 신뢰가 없는 조직 환경에서 사상사고와 같은 충격은 쉽게 질병으로 이어질 수밖에 없었다.

"그때가 94년 초쯤인데, 군대 문화 같은 게 있었어요. 아주 심했죠. 밥 먹으러 갈 때 줄 맞춰서 가고 군대에서나 하는 '직각식사'도 했어요. 일이 끝나도 집에 못 가고 대기했죠. 새로 들어온 직원들은 이런 조직문화를 받아들이기 힘들었을 거라 생각해요. 1기 지하철이나 철도공사에서 넘어온 선배들이 교육을 하면서 우릴 무시하기도 했고요. '자동 운전을 하는 2기 지하철 기관사들은 기관사도 아니'라는 거예요. '자동 운전은 초등학생도 할 수 있겠다'는 말도 들었죠. 그런 분위기에서 어떻게 기관사로서의 자부심을 느끼겠어요."

기관사 자살을 직업병으로 보아야 하는 이유

기관사들의 정신질환을 직업병으로 인정해달라는 산재 신청이 이어졌다. 노동조합의 요구로 기관사들의 정신질환 실태 및 원인을 파악하기로 했다. 우여곡절을 거쳐 2007년에 임시건강진단이라는 이름의 역학조사가 진행됐다. 우리의 예상대로 결과는 심각했다. 일반인구 집단과 비교해 기관사들의 공황장애는 13.3배, 외상후스트레스장애는 2.1배 높게 나왔다. 특히 사상사고를 경험한 기관사들은 경험이 없는 기관사와 비교해 공황장애는 4.2배, 외상후스트레스장애는 4.4배 높았다. 사상사고가 기관사들의 정신질환을 일으키는 중요한 위험 요인임이 드러난 것이다. 이 연구가 발표된 이후 서울시 지하철역에 스크린도어가 설치됐다. 이는 매우 의미 있는 일이었다. 지하철에서 사람이 뛰어들어 죽는 일은 없게 된 것이다. 기관사들은 더는 사상사고를 경험하지 않아도 된다. 당시 역학조사 보고서에 대책으로 제안된 것은 7가지다. 스크린도어 설치, 사상사고 후 의사 면담 의무화, 사고 발생 시 피의자가 아닌 참고인으로 조사받게 할 것, 시민에 대한 자살 예방 홍보, 사상사고 후 운행 최소화, 조직문화 개선, 2인 승무로의 전환 등이었다. 그러나 스크린도어 설치를 제외하고 대부분의 요구는 제대로 지켜지지 않았다. 그리고 이후에도 기관사의 자살은 멈추지 않았다. 2013년에 다시 진행된 역학조사 결과 기관사들의 정신건강 수준은 여전히 좋지 않았다. 전 국민 자료와 비교해 볼 때 우울증은 1.1배, 외상후스트레스장애는 5.6배 높았고, 전 국민 조사에서 거의 보고되지 않은 공황장애는 기관사에게선 1% 정도 나타났다.

우리나라에서는 자살을 직업병으로 인정하지 않는다. 그러나 우울증, 외상후스트레스장애, 공황장애와 같은 불안 장애는 자살의 중요한 위험 요인으로 알려져 있다. 이러한 정신질환이 업무와 관련하여 발생했다면 이로 인한 자살도 업무 관련성이 있다고 볼 수 있다. 모두의 사례는 아니지만, 기관사 2명의 자살은 업무 관련성이 인정되어 산재 승인을 받았다. 기관사들의 자살이 계속되자 회사에선 힐링센터를 만들었고, 직업환경의학 의사 및 임상심리사를 배치해 직원들의 정신건강 문제를 해결하려하고 있다.

기관사들의 주요 정신질환 유병률과 전 국민 자료 비교

	1년 유병률(%)		
	표준화 유병비	기관사 유병률(2013)	전 국민 남성(2011년)
주요 우울증	1.1(0.7~1.7)	1.8	1.8
외상후스트레스장애	5.6(3.1~8.8)	1.6	0.2
공황장애	—	1.0	0.0

아직도 서울의 2기 지하철(5~8호선)과 부산, 대구, 광주, 대전, 인천의 지하철은 기관사 혼자 운전해야만 하는 1인 승무체제를 유지하고 있다. 서울의 7호선처럼 혼잡도가 매우 높은 구간에서는, 특히 출근 시간엔 기관사 혼자 2,000명의 승객을 실어 나르고 있다. 이런 현실 앞에 승객의 안전과 기관사들의 건강은 없다. 2013년에 기관사의 자살이 이어지자, 서울시에서는 '최적근무위원회'라는 조직을 만들어 해결 방안을 내놨다. 이위원회에서는 회사 안에 기관사들의 정신 건강 문제 담당 조직을 설치할 것과 기관사의 정신 건강 향상을 위해 권위적인 조직문화를 개선하라고 권고했다. 또한, 1인 승무 체제의 문제점을 지적하며 2인 승무로의 전환도 권고했다. 그러나 2인 승무에 따른 예산 문제 등을 이유로 이는 실현되지 못했다. 그사이 새로

생기는 여러 지하철에서는 기관사가 없는 무인 승무 시스템이 도입되기도 했다. 그러나 전 세계 어디에도 8량(열차 차량 개수)의 열차에 혼잡도가 극심한 지하철에서 1인 승무나 무인 승무 시스템을 도입하는 나라는 없다. 2인 승무는 극심한 혼잡도를 가진 대도시의 지하철에서 시민의 안전과 기관사의 건강을 지킬 수 있는 최소한의 장치다.

과거엔 사상사고가 기관사들의 건강을 위협하는 문제였다면, 지금은 스크린도어 사고, 차량 고장, 승객들의 잦은 민원 등이 스트레스가 되고 있다. 이런 스트레스는 이를 악화시키는 작업 환경, 조직문화를 만나 더욱 쉽게 정신질환으로 진행될 수 있다. 기관사의 정신질환과 자살이 더 이상 발생하지 않기를 바라지만 아직도 그럴 위험이 남아 있다고 할 수밖에 없다.

'골병'의 현장을 바꾼

두원정공 노동자들

김영기
(부산대 의학전문대학원 직업환경의학교실 조교수)

우리나라에서 직업병은 업무상 재해와 업무상 질병으로 나뉜다. 업무상 재해는 사고로 다쳐서 일어나고 업무상 질병은 일하는 과정에서 분진, 유기용제, 중금속 같은 유해물질 혹은 스트레스, 과로, 중량물 취급 같은 유해요인 때문에 발생한다. 이 업무상 질병에서 직업성 근골격계 질환은 약 70%를 차지한다. 근골격계 질환이 차지하는 비중이 처음부터 이렇게 많았던 건 아니다. 이 질환이 늘어난 역사는 곧 우리나라 노동자, 그리고 노동시장 변화의 역사와 맥을 같이 한다.

근골격계 질환은 왜 이렇게 늘어났을까

　현재 우리나라에서 직업성 근골격계 질환이 얼마나 발생하는가에 관한 통계는 전혀 없다. 다만 산재 승인 통계를 보고 간접적으로 추정할 뿐이다. 그런데 이 승인 통계엔 근골격계 질환을 둘러싼 여러 가지 문제가 숨어 있다.

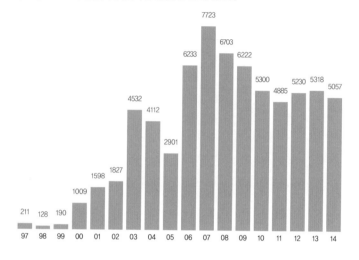

[그림1] 우리나라에서 근골격계 질환의 산재 승인 통계(노동부, 2015)

1999년까지 100~200건 정도였던 근골격계 질환의 산재 승인은 2000년 1,009건, 2001년 1,598건으로 급증하기 시작했다. 근골격계 질환의 인정 기준이 달라진 것도 아닌데 왜 이렇게 급증했을까? 1999년에 비해 승인 건수가 5배 이상 증가했다는 건 인정 기준이 같다고 할 때 신청 건수가 5배 증가한 것으로 설명된다. 이에 관해 1997~1998년에 있었던 IMF 구조조정 이후 비정규직 증가를 비롯한 노동시장의 변화가 노동강도를 강화했고 이런 노동강도의 강화가 '골병'이라 불리는 근골격계 질환의 증가를 가져왔다는 분석이 많다. 이것은 다른 통계를 볼 때 매우 타당하고 근거 있는 주장이다. [그림2]에서 근골격계 질환이 급증했던 시기에 뇌심혈관계 질환도 급증했음을 확인할 수 있다.

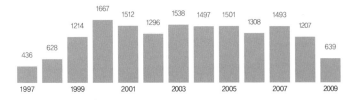

[그림2] 뇌심혈관계 질환 산재 승인 통계(노동부, 2010)

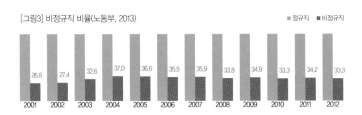

[그림3] 비정규직 비율(노동부, 2013)　　■ 정규직　■ 비정규직

한편 [그림3]에서 IMF 이후 2000년대 초반에 비정규직의 비율이 급증했음을 알 수 있다. 결국, 노동시장에서의 큰 변화가 근골격계 질환과 뇌심혈관계 질환의 증가를 가져왔다는 게 분명한 사실이다. 임금이 적은 비정규직은 충분한 생활임금을 벌기 위해 연장근무를 하는 등 스스로 노동강도를 강화할 처지에 놓이게 되고, 정규직의 경우도 정리해고 등으로 인력이 부족한데도 종전과 같은 생산량을 감내해야 하는 등 노동자 전체의 노동강도 강화로 근골격계 직업병이 증가한 것이다.

이전처럼 '일하다 보면 다 아픈 거지' 하고 당연하게 받아들일 수 없게 된 건 아파도 일할 수는 있을 정도의 통증을 넘어선 까닭이다. 노동강도 강화의 영향인 근골격계 통증이 이제는 일을 못 하게 될 정도로 심해지면서 산재 신청이 증가했다고 생각할 수밖에 없다.

굽은 라인을 펴고 굽은 허리를 펴다

그러나 [그림1]에서 2003년, 2004년의 승인 통계는 자연적인 근골격계 질환의 증가가 아닌 인의人為에 따른 결과다. 이때는 2002년 대우조선해양의 집단 산재 신청을 필두로 전국의 금속노조 사업장에서 동시다발적인 근골격계 집단 산재 신청 투쟁이 있던 시기다.

집단 산재 신청 투쟁 사업장들(2002~2004)

시기	회사	산재 신청자 수
2002년 3월	대우조선해양	76
2002년 7월	캐스코	28
	한라공조	11
2002년 8월	캠코 등	13
2002년 11월	대우자동차	27
2003년 1월	삼호중공업	33
	두원정공	26
	대한이연	10
2003년 3월	풀무원 등	26
2003년 4월	대우종합기계	24
	현대자동차	32
2003년 5월	INI스틸	32
	삼호중공업	89
2003년 6월	쌍용자동차	23
	충남금속	104
2003년 7월	쌍용자동차	119
2003년 8월	충남금속	50
이후 2004년까지	총 80개 사업장	

당시 집단 산재 신청을 했던 사업장 중 주목해야 할 곳은 단연코 두원정공이다. IMF 위기가 찾아오자 당시 한국노총 소속이었던 두원정공 노동조합에 따르면 회사가 강요한 '임금동결, 상여금 250％ 반환, 희망퇴직 인정, 하계휴가 및 추석 반납, 만근 장려금 반납, 근속자 포상 및 해외여행 반납, 체불임금 어음 지급 인정' 등 말도 안 되는 요구를 모두 받아들였다고 한다. 그리고 회장은 직접 현장에 나와 노동자들의 작업 모습을 분석했다. 쓸모없는 동작을 모두 없애겠다는 이유였다. 회장의 뜻대로 생산 라인을 O자형과 U자형으로 바꾸기 시작하면서 노동강도는 급증했다. O자형이나 U자형은 일자형에 비해 한 사람이 담당해야 할 기계의 수가 많고 그만큼 해야 할 일이 늘어남을 의미하기 때문이다. 또 회사는 망하지 않으려면 매년 인력을 줄여야 한다며 500명이 넘는 노동자 중에서 200명만 안정적인 고용이 가능하다고 노동자들을 협박했다. 회사의 압박과 노동강도의 강화는 결국 2001년 민주노조 설립의 계기가 되었으며 민주노조는 곧 근골격계 집단 산재 신청을 결정하고 투쟁에 들어갔다. 집단 요양 신청 투쟁은 조합원뿐만 아니라 외부에 근골격계 질환의 심각성을 알리고 개별 신청과 달리 근로복지공단을 압박할 수 있다는 측면에서 의의가 있었다. 그러나 두원정공의 집단 산재 신청 투쟁이 다른 투쟁 사업장과 다른 점은 바로 집단 요양에만 머물지 않았다는 점이다. 두원정공 노동조합은 현장이 개선되지 않으면 요양자들이 복귀해도 병이 재발할 수밖에 없고, 요양자 대신 투입된 노동자에게도 질환이 생길 것으로 생각했다. 노동조합은 이런 생각을 현장 조합원들과 나누었고, 이에 공감한 조합원들은 실천단을 꾸려 자발적인 현장 개선 활동을 펼치기 시작했다. 그 결과 O, U자 라인을 일자로 펴는 데 성공했다. 나아가 조합원 스스로 생산물량을 낮춰 노동강도를 완화하기까지 했다.

두원정공의 사례는 근골격계 직업병의 주요한 원인이 노동강도 강화이며 노동강도를 줄이는 것이 근본 대책이라는 것을 증명한 최초의 투쟁사례로서 그 의의가 매우 크다. 이런 노동자들의 근골격계 집단 산재 신청 투쟁은 정부로 하여금 '유해요인조사'라는 근골격계 예방 제도를 도입하게 하는 계기가 되었다. 유해요인조사는 3년마다 전 사업장에서 근골격계 부담 요인을 조사해 개선 대책을 마련하게 하는 획기적 제도로, 노동자 투쟁의 결과물이라는 데에 이론의 여지가 없다. 이 제도는 전 세계적으로도 유례가 없는데, 해외의 경우 개별 사업장 혹은 지역 주정부 차원에서 예방 프로그램을 시행하는 사례는 있지만, 전국적으로 그리고 강제적으로 모든 사업장에서 근골격계 예방 프로그램을 정기적으로 실시하는 국가는 우리나라가 유일하다. 한편 마창산추련을 중심으로 이 지역 9개 사업장에서 "현장의 전문가는 노동자"라는 기치 아래 노동자들이 직접 유해요인조사에 나서 현장을 평가하는 모범적인 사례까지 있었다. 이런 노동자들의 투쟁으로 현장 노동자들은 근골격계 질환이 직업병임을 알게 되었고 이후 근골격계 질환의 산재 신청은 더욱 증가했다.

질병으로 판정해 주지 않는 질병판정위원회

결과적으로 노동자들의 집단 산재 신청 투쟁은 유해요인조사 도입과 직업병에 관한 인식 확대 등 여러 성과를 가져왔지만, 두원정공 등 몇몇 사업장을 제외하고는 집단요양에만 관심을 가진 나머지, 노동강도 저하와 현장 개선을 통한 근골격계 질환의 예방이라는 목표까지는 이루지 못했다. 그리고 이후 근골격계 질환에 관한 관심과 투쟁이 급격히 줄면서 반격을 허용하고 말았다. 대기업들은 회사 안에 물리치료실을 갖춰 공상 치료를 늘렸다. 따라서 회사는 근골격계 질환 산재 신청을 줄이는 효과를 거뒀고, 정부의 산재 인정 기준은 까다로워졌다. [그림1]에서 산재 승인율은 2008년까지 높아지지만 이후 2011년까지 계속 줄어드는데, 이 배경엔 2008년 도입된 '질병판정위원회'가 있다. 원래 질병판정위원회는 근로복지공단 자문의사가 질병을 판정하는 것이 공정하지 않다는 문제 제기 때문에 만들어졌다. 공단 외부에 판정위원회를 두어 객관성을 확보하자는 취지였지만, 결과적으로 이는 개선이 아닌 개악이었다. 위원장은 근로복지공단 출신 인사였고 직업성 근골격계 질환 판정에 있어서 보수적으로 판단하는 특정과가 위원회의 절대다수를 차지했다. 당연히 불승인이 많을 수밖에 없는 구조였다. 승인율이 낮아지자 현장 노동자들 사이에서도 '요즘 산재 인정 잘 안 된다더라'는 인식이 퍼졌다. 이는 다시 노동자들이 산재 신청을 꺼리는 악순환을 낳았다.

대형 사업장 정규직 혹은 원청 노동자도 이런 상황인데 하청, 비정규직, 소규모 사업장 노동자들에게 근골격계 질환의 산재 신청은 먼 나라 얘기였다. 실제로 근골격계 질환으로 산재를 신청하러 외래 방문하는 환자의 80% 이상이 굴지의 조선소, 자동차 회사 정규직이었으며 불과 20%만이 소규모, 하청, 비정규직 노동자였다. 게다가 이들 대부분은 회사를 그만둔 이후에나 산재 신청을 하는 처지였다. 집단 산재 신청 투쟁의 그 열기가 2005년 이후에 어디로 사라진 것일까. 산재 투쟁이라 할 만한 것은 양대 노총의 상층부에서 질병판정위원회에 대한 문제를 제기하는 정도의 수준이었다. 이런 과정에서 투쟁의 성과물인 유해요인조사는 근골격계 질환을 예방하기는커녕 제대로 된 역할을 하지 못하고 경총으로부터 폐지 압력을 받는 천덕꾸러기 신세로 전락했다. 결과적으로 근골격계 질환이 직업병에서 제일 많은 비중을 차지하는 상황인데도 그 대책은 전혀 논의되지 않고 있다.

골병을 예방하기 위해

그나마 2011년에는 양대 노총의 요구에 따라 노사정 전문가 회의가 구성되어 질병판정위원회 구성 등이 바뀌었고 이후 근골격계 질환의 승인율이 약간 증가한 상태다. 하지만 여전히 예방 대책은 없다.

그런 의미에서 유해요인조사가 본연의 역할을 회복하는 것이 중요하다. 현재의 유해요인조사가 좋은 제도임에도 제 역할을 못 하는 것은 조사 결과 보고의 의무가 없고 사후 대책에 관한 관리감독이 없기 때문이다. 그리고 노동자의 무관심 속에 회사가 마음대로 조사하는 것도 부실의 원인이다. 특히 노동조합이 없는 사업장에서 이런 경우가 많으므로 제도 개선과 노동자의 끊임없는 요구가 필요하다. 더 중요한 것은 근골격계 질환을 해결하고자 하는 노동자 자신의 의지다. 어용노조 아래서 노동자들의 산재 신청이 어렵던 한 조선소에선 노동조합이 민주노조로 바뀐 이후 해마다 집단 산재 신청을 한다. 산재 신청이 승인받는 과정을 조합원들에게 보여주는 것이다. 나아가 유해요인조사에 노동조합이 처음으로 직접 참여하기도 했다. 결국, 노동자들이 나서지 않고서 저절로 이뤄지는 건 아무것도 없다. 골병을 미리 막기 위해 노동자들의 목소리를 더 모아 나가야 한다.

아픈 노동자 대우자동차 이상관

죽음으로 항변하다

김정수
(직업환경의학 전문의, 향남공감의원 원장)

1999년 7월 29일 오전, 영등포 근로복지공단 본사 정문 앞.

나를 포함한 다섯 명의 의대생이 모였다. 우리는 건물 안에 들어가 있다가 밖에서 상황이 발생하면 합류하여 돕는 역할을 맡았다. 귀를 쫑긋 세운 채 지하 식당 근처를 어슬렁거리던 중 출입구 근처에서 소란이 일기 시작했다. 소리가 나는 곳으로 달려가 봤더니 건물 안으로 들어가려는 사람들과 이를 막으려는 사람들이 뒤엉켜 있었다. 우리도 들어가려는 사람들을 도와 몸싸움을 시작했다. 그때 누군가 외치기 시작했다.

"이상관을 살려내라, 책임자를 처벌하라!"

우리도 함께 외쳤다. 더 많은 사람이 몰려들어 우리를 에워쌌다. 그들 중 몇 명이 갑자기 내 팔다리를 하나씩 잡고 번쩍 들어올려 정문 밖으로 향했다. 내려놓으라고 소리를 지르며 발악을 했지만 아무 소용이 없었다. 그렇게 끌려 나온 우리는 정문 앞에 주저앉아 버렸다. 그렇게 155일간의 농성이 시작되었다.

1999년 여름, 의대생들의 155일

　이상관이라는 이름을 처음 들은 것은 이 일이 있기 며칠 전 창원에서 노동보건 현장활동을 하고 있었을 때다. 요즘 대학생들은 여름방학 때도 계절학기 수업, 해외 연수, 아르바이트 등으로 꽤 바쁘게 지내는 듯한데, 그때만 해도 '대학생의 여름방학' 하면 농활을 가장 먼저 떠올리던 시절이었다. 나도 대학 신입생 시절 농활을 몇 번 다녀온 적이 있었다. 농활을 몇 번 다녀온 후엔 또 다른 활동에 관한 의견들이 나왔다. 그래서 의과대, 치대, 간호대 등 보건의료 계열 학생들 수십 명이 모여 '노동보건 현장활동'이라는 것을 시작했다. 첫해인 1998년에는 서울지하철노조와 연대해 지하철 노동자들을 만났다. 1999년에는 우연한 기회에 마창산추련(마창거제산재추방운동연합)이라는 단체와 연이 닿아 조선소, 자동차 공장 등 정말 공장에 들어가게 되었다. 수십 명의 학생이 삼삼오오 조를 나눠 공장에 들어가 실제 일도 해보고 노동자들과 다양한 주제를 놓고 토론도 했다.

　한창 재밌게 현장활동을 하고 있던 어느 날, 마창산추련 활동가 한 분이 고학번 학생들을 불렀다. 그에게서 들은 이야기의 요지는 이랬다. 지난 6월 말 인근에 있는 대우국민차(현재는 한국GM) 창원공장에서 20대 후반의 젊은 노동자가 일하다 허리를 다쳐 산재로 요양하던 중 자살을 했다. 제대로 걷지도 못할 정도로 상태가 좋지 않았는데도 근로복지공단에서 치료를 중단하라고 했었다. 예전의 건강한 모습으로 돌아갈 수 없을 것이라는 두려움에 비관 자살한 것이지만 사실은 근로복지공단에 의해 죽임을 당한 것이라고 했다. 마산, 창원에 있는 몇몇 노조와 단체가 공동대책위원회를 꾸려 근로복지공단 창원지사 앞에서 집회도 하고 항의도 해보았지만, 꿈쩍도 하지 않는단다. 아무래도 서울 본사에 가서 직접 항의를 해야 할 것 같으니 서울에서 온 학생들이 도움을 주면 좋겠다는 것이었다.

우리도 당시 근로복지공단의 소위 'IMF 고통분담 대책'이라는 것 때문에 많은 산재 노동자가 고통받고 있다는 것을 알고 있었다. 근로복지공단은 1998년 2월 IMF 사태에 따른 예산 절감을 명분으로 'IMF 체제 극복을 위한 고통분담 대책 – 산재보험급여 거품 제거 대책'이라는 내부 지침을 일선 지사에 내려보냈다. 이후 산재 불승인 사례와 함께 입원 환자에 대한 강제 통원 전환, 통원 환자에 대한 강제 치료 종결 사례가 급증했다. 이런 사실을 확인한 노동계가 거세게 반발하자 근로복지공단은 같은 해 6월 해당 지침을 철회하겠다고 밝혔다. 하지만 그 후로도 그런 사례가 좀처럼 줄지 않았다. 이상관도 피해자 중 하나였다.

1999년 2월 20일경 공장에서 일하다 사고를 당해 입원해 있던 그에게 근로복지공단 직원은 통원 치료를 종용했다. 산재 노동자들에게 근로복지공단 직원의 말 한마디는 권유나 권고가 아닌 명령이다. 허리가 아파 제대로 걷지도 못했지만 어쩔 수 없었다. 통원 치료를 위해 나이든 아버지가 아들을 업고 다녀야

할 정도였다고 한다. 몸이 쉽사리 회복되지 않자 마음도 쇠약해
질 수밖에 없었다. '예전의 제 모습으로 돌아가기는 어려울 것
같은 느낌이 듭니다… 몸이 아프다는 게 이렇게 고통스럽고 괴
로운 것인 줄 비로소 알 것 같습니다…'라는 내용의 유서를 남
기고 그는 1999년 6월 22일 스스로 목숨을 끊었다.

　　노동자들의 일상을 잠시나마 가까이에서 지켜보며 그들의 노
동과 삶을 좀 더 이해하려 한 우리에게 그의 죽음은 결코 그냥
지나칠 문제가 아니었다. 또, 현장활동을 함께한 노동자들과 계
속 연대할 방법을 고민하던 차에 할 일이 있다는 것은 오히려 다
행스러운 일이었다. 우리는 그렇게 이상관 투쟁에 함께하게 되
었다.

아파도 다쳐도 '고통'을 나눠 짊어져야 했다

　　아스팔트 바닥에서 시작된 농성은 돗자리 위로, 천막 안으
로, 나중에는 결국 1톤 트럭 위로까지 이어졌다. 공단 정문 앞
에서 시작된 농성장은 정문 바로 옆 인도로, 다시 정문에서 한
참 떨어진 화단으로 옮겨졌다. 처음에는 낮의 뜨거운 열기가 저
녁에도 식지 않았고 몇 번의 태풍이 지나갔다. 곧 아침저녁으
로 서늘한 바람이 불더니 결국 첫눈이 내릴 때까지 농성이 계속
됐다. 당시로써는 상당히 긴 155일간의 농성이었다. 농성장에
는 시민사회단체와 정당 활동가, 현장 노동자, 의사·변호사·교

수 등 관련 전문가, 보건의료 학생 등 많은 사람이 찾아왔다. 매일 아침, 점심, 저녁 하루 세 번씩 약식 집회를 했고, 대규모 집회와 문화제도 여러 번 있었다. 공단 정문 앞 집회가 격렬해져서 집회 참가자 수십 명이 경찰에 연행된 일이 두 차례나 있었고, 그중 두 명은 결국 구속되기까지 했다.

지금까지도 하루에 여섯 명의 노동자가 일하다가 목숨을 잃는다. 심지어 일하다 다치거나 병들어 산재로 요양하던 중에 자살하는 노동자도 적지 않다. 이상관 역시 그들 중 한 명에 지나지 않았을지도 모른다. 그런데 왜 그 싸움은 유독 격렬했던 걸까? 싸움이 한창 진행 중이던 당시엔 진지하게 생각해 볼 겨를이 없었으나 17년의 세월이 흐르고 난 지금 몇 가지 짚이는 바가 있다.

1999년 당시는 우리나라가 아직 IMF 여파에 신음할 때다. 특히 노동자들의 고통은 이루 말할 수 없었다. 해고된 노동자들은 생계를 꾸리지 못해 생존 자체가 힘겨웠고, 겨우 해고를 면한 노동자들은 해고된 동료에 대한 미안함, 또 언제 내 차례가 돌아올지 모른다는 불안감으로 하루하루 숨죽이며 살고 있었다. 이 모두가 '고통분담'이라는 명분으로 벌어진 일이었다. 그런데 그 칼은 산재 노동자들에게도 겨누어졌다. 신체가 건강한 노동자들도 감당하기 힘든 고통을 일하다 다치고 병든 노동자들에게까지 감당하라고 하는 것은 정말 죽으라는 것이나 다름없었다. 이 사건을 접한 노동자들의 분노는 극에 달했다. 이 분노가 싸움의 주요 동력 중 하나였다.

처음에는 근로복지공단, 노동부, 정부를 향하던 분노가 싸움이 진행되는 과정에서 서서히 민주노총, 금속연맹 등 노동조합 상급단체 지도부에 대한 불만으로 옮겨가기 시작했다. 농성 초기 민주노총, 금속연맹은 담당자 한두 명을 파견하는 것 외에 적극적으로 결합하지 않았다. 물론 담당자들은 무척 열심이었다. 자발적으로 이 싸움에 결합해 함께하고 있던 현장 노동자들은 왜 노동조합 지도부가 이 싸움에 적극적으로 나서지 않는지 궁금해했다. 이상관이 소속 조합원이 아니라서? 실제 당시 대우국민차에는 노동조합이 없었다. 오랜 시간 농성장을 지키고 계셨던 이상관의 아버님은 틈만 나면 "노조만 있었더라도 우리 상관이가 그렇게 되지는 않았을 텐데…"라고 한탄하셨다. 하지만 현장 노동자들은 알고 있었다. 그가 비록 노조 조합원은 아니었지만, 이 문제는 자신들의 문제이자 전체 노동자의 문제라는 것을. 현장 노동자들이 지도부에 집요하게 요청한 결과 중반 이후에는 노조 지도부도 이 문제의 심각성을 인식하고 보다 적극적으로 결합하기 시작했다.

마지막으로 이 싸움이 시작되던 시기는 그 전까지 전국 각지에서 산재 추방 운동을 하던 단체들이 모여 전국적인 조직을 만들자는 논의가 한창 진행 중인 때였다. 그리고 이 싸움은 각자 다른 입장과 지향을 가진 단체들이 하나의 조직으로 함께할 수 있을지에 관한 중요한 시험대였다. 결론부터 얘기하자면 이 싸움을 거치는 동안 서로의 입장과 지향이 확연히 다르다는 것을 확인하게 되었고 전국 조직 논의는 완전히 중단되었다. 가장 중요한 차이는 운동의 주체와 방식에 관한 것이었다. 다소 위험하지만, 도식화하자면 전문가 중심의 운동이냐 현장 노동자 중심의 운동이냐, 정책과 대안 마련 및 협상을 통한 해결을 중시하는가 아니면 현장 조직화와 투쟁을 통한 정면 돌파를 중시하는가 그것이다. 당시의 논쟁과 갈등은 매우 진지하고 심각했다. 그리고 그만큼 이후 노동안전보건운동에 지대한 영향을 미쳤다. 사실 '노동안전보건운동'이라는 말 자체가 당시의 논쟁과 갈등의 산물이라고 할 수 있다. '현장 노동자 중심의 운동, 현장 조직화, 투쟁을 통한 정면 돌파를 중시하는 운동'을 주장하는 측에서는 그때부터 기존의 '산업재해', '산업안전보건', '산재추방운동'이라는 말 대신 '노동재해', '노동안전보건', '노동안전보건운동'이라는 말을 쓰기 시작했다. 노동하는 과정에서의 안전과 건강은 노동자 스스로 지켜내야 한다는 것을 강조하고 드러내기 위한 것이었다.

아파서 쉬는 노동자의 마음까지 살필 수 있도록

155일간이나 계속됐던 농성은 엄밀히 말하면 결국 실패로 끝났다. 이상관의 죽음을 산재로 인정하고 유족급여를 지급하라고 주장했지만 끝내 인정되지 않았다. 근로복지공단에서 위로

금 3,300만 원을 주기로 약속했는데 그나마 3,000만 원은 공단 직원들의 성금이었다. 근로복지공단의 공식적인 사과와 책임자인 방극윤 이사장의 해임을 주장했으나 공식적인 사과만 받았을 뿐 이사장은 그 후에도 자리를 굳건히 지켰다. 산재보험제도 개혁 주장이 받아들여져 근로복지공단에서도 제도 개혁에 관한 논의 기구를 설치해 노동자 참여를 보장하겠다고 약속했으나 흐지부지되고 말았다.

하지만 분명 성과도 있었다. 비록 이상관 본인의 산재 요양 중 자살이 산재로 인정받지 못했지만, 그 이후 산재 요양 중의 극심한 정신적 고통으로 인한 자살을 산재로 인정하는 사례가 늘기 시작했고 산재 요양 중인 노동자들의 심리적인 문제에 관심이 필요하다는 것이 알려지기 시작했다. 이 싸움의 계기가 되었던 'IMF 고통분담 대책'은 이후 무력화되어 실제로 강제로 요양 종결을 당하는 경우가 줄었다. 그리고 노동자에게 건강과 안전의 문제가 고용만큼이나 아니 어쩌면 그보다 더 중요할 수 있다는 것을 많은 노동자에게, 더 나아가 전 사회적으로 알리는 중요한 계기가 되었다.

이런 역사적인 싸움의 상당 부분을 함께했던 나에게 이 싸움이 미친 영향 또한 상당하다. 이 싸움은 여름방학에 시작해 개학 이후에도 계속되었다. 당시 나는 의과대학 기간 중 가장 중요한 시기인 본과 3학년이었으나, 비교적 중책을 맡았던지라 학교만큼이나 자주 농성장을 찾았다. 덕분에 당시 성적이 본과 4

년 중 가장 좋지 않았다. 하지만 유급을 당하지 않았다는 것만으로도 너무 다행스럽고 기뻤다. 노동보건 현장활동을 통해 만난 노동하는 노동자들의 모습과 이상관 투쟁 속에서 만난 투쟁하는 노동자들의 모습은 졸업 이후 진로를 고민하던 나에게 무척 인상적이었다. 졸업하고 의사가 되어서도 이들과 계속 함께하고 싶다고 생각했다. 나는 결국 직업환경의학 전문의가 되었고 실제로 당시 만났던 분들과 인연을 이어오고 있다. 그리고 서로 다른 곳에 있지만 더 많은 분들과 한 곳을 바라보며 싸우고 있다.

이상관. 그는 자신의 죽음이 나를 포함한 많은 사람에게 큰 영향을 미칠 거라고 상상조차 못 했을 것이다. 이십 대 후반, 한창의 나이에 세상을 등진, 고통과 절망 속에서 죽어갔지만 남은 이들에게 중요한 숙제를 남긴, 많은 사람의 기억 속에 여전히 살아 있는 그의 명복을 다시금 빈다.

2장

오늘,
우리 시대의
산업재해 :
죽음의 공장,
'관계자 외
출입금지'

열사병, 그리고 저열한 제도에 쓰러진

조선소의 청년

류현철
(직업환경의학 전문의, 터직업환경의학센터)

"산재 승인되었답니다. 오늘 질판위에서 바로 인정했답니다!"

금속노조 법률원 노무사님의 목소리는 밝고 가벼웠다. 내심 재판까지 가야 하는 것이 아닐까 걱정했던 사안이 업무상질병 판정위원회에서 산재로 인정받아 승인되었다는 것이다. 기쁜 소식이었다. 그러나 뜨거운 뙤약볕 아래 한껏 달아오른 조선소 강철 구조물 속에서 홀로 숨을 거둔 스물셋 청년 하청 노동자를 떠올리는 일은 여전히 고통스럽다.

"의사 선상, 뭐라도 쫌 방법을 찾아보소! 어떻게 안 되겠능교?"

2014년 초가을, 지역 금속노조에서 노동안전보건 업무를 담당하는 간부로부터 연락이 왔다. 조선소에서 일하던 만 23살의 젊은 하청노동자 돌연사 건이었다. 그는 8월의 한여름 낮에 조선소에서 작업하던 도중 혼자 쓰러진 상태로 동료 작업자에게

105

발견되어 응급실로 후송되었으나 결국 사망했다. 젊은 하청 노동자의 갑작스러운 죽음에 산업재해의 가능성이라도 타진해보는 것이 그나마 할 수 있는 애도였던 탓에 그는 이리 뛰고 저리 뛰었다. 산업재해로 인정받는 것은 고단했을 그의 노동에 대한 최소한의 보상이자 남겨진 유족들에게 작은 경제적 도움이나마 되기 때문이었다. 담당 의사는 사망 원인으로 심근경색을 의심했고 돌연사의 가장 흔한 원인인 뇌심혈관계 질환 쪽으로 가능성을 두고 있었으나, 국과수의 부검 결과 뇌심혈관계 질환의 가능성은 배제되었다.

부검 소견 때문에 산재 가능성이 멀어지는 듯하자 답답한 마음에 나에게 연락을 넣은 모양이다. 부검 소견을 대략이라도 알려달라고 하니 사인은 '불명'이라고 했다. 하지만 응급실 진료 기록엔 간 수치가 높아 급성 간부전에 의한 사망의 가능성을 배제하기 어렵다는 언급이 있었다고 했다. 당일 오전까지도 멀쩡하게 일하던 젊은 노동자의 급작스러운 죽음을 급성 간부전으로 본다는 것이 적절한 것 같진 않았지만 간효소 검사 수치가 급성 간부전을 언급할 정도로 높았다는 점은 마음에 걸렸다. 곧 열성질환(열사병)의 경우 간효소 수치의 급격한 상승이 있을 수 있다는 사실이 떠올랐다.

그 필사의 노동 현장을 보라, 뭐라도 해야 한다

노동조합에 도움을 구해 사망 당일 고인과 같이 일했던 동료 작업자들의 진술을 수집했다. 조선소 현장을 찾아 그를 죽음에 이르게 한 원인에 대한 단초를 확인해야 했다.

그가 쓰러진 것은 8월 한여름. 작열하는 태양 아래서 장대한 부상浮上과 유영遊泳을 준비하는 거대한 강철 구조물은 바싹 달아올라 있었을 것이다. 이 거대한 구조물을 물 위로 띄우려면 두꺼운 철판의 용접은 빈틈이 없어야 한다. 그의 작업은 그야말로 물샐틈없는 용접을 위해 선박의 내부에서 보조 작업을 수행하는 것이었다. 건조되는 선박의 내부 풍경은 산업 문명의 음습한 디스토피아를 보여주는 듯하다. 어지러이 주행하는 금속 배관을 품은 강철 구조물 격벽 사이로 쉼 없이 공간을 울리는 금속성 소음, 굉음과 더불어 튀어 오르는 불꽃. 연무와 용접 흄이 음산하게 깔린 뿌연 시야 속에서 천천히 움직이는 노동자들의 실루엣. 안전모를 눌러쓰고 보안경과 방진마스크에 두껍고 뻣뻣한 용접복, 절그럭거리는 안전대까지 둘러야 한다. 거기에 경력이 짧을수록, 하청의 단계가 아래로 향할수록 무거워지기 마련인 작업 장비를 들고 메고 이루어지는 필사의 노동! 노동이 힘겨울수록 숨은 턱까지 차오르고 비오듯 쏟아지는 땀은 증발하지도 못한 채 속옷을 적시는 이 위험천만한 현장에서 자신의 건강을 지키기 위한 마지막 보루임을 뻔히 알지만 에잇, 이놈의 보호구들은 벗어 내팽개치고만 싶어진다.

그의 일은 선체 외부 용접을 위해 선체 안에서 용접될 철판을 100~120도까지 예열하고 용접이 잘 이루어지도록 '백킹제'를 탈부착하는 업무였다. 한여름의 열기를 고스란히 품은 강철 구조물에 열을 또 가하고, 온갖 거추장스러운 보호구와 장비를 걸친 채로 이십대 장정의 몸을 쪼그리고 구부리고 비틀어야만 작업이 이루어지는 것이다. 고인의 작업현장을 되짚어 보고 건조 중인 선체에서 빠져나오는 길은 마치 지옥도에서 벗어나는 길인 듯했다. 그가 몇 번이고 반장 대가리에 하이바를 집어던지고 탈출하고 싶었을.

그는 왜 쓰러졌나?

심근효소의 상승, 심근경색을 의심하다

조각난 퍼즐을 맞추기 시작했다. 최초 발견되어 후송된 병원의 응급실 진료기록 전체, 부검 소견서, 과거 건강검진기록 역시 다시 검토했다. 그를 최초로 진찰한 의사는 망인이 질식, 심정지 상태로 응급실에 내원했다며 당시 혈액검사에서 발견되는 심근효소 검사의 소견(Myoglobin 및 Troponin-I 수치 상승)에 근거해 심근경색을 사망 원인으로 추정했다. 부검 결과 심장질환 가능성은 배제되었다. 그러나 심장효소 검사상의 이상 원인을 검토해야 했다.

간효소의 상승, 급성 간부전을 의심하다

부검 감정서에서 "사망 당일 제출된 병원의 의무기록에 의하면 변사자의 혈액에서 간효소 검사(AST와 AST, LDH) 등의 급격한 증가 소견을 보는바, 급성 간부전에 의한 사망의 가능성을 배제하기 어려움"이라고 기록하고 있다. 이는 부검 소견상 사망의 원인을 특정하지 못해 고인이 응급실 내원한 당시의 혈액검사 소견을 바탕으로 추론한 것으로 보인다. 그러나 급성 간부전으로 진단하기에는 간의 현미경적 검사 소견, 혈액학적 검사 소견이 부합하지 않으며 급성 간부전으로 인해 사망에 이르는 일반적인 경과와 사망을 전후한 망인의 상태는 매우 상이한 것으로 판단되어 배제해야 함이 마땅하다. 다만 급격한 간효소 검사상의 이상 소견을 초래할 만한 원인에 대한 검토가 필요하다.

열사병의 가능성, 그러나 너무 급작스러운 사망

그가 쓰러진 날은 8월. 한낮의 무더운 날씨는 작업장의 열기를 더했을 것이다. 열사병의 가능성은 높았다. 심근경색을 의심했던 검사 결과와 더불어 부검 의사가 급성 간부전의 가능성을 제시할 정도로 높았던 간효소 수치의 상승! 열사병에서도 전형적으로 나타나는 소견이다. 더구나 열사병의 경우에도 심근효소 상승이 동반될 수 있다. 그러나 열사병으로 통상적인 질병 경과를 보기에는 너무 급작스러운 사망이었다.

기도 폐색으로 인한 질식 가능성,
건강했던 젊은 남성에서는 드문 일

최초 발견자인 동료와 반장의 진술에 따르면 고인은 발견 당시 엎드려서 괴로워하고 있었으며 점심으로 먹었던 라면을 구토했고 얼굴이 검었다. 이는 구토로 인해 위에서 역류한 음식물이 기도를 폐쇄한 질식 상태로 안면부 청색증이 발생한 상황으로 추정할 수 있다. 또한 사망 당일 응급실 임상 기록에 따르면 고인은 "Asphyxia(질식) 상태로 심정지되어 후송됨[내원 당시 cyanosis(청색증), 복강 내 gas 가득 찬 상태]"으로 기록되어 있으며, 응급실 후송 이후 처치과정을 기록한 간호기록에서도 구강 내에 음식물이 차 있었으며 기관 삽관 이후 기도 흡인suction 시행 시에도 음식물이 배출되었다고 기록되어 있었다. 이는 고인에게서 어떠한 원인에서든 사망 전 섭취한 음식물이 기도 폐쇄를 유발하고 이로 인해 질식이 발생하였을 가능성이 매우 높음을 시사하는 것이며 최초 응급실 내원 당시 기록과도 부합한다고 볼 수 있다. 또한, 부검 감정서에서 "양쪽 폐는 고도의 울혈 및 부종상", "뇌는 약간 울혈상"으로 기록하고 있으며 이는 비특이적이기는 하나 질식에서 발견할 수 있는 소견에 부합한다. 다만 고인의 기도 내에서 이물질이 발견되었다는 부검 소견은 관찰되지 않으나 이는 응급실 의무기록에서 보이듯이 기관 삽관 및 처치 과정에서 시행된 반복 흡인으로 제거되었을 것이다. 따라서 다른 사망의 원인이 배제되거나 불분명한 상황에서 사망 당시의 목격자 진술, 응급실 의무기록, 부검 소견 등을 종합하면 망인의 사망 원인은 음식물에 의한 기도 폐쇄에 따른 질식일 가능성이 높다. 그러나 통상적으로 의식이 명료하고 건강상의 이상이 없는 젊은 남성이 구토로 인한 음식물의 기도 폐쇄로 사망하는 경우는 매우 드물다.

맞춰진 퍼즐, 열사병과 기도 폐색

일반적인 열사병이라면 그렇게 빠른 시간에 사망하지 않을 것이고, 술에 취하거나 뇌 손상도 없는 젊은 성인 남자가 구토로 인해 질식에 이르는 경우는 거의 없다. 그러나 열사병으로 활력과 의식이 떨어진 상태에서의 구토라면 다르다. "열중증(열사병)으로 인한 활력 및 의식 저하를 동반한 구토, 구토물의 기도 폐색으로 인한 질식사"가 의심되었고 그간 검토한 기존의 문헌 자료와 의무 기록, 현장 기록을 첨부해 업무와 관련한 사망이었을 가능성이 높다는 업무 관련성 평가 소견서를 작성했다.

열사병의 원인은 태양이 아니라 저열한 제도

고인의 죽음이 개인적 소인 때문이 아니라 열악한 노동조건과 그 조건을 감내할 수밖에 없었던 고용관계에서 비롯된 일이라는 것을 밝히는 과정은 무겁기 이를 데 없었다. 조선업, 그것도 하청 노동자의 안전과 건강상의 위험 요인(의학적 요인뿐 아니라 사회적 경제적 요인을 포괄하는)을 너무나 잘 알고 있지만, 그것을 바꿔내지는 못하여 스물셋의 꽃다운 생명이 스러지는 것을 막지 못한 직업환경의학과 의사에게는 그랬다.

다행히 산재로 인정되었다. 적지 않은 의미가 있다. 먼저 젊은 조선하청 노동자의 외로운 죽음이 업무와 관련된 것이었음을 입증한 것이 중요한 의미다. 남겨진 가족들에게 아주 작은 위안이라도 될 것이다. 한편으로 직업환경의학 의사로서의 보람을 일깨운 일이기도 하다. 응급실에서 처음 고인을 접한 의사의 의견도 국과수 부검의의 의견도 의학적 사실에서 벗어난 것들은 아니었으며 그들이 책무를 다하지 않은 것도 아니다. 다만 그들은 고인의 직업과 일을 돌아볼 자리에 있지 않았기 때문에 그 죽음이 의미하는 바를, 그 죽음의 진짜 원인을 찾기 어려웠을 것이다. 사인은 열사병, 기도 폐색이면서 또한 저열한 원하청 제도이기도 하다. 그것을 밝히고 이야기하는 것이 직업환경의학 의사의 일이다.

8월 한여름 거대한 강철 구조물 안에서 벌어지는 필사의 노동. 조선소 하청업체 노동자는 추천받아 직영으로 들어가게 해준다는 직영추천제의 작은 희망에 매달려 그렇게 일하다 쓰러졌다. 스물세 살이었다. 고인이 남긴 휴대전화의 문자 대화들을 보라.

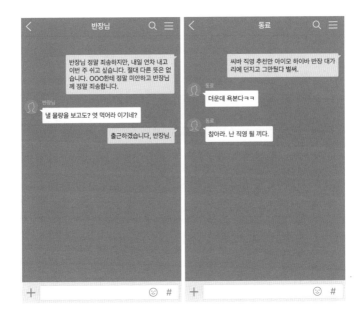

〔반장과의 대화〕

고인: 반장님 정말 죄송하지만, 내일 연차 내고 이번 주 쉬고 싶습니다.

절대 다른 뜻은 없습니다. (중략) ○○○한테 정말 미안하고 반장

님께 정말 죄송합니다.(하략)

반장: 낼 물량을 보고도? 엿 먹어라 이기네?

고인: 출근하겠습니다, 반장님.

〔동료들과의 대화〕

고인: 씨바 직영 추천만 아이모 하이바 반장 대가리에 던지고 그만뒀다

벌써.

동료: 더운데 욕본다ㅋㅋ

동료: 참아라. 난 직영 될 끼다.

　스물셋의 나이에 작업장에서 쓰러진 채로 발견된 그 노동자의 죽음은 추천받아 직영(원청)노동자가 되는 것을 목표로 온갖 것을 감내하며 일하는 젊은 조선 하청노동자들의 숨 막히는 현실, 직영추천제를 빌미로 희망을 착취하는 비정한 현실과 맞닿아 있다. 이런 현실에서 빚어진 노동자의 죽음이 업무와 관련한 사망임을 밝히게 된 것은 다행스러운 일이지만 사후약방문일 뿐이다. 이런 애달픈 죽음이 더는 일어나지 않게 하는 것이 바로 이제부터 할 일이다. 열사병에 이르게 하는 혹독한 작업환경이 개선되어야 할 것이며, 더불어 자신의 건강과 안전에 위협을 느끼는 상황에서는 작업을 중단할 수 있는 당연한 권리가 주어져야 한다. 어떻게든 직영이 되고자 가혹한 노동을 감내하고 휴식의 기회조차 내놓아야 하는 현실에서 하청 노동자들의 건강과 안전은 위협받기 마련이다. 이 시대의 여름은 점점 더 뜨거워지고 있다. 노동자들의 건강을 열사병으로부터 지키기 위해서 맞서야 할 것은 무심한 태양이 아니다. 열사병의 원인은 태양이 아니라 저열한 제도에 있다.

숨겨진 산업재해들,

위험을 방치하고
생명을 무시한 범죄

이진우
(직업환경의학 전문의, 민주노총 노동안전보건부장)

2015년 7월 29일 한창 더울 오후 2시경, 한 화장품 제조공장으로부터 119에 사고 신고가 접수됐다. "사람이 지게차에 부딪혀 끌려갔다, 지금 빨리 오셔야 할 것 같다"는 다급한 목소리였다. 응급 상황이다. 그러나 7분 만에 공장 입구에 거의 도착한 구조대는 신고 취소 전화를 받게 된다. 회사에선 "별일 아니다. 직원 한 명이 찰과상을 입었을 뿐이니 우리가 처리하겠다. 돌아가도 된다"고 했다. 출동한 대원이 "정말 돌아가도 되느냐"고 재차 물었지만 "안 들어오셔도 된다"며 공장 앞에서 구급차를 돌려보냈다. 수사권이 있거나 사고 현장을 확인할 의무가 없는 119 구조대원은 공장 안으로 들어가지 못하고 되돌아갈 수밖에 없었다.

죽어가는 사람을 담요로 덮어두고 "119 돌아가라"

그런데 회사 직원이 공장 앞에서 119 구조대원들에게 한 말은 모두 거짓이었다. 사고를 당한 직원은 지게차의 뒷부분에 치여 바닥에 쓰러졌고, 그 후에도 지게차 사이에 끼인 채 5미터를 끌려갔다. 단순 찰과상이 아니었다. 회사가 119 구조대의 출입을 막은 이유는 환자를 회사와 거래하는 지정병원(정형외과 전문병원인 현대병원)에 보내기 위해서였다. 119 구조대는 사고 장소에서 가장 가까운 종합병원(청주성모병원, 10km 거리)으로 환자를 옮기게 되어 있다. 회사 입장에선 직원을 지정병원에 보낼 기회를 놓치는 셈이다. 실제로 회사는 119 구조대를 돌려보내는 와중에 지정병원에 연락해 구급차를 보내 달라고 했다. 이 병원은 자동차로 30분이 소요되는 거리(19km)에 있었다. 그 사이에 직원들은 산재를 당한 동료를 공장 바닥에 그대로 방치한 채 CCTV를 피하기 위해 우산을 펼쳐 가리고 담요로 덮어놓았다.

지정병원의 구급차가 예상만큼 빨리 오지 않자, 마음이 급해진 회사는 승합차를 공장 안으로 몰고 들어와 산재 노동자를 직접 차에 옮겨 실었다. 부목 등 최소한의 안전장구나 구호조치는 커녕 맨손으로 환자를 들어 담요로 둘둘 말았다. 그렇게 임의로 이동한 인근 도로에서 현대병원의 구급차를 만났고, 구급차에 옮겨진 산재 노동자는 비로소 회사 지정병원인 현대병원에 도착했다. 이미 사고로부터 한 시간이 지난 후였다.

산재를 당한 노동자는 다리 골절뿐만 아니라 갈비뼈 골절과 내부 장기 파열로 출혈이 심한 상태여서 정형외과 전문인 이 병원에서는 치료할 수 없었다. 그는 다시 인근 종합병원인 하나병원으로 옮겨져야만 했다. 회사가 이 노동자를 119 구조대를 통해 옮겼다면 최소 20분 뒤에는 가까운 종합병원에 도착할 수 있었다. 또 구조대원이 혈압이나 맥박을 확인해 내부 출혈을 의심했을 것이고 빠르게 조치했을 것이다. 하지만 회사는 그렇게 하지 않았다. 지정병원인 현대병원을 거쳐 다시 인근의 하나병원으로 이송하는 바람에 한 시간 반이 지나서야 산재 노동자의 치료가 시작됐다. 하나병원 의사는 "CT 검사 결과 간도 이미 다 손상됐고 폐에도 피가 찼습니다. 환자를 둘러업지 않고 응급차로 옮겼더라면 이렇게까지 망가지지 않았을 거예요"라고 안타까워했다. 산재 노동자는 하나병원에서 응급조치를 받던 중 '과다출혈로 인한 저혈성 쇼크'로 16시 45분에 사망했다. 공장 바닥과 도로에서 골든타임이 사라지던 사이, 공장 안에선 아무 일 없었다는 듯 지게차가 움직이고 있었다. 부적절한 조치로 직원을 사망에 이르게 한 회사는 사고 5일 만인 8월 3일 인터넷 구인 사이트에 '회사 내 차량통제 및 지게차 통제 업무를 위한 작업지도원 1명을 채용한다'는 공고를 냈다.

회사가 지정병원을 고집하는 이유

이 회사는 청주에 위치한 '에버코스'라는 업체다. 직원 200여

명에 연 매출 600억 원이 넘는 중견 화장품 제조업체다. LG생활건강, 헨켈홈케어코리아 등에 화장품과 생활용품을 공급하고 있다. 이런 제조업 사업장에서는 물품 운반을 위해 대다수가 지게차를 사용한다. 공장 안에서 지게차를 운용할 경우 지게차에 사람이 치일 가능성이 커 예방 조치가 필요하다. 일터에서의 사고 예방을 위해 사업주의 의무 등을 규정하고 있는 산업안전보건법에서는 지게차 관리에 대한 사업주의 의무를 상세히 다루고 있다. 하지만 이 사고가 발생한 현장은 실내의 좁은 공간에 화물이 잔뜩 쌓여 있고 그 화물들 사이의 좁은 통로로 사람과 지게차가 함께 다니던 상황이었다.

이런 현장 상황 때문에 고인은 2014년에도 지게차에 치여 골절상으로 수술 후 3개월 동안 입원 치료를 받았다. 물론 산재로 처리되지 않았다. 이전에도 지게차에 의한 사고가 있었는데도 사업주가 아무런 조치도 취하지 않았던 것이다. 경찰 조사 발표에 의하면 에버코스에는 산재 발생 상황에 관한 '회사 매뉴얼'이 있는 것으로 밝혀졌다. 구조 요청을 취소한 이유도 이 '매뉴얼' 때문이었다고 한다. 119에 신고하면 공장에서 다쳤다는 사실이 그대로 서류로 남아 어쩔 수 없이 산업재해 처리를 해야 한다. 이럴 경우 산재보험 요율이 오를 뿐 아니라 발생 빈도가 높을 경우 노동부의 집중 감독 대상이 된다. 따라서 사업주들은 온갖 방법을 동원해 산재처리를 회피하고 은폐하려 한다. 심각한 범죄행위다.

에버코스의 매뉴얼과 같은 산재 은폐 방식은 이 회사에만 국한된 것이 아니다. 많은 기업이 산업재해를 은폐하기 위해 이런 불법을 저지르고 있다. 방법은 이렇다. 회사가 병원을 선정해 지정병원 계약을 맺는다. 산재가 발생하면 119가 아닌 지정병원의 응급차로 이송하고 그곳에서 치료한다. 산업재해가 아닌 공상이 된다. 병원에서는 회사의 업무가 아닌 개인적인 이유로 다친 것으로 처리하고 회사가 도의적 차원에서 치료비를 내주는 형식이다. 이 과정에서 병원비는 사업주가 낸 산재보험료가 아니라 건강보험으로 처리된다. 기업이 아니라 국민이 낸 세금으로 치료받게 되는 것이다.

청주 청원경찰서는 CCTV 확인 후 유족에게 합의를 권했다. 경찰은 당시 지게차를 운전한 김 모(37세) 씨에 대해서만 교통사고특례법 위반으로 불구속 입건하면서 이 사건을 단순 교통사고로 처리했다. 지게차 운전기사에게 모든 책임을 떠넘기고 유족에게는 합의를 종용한 것이다. 유족은 "이 사건이 단순한 교통사고로 보이느냐"며 "최소한 업무상 과실치사 혐의로 수사를 확대해 달라"고 요청했지만, 경찰의 입장은 변하지 않았다. 지방노동청도 마찬가지였다. 사건 발생 3주가 넘도록 지게차 운전자 외 2명을 참고인으로 불러 조사한 것이 전부였다. 해당 업체가 몇백만 원의 벌금 정도를 낼 것이라고 유족에게 알렸지만, 산재를 피하기 위해 119를 돌려보낸 부분 등은 문제 삼지 않았다고 한다. 이 사건은 명백히 공장 안에서 업무를 수행하던 중 발생한 사고다. 산업재해일 뿐만 아니라 업무상 과실치사 사건이다. 그러나 지방노동청과 경찰 측은 사업주의 책임은 묻지 않고 사건을 마무리하려 했다.

유가족은 억울한 심정에 8월 6일 업무상 과실치사로 회사 대표 전태영 등 7명을 검찰에 고소했다. 주요 언론이 이 문제를 다루는 과정에서 사고를 당한 노동자가 처참히 방치된 상황이 담긴 공장 안 CCTV가 전파를 탔다. 산재 은폐 범죄가 저질러지는 현장이 고스란히 공개된 것이다. 사업주뿐만 아니라 지방노동청과 경찰에 대한 비난 여론이 거세졌다. 경찰은 이 사건 담당 부서를 교통사고 처리계에서 형사계로 슬쩍 옮겼다. 유가족과 언론이 침묵했다면 무수히 묻히는 여타의 산재 은폐 사건처럼 사업주의 책임이 사라질 뻔했다. 이후 유가족들은 민주노총 충북지역본부 및 지역 시민단체와 면담을 진행하고 산재 사망 규탄 기자회견에 함께하는 등 목소리를 더욱 높였다. 8월 24일부터 5일간 진행된 고용노동부 특별감독 결과 지난 3년간 에버코스가 지정병원 운영을 통해 29건에 달하는 산재를 은폐해 왔음이 드러났다. 이뿐만 아니라 노동부는 산업재해 보고 의무 위반, 안전보건상의 조치 의무 위반 등 총 28개 유형의 산업안전보건법 위반을 적발했고 1억7,500만 원의 과태료를 부과했다.

사고 예방은커녕 숨기기에 급급한 "살인"

이어 9월 1일에는 '중대재해 기업처벌법 제정연대' 소속의 민주사회를위한변호사모임 강문대 변호사 등 시민사회단체 활동가 10명이 에버코스와 전태영 대표이사를 '(부작위에 의한) 살인죄', '업무상과실치사죄', '증거인멸죄', '산업안전보건법 위반죄' 등으로 서울중앙지검에 고발했다. 지게차로 고인을 충격한 점과 큰 부상을 당한 고인을 1시간 이상 방치한 점을 부작위에 의한 살인죄와 산재 은폐 및 증거 인멸 시도로 보았다. 피고발인들은 고발장에서 "에버코스는 조금만 주의를 기울였다면 충분히 예방할 수 있는 사고를 발생하게 했고, 근로자를 신속하게 병원으로 옮기는 조처를 하지 않은 채 산업재해 은폐를 시도했다"고 주장했다. 이어 "그로 인해 끝내 망인이 사망에 이르렀는데도 망인의 유족들에게 사고 경위를 있는 그대로 밝히지 않고 단순 교통사고라고 밝히는 등 기업가로서는 물론이고 인간으로서도 차마 해서는 안 되는 일을 저질렀다"고 했다.

형법상 업무상 과실치사란 '그대로 방치하면 생명이 위험하다는 것을 알면서도 적절한 조치를 취하지 않음으로 인해 발생한 사망사고'다. 이 경우 5년 이하의 금고 또는 2,000만 원 이하의 벌금에 처해진다. 나아가 형법상 '위험의 발생을 방지할 의무가 있거나 자기의 행위로 인하여 위험 발생의 원인을 야기한 자가 그 위험 발생을 방지하지 아니한 때에는 그 발생 결과에 의하여 처벌'받아야 하는 부작위범에 해당한다. 당시 현장 상황

(좁은 통로, 보행로 없음, 지게차 신호수 없음 등)상 재해가 발생할 위험이 다분했고, 사업주는 이런 위험 발생을 방지할 의무를 다하지 않아 사망 사건이 발생토록 한 부작위에 의한 살인 행위에 해당한다는 것이다. 여론을 의식한 듯 청주지방법원은 산업안전보건법 위반으로는 이례적으로 9월 30일 에버코스 전태영 대표를 구속하기에 이른다. 하지만 2016년 5월, 검찰은 고발 건에 불기소 결정을 통보한다. 전태영 대표이사에게는 산업안전보건법상의 안전조치를 취하지 않은 사실만 인정했고, 증거 인멸, 업무상 과실치사죄, 살인죄는 해당하지 않는다는 취지였다. 에버코스 법인의 경우에는 위 각 죄에 대한 주체가 될 수 없다는 취지로 불기소 처분을 내렸다.

사회적 공분이 있을 때는 엄중히 처벌될 것 같다가, 결국 시간 끌기로 대중의 관심이 사라진 이후엔 솜방망이 처벌이나 말단 직원 처벌에 그치기 일쑤다. 119에 이송하지 않고 산재 은폐를 시도하다 적발된 사례는 에버코스만의 특별한 것이 아니다. 2012년 현대중공업 해양사업부 사내하청업체에서 일하던 47세 하청노동자가 탈의실에서 의식을 잃었다. 시초를 다투는 심장질환이었지만, 회사는 119를 부르지 않고 1톤 트럭에 환자를 실어 울산대학교병원으로 몰래 옮겼다. 심장질환에 꼭 필요한 신속한 응급조치는 없었다. 응급실로 옮겨 심폐소생술을 했으나 그는 끝내 사망했다. 2014년에는 작업 중 발판이 무너져 현대중공업 하청 노동자 3명이 바다에 빠졌다. 119에 신고하지 않은 채

40분간 내버려 두어 1명이 사망했다. 제2롯데월드 공사장에서도 63세 하청노동자가 추락했다. 점심시간이라 동료들은 추락 사실을 몰랐고 순찰 중이던 화재감시원이 그를 발견했다. 두개골이 깨지고 목뼈와 왼쪽 다리뼈가 탈골된 채 발견되었으나 7분이 넘도록 119에 신고하지 않았다. 가까운 병원보다 2배나 거리가 먼 지정병원에 연락해 이송이 지체되던 중 노동자가 사망했다. 2015년 1월 부산 신세계 건설 현장에선 돌풍이 불어 안전망 지지 파이프와 안전고리의 결속부위가 끊어지며 그 위에서 작업하던 42세 하청노동자가 중심을 잃고 추락했다. 마찬가지로 119에 신고하지 않고 6배나 멀리 떨어진 지정병원에 연락 후 기다리던 중, 행인이 119에 신고해 은폐 시도가 드러나기도 했다. 119 응급 차량으로 옮겨 이송했으나 결국 이 노동자도 사망했다.

사고 발생 시 119에 신고하면 출동과 사고 기록이 남아 이후 노동부 산재 은폐 적발 감독 대상이 된다. 이 때문에 사업주는 산재 은폐를 위해 119가 아닌 회사 지정병원으로 이송하도록 하고 병원과 유착해 사고 발생 장소와 개요를 조작한다. 하지만, 대부분의 지정병원은 소규모라 중대사고 발생 시 수술 등 응급 조치 능력이 없다. 이송이나 치료 과정에서 사망하거나 대형병원으로 옮기던 중 상태가 더욱 악화해 사망하는 경우가 다발하게 된다.

경찰은 초기에 에버코스 사건을 교통사고로 조사하고 처리하려 했다. 이렇게 사업장 사고 중 지게차나 덤프 등 운송 장비에 의한 사고를 교통사고로 처리하면서 산재를 은폐하는 일이 횡행한다. 노동부 산업안전감독관 집무 규정은 사망 사고가 발생해도 교통사고로 보고되면 노동부 사고 조사 대상에서 제외하고 있다. 사업장에선 산재 사고를 교통사고로 보고해 최대한 경위를 감추면 산재로 처리되더라도 산재 통계나 감독 대상에선 벗어날 수 있다. 심지어 노동부는 2012년부터 산재 통계 처리 규정을 개정해 산재 사망 통계에서 사업장 외 교통사고를 제외했다.

'중대재해 기업처벌법', 강한 처벌이 없다면 은폐는 계속될 것

이렇게 온갖 수단과 법망의 구멍을 이용해 산재 은폐가 벌어지지만, 적발되더라도 처벌 수준은 미약하다. 1,000만 원 내외의 낮은 벌금마저 잘 이루어지지 않고 있다. 사업주들은 산재 보고로 안전 점검, 보험료 인상, 벌점 및 입찰 불이익 등을 받느니 적발 후 벌금을 선택하는 현실이다. 사업주들이 산재 은폐를 선호하는 구조적 문제를 해결하기 위해선 사업주에 대한 엄중한 처벌과 기업 자체에의 처벌 방안도 필요하다.

에버코스와 대표이사 고발을 주도한 '중대재해 기업처벌법 제정연대'는 세월호 참사 이후 '기업살인법' 제정을 위한 논의를 이어오다 '중대재해 기업처벌법'을 입법 청원하면서 공식화했다. 출범 이후 중대사고 대응, 기업 고발투쟁, '중대재해 기업처벌법' 선전사업, 살인기업 선정식, 세월호 참사 사진전 참여, 세월호 특조위 안전사회 관련 사업 지원 및 대응과 연구과제 수행 등의 사업을 했다. 20대 국회에서 노회찬 의원과 함께 의원입법 발의도 했다. 10년이 넘는 시간 동안 국내의 노동자와 전문가, 시민사회가 산재 사망은 기업의 살인 행위이며 이를 범죄로 보고 처벌할 수 있어야만 기업이 변화할 것이라고 주장해왔다. '중대재해 기업처벌법'은 이 운동의 뜻을 확장해 만든 법안이다.

법안에는 기업과 경영 책임자에게 사업 수행이나 사업장 관리에서의 안전 의무가 있다는 점을 명확히 하고 이를 위반하여 사고와 재해가 발생한 경우 경영 책임자를 처벌하도록 하는 내용을 담았다. 또한, 사기업뿐만 아니라 안전 의무가 있는 모든 '주체'를 처벌 대상으로 포괄해 공기업, 공공기관, 국가 행정기관도 처벌 대상이 될 수 있게 했다. 적용 대상은 산업안전보건법이 적용되는 사업(장소에 국한 없이) 및 사업장뿐만 아니라 다중이용시설을 포괄적으로 규정하고 있다. 따라서 기업의 안전 의무 위반으로 노동자, 지역 주민, 이용자에게 사상이 발생한 경우를 모두 포괄한다. 특수고용 형태, 도급 용역 하청노동자가 재해를 당한 경우에도 적용될 수 있도록 범위를 넓혔다.

기업 자체에 대한 처벌의 근거는 '위험을 방치하는 조직 구조 또는 조직문화'에 두었다. 법인 처벌과 관련해 기본적으로는 양벌규정을 취하되, 안전조치 의무 위반을 직접 지시하거나 위반이 행해지고 있음을 알면서 방치·묵인·조장한 경우 가중 처벌하도록 했다. 형량을 강화하여 2명 이상이 사망한 경우에는 벌금형을 없애는 방향으로 했다. 또한, 행정상의 제재로 영업정지와 허가 취소가 가능해졌으며, 법무부 장관으로 하여금 처벌 사실을 공표하도록 규정하고 있다.

생명과 안전을 책임지지 않는 기업과 정부 관료는 반드시 처벌되어야 한다. 발생한 사고를 은폐까지 하려는 기업은 더욱 그렇다. 책임을 묻는 과정이 분명해져야 위험이 전가되는 구조적 문제가 드러날 것이다. 사고를 유발한 기업과 정부에 조직적 책임을 묻는 '중대재해 기업처벌법' 제정이 필요한 이유다.

작업중지권:

얼마나 위험할 때
일을 멈춰도 될까?

최민
(직업환경의학 전문의, 한국노동안전보건연구소 상임활동가)

금요일 저녁 휴대폰 메시지가 왔다. A씨다.

"언니, 안녕하세요? 주말에 요것 설명 좀 부탁드려요. 요즘 라인에서 쓰는 물질인데 냄새가 너무 심해서요."

A씨는 구로디지털단지에 있는 전자제품 회사에서 휴대폰 조립 일을 한다. 입사한 지 5년쯤 됐다. 구로 지역에서 활동하는 노동자 권리 찾기 사업단이 인연이 되어 만났다. 같은 공장에서 일하는 언니들과 함께 야간 노동이나 화학물질, 근골격계 질환 등 노동자 건강 문제를 공부해보자고 몇 번 얘기해 두었지만, 좀처럼 연락이 없던 터였다. 나이든 여성노동자들에게 '늙은 돼지'라고 손가락질하는 관리자의 상식 이하의 인격 모독도 참고 사는 그녀들에게, 건강한 일터 따위는 사치스러운 주제로 느껴질 수도 있겠다. 그런데 A씨가 웬일로 먼저 연락을 해온 것이다. 아마 2016년 초에 터진 삼성·LG전자 하청업체의 메탄올 중독

사건[17] 이후, 화학물질에 대한 관심이나 경각심이 높아졌을 것이다. 같은 휴대폰 하청업체에서 발생한 중독, 실명 사건을 보면서, 자기가 쓰는 물질의 정체를 전혀 모르는 노동자들은 얼마나 불안했을까? 새로운 물질을 쓰기 시작했는데 냄새도 심하다면 더욱 그랬을 것이다. 아니, 그런데 이 회사는 불안해진 노동자들이 나에게 연락해 물을 때까지 이 물질에 관한 설명이나 교육도 안 했단 말인가? 심란한 마음으로 이 물질을 알아보기 시작했다.

무엇을 만지고 무엇을 들이마시는지 모르는 와중에

원래 화학물질을 판매하는 경우 그 물질을 제조하거나 수입 판매하는 쪽에서 책임지고 '물질안전보건자료MSDS'를 제공하게 돼 있다. 물질안전보건자료란 그 물질의 명칭, 구성 성분의 명칭 및 함유량, 안전보건상의 취급 주의사항, 건강 유해성 및 물리적 위험성 등의 내용을 적어놓은 문서다. 말 그대로 그 물질의 안전보건상의 특징과 위험성을 담은 것으로, 그 내용을 살펴보면 어떤 성분이 얼마나 들어있는지, 건강에 영향이 있는지 등을 파악할 수 있다. 이 자료는 해당 물질을 제작한 회사 홈페이

---

17 2015~2016년 삼성전자 휴대폰 부품 생산 공장에서 일하던 2,30대 노동자 6명이 메틸알코올(메탄올) 급성 중독으로 시력을 잃은 사건. 이 책 4장 '메탄올 중독사건: 법의 사각지대에서 시력을 잃은 파견노동자들'에 자세한 이야기가 실려 있다.

지에 게시돼 있다. 실은, 사용하는 화학물질의 물질안전보건자료는 그 물질을 취급하는 노동자가 쉽게 볼 수 있는 장소에 게시하거나 비치해 둬야 한다. 이 역시 법으로 정해져 있다. 그런데 A씨네 회사는 전혀 그렇지 않았던 거다. 화학회사 홈페이지를 통해 확인한 그 물질은 일종의 세척제였고 모두 7가지 화학성분이 혼합된 혼합물이었다. 그리고 이 7가지 화학물질이 전부 작업환경측정 대상 물질이자 특수건강진단 대상 물질이었다.

작업환경측정은 작업환경 실태를 파악하기 위해 작업장의 공기 등을 채취하고 분석·평가하는 것을 말한다. 산업안전보건법에서는 정기적으로 작업환경측정을 실시해야 할 물질들을 정해두고 있다. 이는 메틸알코올, 톨루엔 등 유기화합물, 납, 구리 같은 금속류, 산이나 알칼리 종류, 산화에틸렌이나 오존 같은 가스 상태 물질, 금속가공유, 소음과 고열, 유리섬유나 용접흄을 포함한 분진 등 200여 가지에 달한다. 이들 물질은 기준이 정해져 있어서 작업환경 중 농도가 그보다 높아지지 않게 관리해야 한다. 환경 중 농도가 법적 기준보다 낮다고 해서 모두 안전한 것도 아니지만, 최소한 그보다 높아서는 안 된다. 보통 6개월, 혹은 1년마다 작업환경 중 농도를 측정해야 하고 그 결과를 노동부에 보고하게 돼 있다. 작업장 내 농도가 기준보다 높아질 위험이 있으면 해당 물질 사용을 줄이거나 다른 물질로 대체하고 환기 시스템을 개선하는 등의 조치를 취해야 한다. 물론 현실에서 측정과 개선이 쉽게 선순환을 이루지는 않는다. 예를 들어 메탄올 중독으로 여러 명의 노동자가 실명에 이른 그 휴대폰 제조 하청업체에서 메탄올의 공기 중 농도는 작업환경측정 기준치의 1,000배에 달했다. 그런데 해당 업체에서는 작업환경측정도 하지 않았고, 해당 물질을 사용하는 노동자들은 물질에 관해, 물질이 미치는 건강 영향에 관해, 현재 작업장의 환경 상태에 관해 어떤 설명이나 안내도 받지 못했다.

건강진단의 하나인 특수건강진단은 일하면서 노출된 유해인자 때문에 건강에 영향이 있지는 않은지 검진하는 것이다. 예를 들어 간에 해로운 유기용제를 사용하는 노동자의 건강검진에서 간 효소 수치를 해석하는 방식은 그 물질을 사용하지 않는 노동자와 달라야 한다. 수치가 비슷하게 높아져도 그 이유가 일 때문은 아닌지 평가해야 하기 때문이다. 특수건강진단을 받아야 하는 유해물질 역시 법(산업안전보건법 시행규칙)으로 정해져 있다. 화학물질뿐 아니라 소음이나 진동, 방사선, 고기압이나 저기압과 같은 물리적 인자도 포함되고, 야간에 일하는 노동자의 경우엔 야간작업으로 인해 수면 장애나 소화기 장애, 여성의 경우 유방암 등이 생기지 않는지 특수건강진단을 실시하도록 돼 있다. A씨네 공장에서 새로 사용하게 된 제품에 이런 화학성분이 7가지나 들어있으므로 회사는 당연히 이 물질의 물질안전보건자료를 비치하고, 이 물질에 관해 사전 교육을 해야 했다. 또 작업환경측정과 특수건강진단 계획에도 이를 반영했어야 한다. 이렇게 노동자들에게 꼭 필요한 정보를 적절하게 제공하지 않은 상태에서 무작정 일을 시키다가 메탄올 중독 같은 사고가 터지는 것이다.

위험하면, 불안하면, 힘들면 거부할 권리

이런 때 필요한 것이 작업중지, 작업거부권이다. 돈을 받고 노동력을 제공하는 것이 근로계약의 기본이지만, 그 노동력 제공에 노동자 본인의 생명과 안전이 위협받는 상황까지 포함되어서는 안 되는 것이 노예노동과 다른 이 사회의 기초 중 하나다. 돈을 준다고 해서 무슨 일이나 시켜도 되는 것은 아니며, 노동자 입장에선 돈을 받는다는 이유로 기초적인 안전 보장도 안 된 곳에서 일할 의무가 있는 것은 아니다. 그러니 A씨와 동료들에게는 그 물질을 사용하는 모든 일을 거부하고, 산업안전보건법상의 조치들이 모두 취해진 후에 작업을 재개할 권리가 있다.

우리 산업안전보건법은 26조에서 산업재해가 발생할 급박한 위험이 있을 때는 사업주가 작업을 중지시키고 노동자를 대피시키도록 하고 있다. 노동자 역시 산업재해가 발생할 급박한 위험이 있을 때는 작업을 중지하고 대피하는 것이 보장된다. 위험하다고 생각해서 대피한 노동자에게 불이익한 처우를 해서는 안 된다는 규정도 있다. 하지만 법조문은 교묘하게도 작업중지권을 보장하는 때가 '산업재해가 발생할 급박한 위험이 있을 때'로 제한하고 있다. A씨의 사업장에서 사업주가 무슨 물질인지

조차 가르쳐 주지 않고 법적인 안전보건 조치를 하나도 하지 않은 채 노동자들에게 일을 시키는 이 상황은 분명 매우 위험한 상황인데, 산재가 발생할 '급박한 위험'이냐고 묻는다면 고개를 갸웃하게 된다. 대피한 노동자에 대한 해고 등 불리한 처우 금지 역시 '산업재해가 발생할 급박한 위험이 있다고 믿을 만한 합리적인 근거가 있을 때'라고 제한해두고 있다. 얼마만큼 위험할 때, 우리는 우리의 판단이 합리적이었다고 인정받을 수 있는 걸까?

미국 연방법도 몇 가지 조항을 통해 유해 위험업무에 대한 작업거절권, 작업중지권을 보장하고 있다. 이때 합리적인 근거 따위는 요구하지 않는다. 대신 급박한 위험에 노출되어 있다는 근로자의 판단이 악의적이지 않은 경우, 노동자가 작업 수행을 거절할 수 있다고 해석하는 것이 미국 법의 일반적 견해라고 한다. 다만, 미국 산업안전보건법의 경우엔 우리나라 산업안전보건법처럼 작업중지권 행사를 위해 몇 가지 기준을 요구한다. 위험한 상황에 대한 판단이 합리적이야 하고, 작업 거절 전에 대안을 모색해야 한다. 그러나 미국 연방노동관계법은 이런 제한이 없이 위험에 노출된 노동자의 작업 거절과 거부를 보장하는 것이다. 미국의 한 사업장에서 7명의 노동자가 작업장 기온이 너무 낮은 것에 항의하기 위해 작업장을 이탈한 일이 있었다. 사용자가 이 노동자를 징계하자 미국 법원은 이 사건이 사용자의 부당노동행위라고 판결했다. 안전하고 건강하게 일하기 위한 노동자들의 상호 부조, 상호 보호를 위한 공동행위권 행사를 방해했다는 것이다. 이 과정에서 노동자들의 판단이 얼마나 합리적이었는가, 그 위험이 얼마나 급박하고 큰 것이었는가는 중요한 문제가 되지 않았다. 직접 위험 상황에 노출되지 않은 노동자도 동료 노동자와 함께 행동할 수 있었고 이를 보호받았다. 우리 법조문과는 거리가 있다.

생각 같아서는 A씨와 동료들이 그 물질을 사용하는 모든 일을 거부하고 산업안전보건법상의 조치들을 다 하라고 요구하면 좋겠지만, 쉬운 일이 아니라는 것은 잘 안다. 당장 노동조합도 없고 직원의 3분의 1 정도는 파견노동자, 그나마도 일주일씩 계약하는 '알바생'이 늘고 있다. 이런 분위기에서 노동자들이 이 문제를 같이 얘기하고 집단행동을 조직하기란 어려울 터다. 오늘 야근이 있을지 없을지도 당일 점심때가 돼야 알 수 있을 정도로 노동자를 기계나 생산 재료 취급하는 회사에서, 당장 중독되어 쓰러질 것 같은 농도가 아니라면 작업을 거부할 수 없을 것이다. 사정이 이렇다 보니 현실에서 작업중지권은 자꾸 사문화된 권리가 된다. 작업중지권을 실제로 쓸 수 있고, 써 본 적이 있고, 특히나 이를 통해 사고를 예방한 경험이 있는 노동자는 줄고 있다. 노동조합의 노동안전보건 교육에서도 작업중지권은 점차 다루지 않는 주제가 된다. 이러면서 작업을 거부할 수도 있는 위험한 상황에 대해 우리의 '합리적'인 판단은 자꾸만 무뎌진다.

감수해야 했던 위험은 추락으로 이어지고

2016년 6월 23일, 삼성전자서비스 서울성북센터 엔지니어가 빌라 3층 추락방지용 철제 난간에 매달린 에어컨 실외기를 수리하던 중, 철제 난간이 무너지면서 추락했다. 추락 즉시 노원 을지병원으로 옮겨 응급 수술을 했지만, 결국 그날 밤 장 파열로 사망하고 말았다. 이런 사고가 처음이 아니라고 한다. 사고 후 삼성전자서비스지회 노동조합에서 밝힌 자료에 따르면 2014년 8월 전북 장수에서 티브로드 케이블 설치기사가 전봇대 작업 도중 추락해 사망했고, 2015년 7월 경기도 안산에서 LG전자 AS 기사가 에어컨 실외기 작업 도중 추락해 사망했다. 똑같은 사고가 똑같은 형태로 반복되고 있다.

회사는 매번 안전벨트를 제공했지만 착용하지 않았다고 노동자 탓을 한다. 정작 노동자들은 안전벨트를 걸 수 없었다고 항변한다. 안전벨트를 착용하지 않은 것이 아니라, 현장에 안전벨트를 고정할 수 있는 곳이 없어 착용하지 '못한' 것이다. 일반 가정집 건물에 안전벨트를 고정할 곳이 없는 경우가 많다고 한다. 이런 유명무실한 안전벨트보다 훨씬 안전한 방법이 있다. '스카이차'라 불리는 이동식 작업 발판을 이용하는 것이다. 스카이차도 원래는 화물 하역용이라 사람이 타면 안 되지만, 추락 방지 조치를 충분히 한 경우에 한해 노동자가 탈 수 있다. 하지만 이 스카이차를 사용하기란 꿈같은 일이다. 스카이차 이용료는 1시간에 15만 원 정도로 고가인데 일부 예외를 제외하면 이 비용을 고객이 부담해야 한다. 그리고 고객에게 이 비용 부담을 설득하는 것은 출장 나간 엔지니어의 몫이다. 3만 원짜리 수리를 위해 15~20만 원을 더 내려는 고객은 거의 없으므로 대부분 고객의 허락을 얻지 못한다. 엔지니어에게 남은 선택지는 위험한 작업에 몸을 맡기거나 고객의 강한 클레임과 고객응대실적 CMI 하락을 감수하고 건당 수수료를 포기하는 것뿐이다. 어렵게 고객을 설득해 스카이차를 사용하게 되더라도 스카이차를 대여하고, 수리 장소까지 도착하고, 이용이 가능하도록 설치가 완료될 때까지의 시간이 필요한데, 회사는 이 시간을 전혀 계산에 넣지 않는다. 건당 수수료를 받는 엔지니어는 수리 시간이 길어지면 그만큼 급여 손해를 감수해야 한다.

동료들은 2인 1조로 작업했다면 고인이 사고를 당하지 않았을 가능성이 높다고 탄식한다. 누군가 건물 안에서 잡아주었다면 추락을 막을 수 있었다는 것이다. 그뿐만 아니라 건물 안에서 공구나 부품을 전달해주는 것, 안전벨트를 지지해주고 안전한 환경을 확보해주는 것은 작업의 집중도에도 상당한 도움이 된다. 하지만, 이 역시 건당 수수료 체계에서는 꿈같은 얘기다. 원청과 협력업체 모두 한 건의 수리 업무에 대해 한 건에 해당하는 비용을 지불한다는 입장이다. 얼마나 위험한 일인지, 두 명이 반드시 필요한지에 관한 고려나 판단은 없다. 2인 1조로 배치되지 않기 때문에 엔지니어들은 고객에게 허리띠를 잡아달라고 부탁한 후, 몸을 창밖으로 내밀고 작업한다. 제삼자인 양 이

상황을 방치하는 회사 대신 무대에는 고객과 엔지니어만 등장한다. 이들은 경제적 손실과 위험 부담을 놓고 협상을 벌이고 조건을 다투다, 결국 위험을 무릅쓰는 결정을 내린다. 똑같은 문제 때문에 사망한 노동자가 이미 여러 명 있는 현실에서도 위험 작업에 홀로 나와 안전벨트 고리를 걸 수도 없는 상황이 작업을 거부할 수 있는 조건으로 생각되지 않는다.

미국의 노동자 2명이 허공에 높이 매달린 안전망 위의 작업을 거절한 일이 있다. 이전에 여러 명의 노동자가 그 안전망 위에서 작업하다 추락했고, 열흘 전에도 한 명의 노동자가 추락 사망했기 때문이다. 사업주는 이 노동자들에게 징계와 감봉 처분을 했다. 미국 법원은 징계가 무효이며 이 노동자들이 작업을 거부한 기간의 임금도 소급하여 지급하라고 판결했다. 거부할 수밖에 없는 위험한 작업을 하는 대신, 노동자들이 할 수 있는 안전한 작업이 주어지지 않았기 때문이다. 우리는 얼마나 더 많은 사람이 죽어야 삼성전자서비스 수리기사들이 위험한 작업을 거부하고, 회사가 스카이차를 제공하게 만들 수 있을까?

현실이 이러니 정말 쓰러지기 직전까지 참으면서 일을 그만두기 어려운 노동자도 많다. 처음 작업중지권에 관심을 갖게 된 것은 한 대학 식당 이야기를 들은 뒤다. 2013년 추석 연휴 직전, 서울의 한 대학 식당에서 환풍기가 고장 났다. 수리를 요청하고 작업을 계속했다. 연휴 직전이라 시설과에 일이 밀려 있던 걸까? 며칠이 지나도 환풍기는 수리되지 않았다. 점점 심해지는 가스 냄새에 식당 조리 노동자들은 어지럽고 가슴이 울렁이는 증상을 느꼈지만, 돌아가면서 바람을 쐬고 업무에 복귀하는 식으로 식당을 유지했다. 사흘 동안 이렇게 일하던 중 결국 노동자 한 명이 쓰러져 응급실에 실려 가고 말았다. 소식을 전해 들은 노동조합 활동가가 "왜 일을 중단하지 않았느냐?"고 묻자 조합원들은 오히려 "그래도 되느냐?"고 되물었다.

먼저 전화를 끊어도 된다는 것

우리가 이렇게 위험을 무릅쓰고 일할 수밖에 없는 것은 당연히도 한국 사회가 만들어낸 사회적 안전 역치가 너무 높기 때문이다. 역치란 생물이 자극에 대해 어떤 반응을 일으키는 데 필요한 최소한의 자극 세기다. 이 역치보다 더 작은 자극에는 아무런 반응이 나타나지 않는다. 신경생리학 연구자들이 오징어 신경에 미세전류를 흘러 넣고 근육이 꿈틀대는지 관찰했다. 처음에는 미세전류의 크기를 점점 증가시켜도 근육은 수축하지 않았다. 그러다가 전류의 크기가 일정한 수준에 도달하고 나서야 근육이 수축했다. 이때의 값이 역치다.

2016년 5월 구의역에서 발생한 스크린도어 수리 노동자 사망 사고. 처음이 아니었다. 2013년 1월 성수역에서, 2015년 8월에는 강남역에서 스크린도어를 정비하던 노동자가 똑같은 사고로 사망했다. 연이은 스크린도어 수리 노동자 사망 사고를 보면서,

위험에 내몰린 노동자들이 "안전매뉴얼대로 두 명이 조를 이뤄 출동하겠다, 혼자서는 못 나간다"고 말할 수 있었다면 얼마나 좋았을까 탄식하게 된다. 승강장 바깥쪽 센서 수리 업무를 혼자 할 경우 산업재해 발생 위험이 있다고 버텼으면 참사가 없지 않았을까. 둘이 해야 하는 위험 업무를 혼자 하다 젊은 노동자가 사망한 사고가 겨우 1년 전에 있었고, 그에 따라 2인 1조로 일한다는 매뉴얼을 확인하면서 서울메트로와 서울시가 재발 방지를 약속한 터였다. 하지만 현실은 만만치 않다. 참사의 재발을 막기 위해 작업중지권이 필요하다는 기사에 "혼자서는 못 나간다고 했으면 잘렸겠지"라는 냉소적인 댓글이 달렸다. 2명이 일할 수 있을 때 하겠다고 말하고 대기했다면, 동료들의 눈총을 받고 괴롭힘의 대상이 됐을지도 모른다. 설사 해고를 면하더라도 아예 도급업체 계약이 해지되는 등의 불리한 일을 당했을지도 모른다. 현재의 법과 제도, 사회적 분위기에서 위험 작업을 거부하고 안전 조치를 요구할 수 있는 사회적 역치로 두 번의 사망 사고는 부족한가 보다.

그래도 반가운 소식은 일단 반응이 일어난 후엔 안전에 관한, 안전하게 일할 권리에 관한 우리의 감각이 달라지기도 한다는 거다. 서울시 민원콜을 처리하는 다산콜센터에 2012년 노동조합이 만들어진 후, 콜센터 노동자들의 열악한 노동환경, 감정노동과 언어폭력·성폭력 피해 사례, 간접고용과 이로 인한 극심한 이직률, 전자 감시를 통한 인권 침해 등이 적나라하게 드러났다. 노동조합이 이를 적극적으로 알리고 활동한 결과, 상담사 인권실태조사 이후인 2014년 2월 '원스트라이크 아웃' 제도가 도입됐다. 성희롱 등의 악성 민원에 대해서는 상담사들이 안내 후 전화를 끊을 수 있고, 바로 법적 조치를 할 수 있게 한 것이다. 원스트라이크 아웃 제도는 감정노동 종사자 보호라는 측면이 주로 주목받긴 했지만, 콜센터 노동자의 통화 거절권은 대표적인 '작업중지권'의 하나다.

다산콜센터에서 일하는 상담사는 원스트라이크 아웃 제도가 생겨 가장 좋은 점을 "전화를 끊을 수 있다, 심한 전화를 받으면 쉴 수도 있다는 새로운 개념이 생긴 거"라고 말한다. 화장실 다녀오고 식사하는 시간 외엔 무조건 전화를 받고, 상담사가 먼저 전화 끊는 걸 상상도 못 했던 일터에서 이런 경험은 '고객 만족'이라는 이름으로 억지로 견뎌야 하는 고통의 역치를 낮춘다. 이런 전화는 먼저 끊어도 좋다, 이 정도 괴롭힘은 듣고 있을 필요가 없다.

노동자가 위험하면, 불안하면, 힘들면 더 이상의 작업을 거부할 권리가 제한 없이 주어져야 한다. 그래야 그 위험과 불안과 힘듦이 사고나 사망으로 이어지는 것을 막을 수 있다. 노동자가 위험하다고 느끼면 위험한 것이다. 사고만 나면 노동자의, 국민의 '안전불감증'을 탓하는 기득권들은, 작업중지권을 허용하는 위험의 역치를 낮출 생각이 없는 것 같다. 우리가 자꾸 위험에 맞서 작업 거부를 시도하고, 연대하고, 조직하는 수밖에.

건강진단의 모순:

예방하려다
배제되는 불편한 진실

류현철
(직업환경의학 전문의, 터직업환경의학센터)

일하다 생긴 난청 때문에 일을 못해

　토요일 오전 문진을 위해 진료실에 들어선 50대 노동자는 사뭇 긴장된 표정에 연신 두 손을 부비고 있었다. 조선소에 입사하려고 배치전건강진단[18]을 받으러 오셨는데 청력검사에서 문제가 발생한 것이다. 이 56세의 노동자는 대형 조선소의 협력업체에서 중조립 단계에 해당하는 패널 작업에 18년간 종사했으며 경력이 쌓이면서 주로 현장 작업관리를 담당해 왔다.

　이전 일하던 회사에 일거리가 없어 한참을 쉬다가 다른 조선소의 협력업체 일거리가 들어와 취직하려고 보니 건강진단 결과를 요구한다는 것이다. 다른 기관에서 배치전건강진단을 받

18　과거 산업안전보건법에는 사업주가 '채용 시' 건강진단을 실시할 의무가 있었다. 물론 취지는 채용을 희망하는 노동자들의 건강 수준을 파악하고 위험 요인을 관리하자는 것이었다. 그러나 진단 결과 건강에 문제가 있는 사람들의 고용을 사업주가 기피하는 경우가 많다 하여 의무조항을 2006년에 폐기했고 '채용이 결정된 이후'에 특수건강진단 대상 업무에 종사할 근로자에 대하여 예정업무 적합성 평가를 위한 '배치전건강진단'을 실시하도록 규정했다.

있는데 청력에서 소음성 난청 요관찰 대상자[C1] 판정을 받았고, 4kHz에서의 청력 역치가 65dB 이상으로 나와 회사로부터 취업이 불가능하다는 이야기를 들었다고 한다. 그래서 혹시나 하는 마음으로 우리 병원을 찾아 다시 검사를 받았는데 여전히 같은 결과가 나온 것이다. 아직 학업을 마치지 못한 자식을 둔 아버지가 직장을 잃는다는 것의 의미는 한숨을 쉬며 진료실 바닥을 응시하는 그의 불안한 시선이 대변하고 있었다.

소음성 난청 요관찰 대상이기는 하나 적정 보호구를 착용하고 관리한다면 업무에 지장이 없다는 업무 적합성 평가서를 써 줄 수 있다고 했으나, 그의 낙담한 얼굴은 밝아지지 않았다. 협력업체를 옮겨 다닌 것도 건강진단에서 그의 청력에 이상이 나타난 것도 이미 오래전부터의 일이라 했다. 별문제 없이 직장을 옮겨 다니다가 수년 전부터는 전문의로부터 업무에 지장이 없다는 소견서를 받아오라고 했고, 최근엔 급기야 전문의의 업무 적합성 소견서마저도 소용이 없게 되어 판정 기준에 부합하지 않으면 무조건 취업이 안 된다는 것이다.

또 한 번 한숨과 함께 진료실 문을 나서는 노동자의 어깨는 축 처져 있다. 그의 낮은 탄식과 한숨은 무기력한 '전문가'의 귓전에서 90dB을 넘어 치솟는 굉음처럼 울린다.

의학적으로도 옳지 않은 기준으로 이왕이면 다홍치마라니

보디빌더 같은 상체에 걸맞지 않은 귀여운 인상의 30대 중반 남자분이 들어선다. 살짝 열린 진료실 문밖 의자엔 비슷한 또래의 여성이 궁금한 표정으로 상체를 앞으로 쭈욱 내밀고 있다.

"아내분이신가요? 같이 들어오셔도 됩니다."

여인은 용수철처럼 튕겨 일어나 진료실 안 의사와 마주 앉은 남편 뒤에 선다. 예의 건장하고도 귀엽지만 긴장한 표정의 남성 역시 업무 적합성 평가를 받으러 오신 것이다. 얼마 전 조선소 협력업체 취업을 위해 배치전건강진단을 받았던 그는 조선소에서 일하는 것은 처음이란다. 제과제빵 일을 15년 정도 했단다.

"아, 파티시에셨어요?"

"하하, 파티시에는 뭐… 하하… 빵 만들어 먹고 살았어요."

겸연쩍어하던 그는 파티시에라는 단어에 아내를 돌아보며 처음 환한 미소를 짓는다. 하지만 미소는 오래가지 않았다. 제빵사로 일하면서 남들보다 조금 일찍 결혼해 낳은 두 아이는 천사 같았다. 그러나 일이 썩 잘 풀리지는 않았다. 맛있는 빵을 만든다는 자부심은 프랜차이즈 빵집의 위세를 감당하기 힘들었으리라. 아이들이 커갈수록 생계의 걱정은 늘어가고 결국 그는 파티시에 모자 대신 안전모를 쓰기로 했다. 지인에게 소개받은 조선소 협력업체의 수입은 지금보다는 나을 것이다. 그래서 받았던 배치전건강진단에서 중성지방 수치가 450이 넘게 나왔다. 회사에서는 이 검진 결과로는 원청업체 출입증을 발급받기 어려우니 수치가 떨어진 검사결과를 들고 오든지 아니면 일해도 지장이 없다는 소견과 약물 처방전을 의사에게 받아오라고 했단다.

빵 만드는 일도 쉽고 간단한 노동은 아니었지만, 익히 들은 것처럼 위험천만하고 고되다는 조선소 일에 적응할 것이 걱정이던 그에게 이제는 취업이 안 될지도 모른다는 두려움이 훨씬 크다. 아내는 취직도 못 할 정도라니 남편의 건강상태가 걱정되어 따라나선 터다. 중성지방 수치가 450이면 다소 높은 편이긴 하지만 적절한 식이조절로 관리해볼 만한 수준이다. 병력이 없고 흡연도 하지 않으며 심혈관질환 가족력도 없는 30대의 남성에게 이런 수준의 결과로 약물을 투약하는 것은 건강보험에서도 인정해주지 않는다. 다소간의 체질적 요인, 또는 금실 좋은 부부의 매일 야식이 중성지방의 원인일 수도 있다.

"선생님, 저희도 어쩔 수가 없어요. 우리야 성실하고 일 잘하면 되지만요. 갸도 딱한 사정이 있겠지만… 근데 원청에서 출입증을 안 내주는데야 우야겠능교? 이왕이면 다홍치마라꼬 일할 사람은 쌨는데 골라서 뽑아 쓴다는 거 아입니꺼."

업무 적합성 평가를 받으러 오는 사람들의 이야기를 듣다 답답해져 전화해본 조선소 협력업체 인사 담당자의 말도 헛헛하긴 마찬가지다. 예쁜 치맛감이나 제법 쓸 만한 장비를 고르는 것이 아니다. 가족의 생계를 책임지기 위해 노동하는 사람의 문제다!

소견서가 급하게 필요한 것이 아니면 24시간 금식하고 다시 검사해보는 것도 방법이고, 아니면 비급여로라도 약 처방전을 받아 가시라는 전혀 교과서적이지 않은 상담을 한다. 적절한 생활습관 조절과 추적관리를 통해 업무에 지장이 없다는 소견서와 비급여 처방전을 받기로 하고 진료를 마쳤다. 진료실을 총총 나서는 부부의 예쁜 뒷모습이 무기력한 직업환경의학과 의사의 속상함을 그나마 달래준다.

요추가 아니라 작업조건이 문제야

이번엔 소년(당사자는 매우 싫어할 표현이지만)이다. 아직 여드름 자국도 가시지 않은 얼굴로 진료실 앞에 옹기종기 기다리던 교복을 입은 무리 중 아마도 가장 당찬 친구가 먼저 들어섰나 보다. 특성화고(공고)에서 조선소 협력업체에 현장실습을 갈 예정인데 건강진단을 받아야 한다고 했단다. 폐 기능도 검진 항목인지라 흡연 경력을 물었다.

"아, 이거… 진짜로 말해야 하나? 어쩌지? 흐흐. 쪼끔, 아 진짜 쪼끔 폈었는데요, 두 달 전에 끊었어요. 아, 이거 담배가 안 맞더라고요. 나한테."

"그래요, 담배가 몸에 안 맞는다니 잘되었네요. 용접일 하면 안 그래도 몸에 좋지 않은 연기를 많이 맡게 될 텐데, 담배까지 할 필요는 없잖아요?"

머리를 긁적긁적하고 멋쩍어하는 그를 옆에 두고 진료실 모니터를 바라보다 속으로 가벼운 탄식을 한다.

"척추분리증이 있으시네요?"

"척추분리증이라고요? 그게 뭔데요? 뭐예요? 수술해야 해요? 그래, 내가 어쩐지 허리가 약한 것 같았어. 아 진짜… 수술해야 해요? 아 참 내… 야야야, 나 척추분리증이래. 아 진짜."

그 친구는 의사가 요추부 촬영한 엑스레이 사진을 모니터에 띄워두고 안타까움이 섞인 설명을 하는 내내 떠들고 있다. 나를 보았다가 진료실 밖에 앉아서 다음 상담을 기다리는 친구들을 보았다가 회전 진찰의자에서 엉덩이를 들었다가 놓았다가 번잡하기 이를 데 없다.

"척추분리증은 보통 선천적으로 생겨요. 대개 통증도 없고 그냥 건강한 상태로 지내다가 이렇게 우연히 발견되는 경우가 대부분이고, 별문제 없이 지낼 수 있어요."

"아, 그래요? 난 또 수술해야 하는 줄 알, 아이고 깜짝 놀랐네. 아 참, 야야야 수술 안 해도 된대. 아 진짜, 아하하."

이 어린 친구, 예비노동자는 알고 있기나 할까? 아마 자신이 그 조선소에서 실습하지 못할 수도 있다는 것을. 어쩌면 용케 실습 정도는 하더라도, 정규직은 고사하고 협력업체로도 취업하기 힘들지 모른다는 사실을.

"척추분리증은 이야기했던 것처럼 대개 아무런 문제 없이 지내는 경우가 많지만, 아주 일부의 경우에는 척추가 불안정해져서 밀려 나오거나 들어가는 일이 생길 수도 있어요. 그래서 어떤 회사에서는 척추분리증 진단이 나오면 정밀하게 다시 검사하고 근력평가도 하고 해서 일하는 데 지장이 없는지 확인받는 업무 적합성 평가를 받아오라고 하기도 해요. 또 어떤 회사는 아예 입사가 안 되기도 하지요."

그러나 그는 '척추분리증' 소견이 수술도 안 해도 되고 걱정할 질환이 아니라는 이야기가 다행스러울 뿐 다른 문제는 크게 신경 쓰이지 않는 눈치다. 진료실 밖 친구들과 눈짓 손짓을 교환하며 연신 키득키득이다.

"척추분리증이 있다고 해서 일을 할 수 없는 건 아니에요. 척추분리증이 있는 사람이건 없는 사람이건 무거운 물건을 많이 들어야 한다거나, 허리를 구부렸다 폈다 비틀고 하는 안 좋은 자세로 오래 일하게 되면 문제가 발생할 수 있어요. 그러니까 학생 요추의 척추분리증이 문제라기보다는 어떤 방식으로 얼마나 일하는가가 문제인 거예요."

조선소에서는 배치전건강진단이라는 명목으로 특수건강진단 항목에는 들어있지 않은 요추부 엑스레이 촬영을 강요하고 그 결과로 확인되는 작은 이상소견도 문제 삼는 것이 현실이다. 일하는 데 지장은 없을지라도 촬영한 엑스레이 필름에서 확인되는 '소견'이니 기록을 안 할 수는 없다. '척추분리증 의심'이라는 소견에 앞으로 벌어질 일들을 설명했지만, 그는 밖에서 기다리는 친구의 옷차림에 더 관심이 많다. 그래, 앞으로의 일은 어쩌면 그보다는 우리의 책임이다.

이후에 그 친구가 조선소에서 현장실습을 잘 마쳤는지, 조선

노동자로 취업했는지는 알 길이 없으나 현실은 아득하다. 조선소의 노동자들, 그것도 협력업체(사내하청) 노동자들의 노동조건은 가혹하기 이를 데 없다. 그런데도 일자리를 찾아 나선 노동자들에게 여전히 회사는 새로이 망가질 준비가 된 건강한 청신경과 고막, 미끈한 척추와 추간판을 찾는다. 바로 그 가혹한 노동조건에서 일하다 시든 청신경과 조로(早老)한 퇴행성 척추 판정을 받은 노동자들은 말할 것도 없거니와 별문제 없이 일할 수 있는 선천적인 소견(질환이 아닌!) 척추분리증을 가진 이들에게도 취업의 벽은 높아져 간다.

어떤 사람을 골라서 쓸 것인가가 아닌
어떤 일을 골라서 해야 하는가의 문제

우리나라 조선소의 선박건조 업무 대부분은 협력업체를 통해 이루어진다. 수주된 배가 건조되거나 혹은 해당 분야의 공정이 끝나고 나면 협력업체를 통해 고용되었던 노동자들은 다시 뿔뿔이 흩어져 새로운 일감을 찾는다. 이곳저곳으로 직장을 옮기는 것이 보통인지라 몇 개월 만에 일터가 바뀌기도 한다. 이렇게 직장을 옮기는 과정에서 혹은 새로운 직장으로 조선소를 택하는 노동자들에게 회사는 보통 배치전건강진단을 요구한다.

사실 배치전건강진단이라기보다는 이전에 폐지된 '채용 시 건강진단'이 오히려 더 맞는 표현일지도 모르겠다. 채용 전 건강진단 의무의 폐지는 '고용기회의 제한 및 규제가 해소될 것으로 기대한다'던 취지가 무색하게 기업의 규제를 완화해주는 기능을 했을 뿐 이름만 바꾼 채 배제의 수단으로 남아 있다. 인터넷에서 인력업체를 조금만 검색해보면 조선소 입사에 요구되는 건강진단 결과 판정 기준 안내를 쉽게 확인할 수 있다. 직업의학적으로 보았을 경우 입사 후 최소한의 적정 관리만 이루어지면 업무에 아무 지장이 없는 수준의 검사 결과에 대해서도 취업 기회를 박탈하고 있다. 더구나 마땅히 사업주가 부담해야 할 건강진단 비용도 취업에 성공해 3개월 이상 근무해야 환급해주고 취업이 불가능해지면 그마저도 돌려받지 못한다. 이따위 현실은 유전자 검사를 통해 개인의 직업과 미래의 계층을 미리 결정하는 시대를 그린 할리우드 영화(가타카, 1997) 이야기와 맞물려 불쾌한 기시감을 일으킨다.

각종 직업성 질환의 인정 기준에 대한 연구가 역으로 그 기준에 미치지 못하는 사례에 대한 직업병 인정의 배제 기준으로 작용하기도 한다. 이런 본말전도는 노동자들의 건강을 지키고 적정 배치하고자 하는 건강진단이 오히려 취업의 차별과 배제의 기준이 되는 현실에서 또 발견된다. 노동자들의 업무상 위험 요인으로 인한 건강상의 문제를 사전에 평가하고 적합한 자리에 배치한다는 명목으로 시행되는 배치전건강진단의 초점이 위험에 노출된 노동자들을 소음과 뇌심혈관계 질환과 근골격계 부담 작업으로부터 어떻게 지킬 것인가가 아닌 것이다.

상시적으로 고용불안에 시달리고 사회 안전망이라고는 보잘 것없는 사회에서 일하는 사람들의 가장 중대한 건강 위험 요인 은 소음도 근골격계 부담 작업도 아닌 '실업'과 '해고'다. 노동 자 건강진단은 어떤 사람을 골라서 쓸 것인가가 아니라 어떤 일 을 골라서 해야 하는가의 문제다.

산재노협 활동가 남현섭의

삶과 죽음

김정수
(직업환경의학 전문의, 향남공감의원 원장)

2016년 3월 29일 오전. 남현섭은 경기도 시흥시의 한 재활용 수거 업체에서 페스티로폼 파쇄작업을 하고 있었다. 그 공장에서 일을 시작한 지는 한 달 반 정도밖에 안 되었다. 함께 일하던 공장장이 잠시 자리를 비운 사이 손이 파쇄기에 빨려 들어갔고 기계는 상반신을 삼켜버렸다. 그가 세상과 작별한 시간은 아주 찰나였던 듯하다.

현섭이 형이 죽었다는 소식을 듣고 어안이 벙벙했다. 산재 추방을 위해 애쓰던 형이 다름 아닌 산재로 생을 마감했다는 사실이 믿기지 않았다. 자초지종을 들은 후의 안타까움과 허망함은 이루 말할 수 없었다. 그의 죽음을 현실로 받아들이기까지 상당한 시간이 필요했다.

현섭이 형이 일했던 산재노협(산업재해노동자협의회)과 처음 인연을 맺은 건 대학 신입생 때다. 학생회 연대주점 일로 구로의 산재노협 사무실을 처음 찾았던 기억이 생생하다. 한 분이 반갑다며 내민 손을 엉겁결에 잡았는데 뭔가 어색했다. 그의 손에는 손가락이 없었다. 부끄러움은 곧장 밀려왔다. 손가락이 없는 손을 당당히 내민 그와 어쩔 줄 몰라 한 내 모습이 대비되어서였다. 그런 그와 형 동생 하는 사이가 되기까지는 긴 시간이 필요하지 않았다. 그 이후로 제법 긴 시간을 산재노협 형들과 함께했다. 사무실에서 소식지 발송 작업도 도왔고 산재 노동자들을 만나러 병원에도 갔다. 산재노협과 연대하는 다른 학교 학생들과도 친해져 나중엔 '산업보건학생연대회의(산보학연)'라는 단체도 만들었다. 산재노협과 산보학연은 내 학창시절의 가장 중요한 기억이다.

손가락 네 개 쯤 없는 게 뭐 대수라고

현섭이 형을 처음 본 건 학교를 졸업하고 난 2000년대 초반쯤이다. 대학을 중퇴하고 공장에서 일하다 손가락 4개가 잘렸다고 했다. 산재노협의 다른 형들과 마찬가지로 현섭이 형도 잘린 손가락쯤 별거 아니라는 듯 늘 밝고 쾌활했다. 형은 서울 산재노협 상담부장, 인천 산재노협 사무국장을 지내며 산재 노동자가 있는 곳이라면 어디든 부지런히 뛰어다녔다. 형의 관심사가 비단 산재만은 아니었던 듯하다. 내가 형을 더 자주 본 곳은 노동자들의 싸움이 있는 곳이었다. 특히 삼성전자 반도체 노동자들의 산업재해 문제와 관련된 투쟁 현장에선 늘 형을 만날 수 있었다. 그렇게 제 몸 돌볼 겨를 없이 사방팔방 뛰어다니던 형이 가정을 꾸렸다는 소식은 내 일인 양 반가웠다. 그러잖아도 늘 웃는 상이던 얼굴은 더 환하게 피었다. 그랬던 형이 가족의 생계를 위해 산재노협 상근 활동을 그만두고 공장 일을 시작했고, 그러다 죽음을 맞았다는 건 너무나 서글프다. 눈에 넣어도 아프지 않을 5살, 3살의 두 아이를 보며 가장으로서 어깨가 무거웠을 터다. 15년간의 상근 활동을 그만둘 때 심정이 어땠는지 이제는 형에게 물어볼 수 없게 되었다.

산재노협 상근 활동가들의 활동비는 최저임금에도 못 미친다. 다쳐도 산재가 가능하다는 것조차 모르는 영세사업장 노동자들에게 무료 상담을 해주고 그들의 처지에 조금이나마 도움을 주고자 산재를 승인받으려 애쓰지만, 정작 자신들의 생계는 버겁다. 산재노협 회원의 대부분은 산재노협의 도움을 받았던 이들이다. 산재노협은 이 회원들의 회비와 약간의 후원금으로 운영된다. 정부나 다른 단체로부터의 지원은 받지 않는다. 회비가 충분해서는 결코 아니다. 외부로부터 영향받지 않고 독자적으로 활동하기 위해서다. 그러다 보니 상근 활동가들의 처지가 열악할 수밖에 없다. 나도 졸업 이후 계속 산재노협을 후원하고 있었지만, 이 일이 있고 나니 아쉬움을 떨치기 어렵다. 나라도 후원금을 좀 더 늘렸더라면 현섭이 형이 계속 산재노협 활동을 할 수 있지 않았을까, 그랬다면 공장에서 죽는 일이 없지 않았을까 하는 미련이다. 물론 노동단체에서 활동하는 이들의 어려움이 비단 산재노협만의 일은 아니다. 비슷한 처지에 놓인 활동가들은 지금도 아주 많다. 우리 사회가 좀 더 나아지는 데 필요한 일을 하며 자부심과 사명감으로 버티는 그들에게 현실은 너무 열악하다.

형이 일하던 곳이 공장장과 형 단둘이 일하는 영세사업장이었다는 사실도 마음 아프다. 악수하기 전까지는 전혀 모를지언정 손가락 네 개가 없는 장애인으로서 일자리를 구하기 쉽지 않았을 것이다. 형을 잡아먹은 파쇄기에는 안전장치가 전혀 없었고, 파쇄기 앞쪽에 몸을 지탱할 안전난간도 없었다고 한다. 15년간 활동한 산재 전문가인 형이 작업장의 이런 문제를 몰랐을 리 없다. 하지만 지적할 수 없었을 것이다. 어렵게 얻은 일자리였고, 일을 계속해야 했으며, 문제로 삼더라도 홀로 맞서기엔 버겁다고 생각했을 수도 있다.

산재 노동자의 직업 재활은 산재보험 제도 개혁 이야기가 나올 때마다 언급되는 중요한 문제 중 하나지만 정말 쉽지 않다. 안전보다 이윤을 중시하는 사회 분위기, 장애인에 대한 차별, 허술하기 짝이 없는 사회 안전망 등의 문제가 뒤엉켜있다. 산재노협도 이 문제를 중요하게 여겨 자활공동체를 꾸렸다. 이 공동체에서 최소한 소속 회원들이라도 자립할 수 있게 노동조합이나 시민사회단체의 신문, 소식지, 포스터 발송 업무를 대행했지만 역부족이었다. 수십만 명에 달하는 산재 노동자들에게 직업 재활과 사회 복귀는 여전히 개인의 몫으로 남아 있다.

돈과 목숨, 무엇이 먼저인가

중소영세사업장 노동자들의 열악한 처지도 답답하긴 마찬가지다. 작은 사업장은 노동자들의 안전과 건강을 위한 가장 기본적인 조치조차 취하지 않는 경우가 많다. '그래도 된다'는 생각의 만연이 가장 큰 문제다. 세월호 사건 이후 안전 의식이 조금씩 나아지고 있다고는 하나 일하는 사람의 안전과 건강보다는 생산과 이윤이 먼저인 사회 분위기는 여전하다. 생산과 이윤을 목적으로 기업을 운영하는 사업주가 자발적으로 일하는 사람의 안전과 건강을 더 중시할 것을 기대하기란 쉽지 않다. '그래서는 절대 안 된다', '이대로는 큰일 난다'는 강력한 메시지가 필요하다. 최근 논의가 활발한 기업살인법[19] 제정, 작업중지권 현실화, 하청노동자의 산재에 대한 원청 사업주의 책임성 강화 등이 중요한 방안이 될 수 있다.

안전과 건강을 위한 조치가 필요하다는 것을 알면서 여력이 없어 못 하는 경우도 많다. 이를 위해 산업안전보건공단에서 일부 비용을 지원하고 있으나 턱없이 모자라다. 예산 부족이 이유란다. 산재보험을 운용하는 근로복지공단이 지난해 100대 기업

---

[19] 영국에서는 2008년부터 '기업과실치사 및 기업살인법(Corporate Manslaughter and Corporate Homicide Act 2007)'을 시행하고 있다. 기업이 안전 조치를 하지 않아 인명사고가 발생할 경우 살인죄 등 범죄 책임을 지게 하는 내용이다. 우리나라에서도 세월호 사고와 가습기살균제 참사로 재해에 대한 기업 책임을 묻는 여론이 커졌으며 2017년 4월 노회찬 정의당 의원 등이 '한국판 기업살인법'이라 불리는 '재해에 대한 기업 및 정부 책임자 처벌에 관한 특별법(중대재해 기업처벌법)'을 발의했다.

에게 감면해 준 산재보험료가 4,308억 원이다. 그런데도 매년 약 1조 원에 이르는 산재보험료가 쌓이고 있다.[20] 이를 중소영세 사업장 노동자들의 안전과 건강을 위해 사용할 수 있다면 상당한 효과를 기대할 수 있다. 예산 부족이 아니라 우선순위가 문제다.

세월의 무상함에 잠시 혼미해지다가
자연이 연출하는 너무 아름다운 광경을 보고
그리고 상상하고 있노라니
살아있다는 사실 자체가 고마운 것이구나 하는 생각이 드네요.
언제가 될지 모르지만
이 아름다운 세상을 떠나게 되는 그때까지
이렇게 몸과 마음이 다 건강했으면 좋겠습니다.

2010년 4월 26일 〈건강한 노동세상〉 소식지에 현섭이 형이 쓴 글이다. '아름다운 세상을 떠나게 되는 그때'가 이렇게 빨리, 이렇게 허망하게 올 줄은 몰랐다. 생을 마감하는 그 짧은

---

20 금속노조 노동연구원이 2014년 1월, 산재보험 도입 50주년을 맞아 발표한 이슈페이퍼 '산재보험 50년, 어디까지 왔나?: 산재보험의 흑자행진과 불안정 노동자의 구조적 배제'에 따르면, 근로복지공단이 2008년부터 5년간 산재보험료로 징수한 총금액은 약 23조 9,850억 원으로 집계된 반면, 노동자들에게 산재보상 차원에서 지급한 각종 급여 총액은 17조 8,854억 원가량이었다. 5년간 약 5조 원에 달하는 금액을 보험료로 지급하지 않고 쌓아 둔 셈이다. 2016년 현재 우리나라의 누적 산재보험기금은 약 12조 원이다.

순간, 형은 어떤 생각을 했을까? 남아 있는 가족과 못다 한 일들을 떠올렸다면 물론 아쉬웠을 것이다. 마지막 순간까지 형이 도움을 준 수많은 산재 노동자들, 형과 함께 싸운 많은 사람을 생각하며 그곳에서 행복하기를 바랄 뿐이다.

3장

소리 없는 살인자, 직업병: 당신은 고장 난 쓰레기가 아닙니다

위험한 첨단전자산업,

삼성반도체 피해자들과의 10년

공유정옥
(직업환경의학과 전문의)

"삼성반도체 공장에서 일하던 20대 여성이 얼마 전에 백혈병으로 돌아가셨는데요. 업무와 관련이 있을까요?"

2007년 봄, 영등포로터리에 있던 민주노총 회의실에서 노동보건운동 단체 회의를 마치고 나가던 길이었다. 옆에서 걷던 인천의 J가 물어왔다. 주변의 다른 전문가들에게도 물어봤지만, 뚜렷한 답은 듣지 못했다고 한다.

"제품을 화학물질에 담갔다 꺼내면서 세정하는 일을 했대요. 그리고 2인 1조로 같이 일하던 사수도 작년에 백혈병으로 사망했고요. 좀 이상하잖아요?"

좀 이상했다. 교과서부터 논문까지 샅샅이 뒤졌다. 직업환경의학 교과서에는 '정밀전자산업'이라는 주제어로 한 쪽가량의 설명만 나와 있을 뿐이었다. 반도체산업의 암 발생이나 생식 건강에 관한 논문은 미국에서 나온 몇 편이 전부였다. 50년에 달하는 반도체산업의 역사에 비해 노동자 건강이나 작업환경 문제에 관한 자료는 터무니없이 적었다. 하지만 한 공정에서 같은 작업을 하던 젊은 두 여성의 백혈병 사망이 우연이라고 보긴 어려웠다. 20대 여성의 백혈병 발생률은 10만 명 중 2명 수준으로 매우 낮기 때문이다. 게다가 이들이 화학물질을 사용했다고 하니 더욱 의심을 거둘 수 없었다. 만일 이 사건이 반도체산업의 백혈병 문제를 처음 세상에 드러내는 것이라면, 산재 신청에 참고할 만한 논문이나 자료가 없는 게 당연했다. 그리고 이 문제는 한 사람의 문제가 아니라 수십, 수백 명의 문제일지도 모른다. 게다가 상대는 삼성. 진상을 밝힐 때까지 얼마나 힘들고 오래 걸릴지 모르는 일이었다.

J는 "몇십 년이 걸리더라도 끝까지 물고 늘어지고 싶다"고 했다. 막막했지만 마땅히 해야 할 일임을 직감했다. 당시 내가 상근하던 한국노동안전보건연구소 구성원들도 같은 생각이었다. 이를 계기로 '삼성반도체 집단 백혈병 진상규명과 노동기본권 쟁취를 위한 공동대책위원회'가 만들어졌고 나는 연구소를 대표해 참여하게 되었다(대책위원회는 2008년에 '반도체 노동자의 건강과 인권 지킴이 반올림'으로 이름을 바꾸어 지금까지 활동하고 있다). 삼성반도체 기흥공장에서 일하다 백혈병에 걸려 만 22년도 채우지 못하고 숨진 황유미 씨(1985~2007)와 그 동료들의 죽음이 삼성반도체 공장의 작업환경 때문일지 모른다고 생각해 진실을 애타게 찾던 그녀의 아버지 황상기 씨를, 나는 이렇게 만났다.

'상대는 삼성', 아프다고 말할 수 없던 노동자들

가장 먼저 주목한 것은 백혈병 피해자가 황유미 씨 말고 여럿 더 있을 가능성이었다. 황상기 씨에 따르면 유미 씨와 2인 1조로 함께 일했던 이숙영 씨도 백혈병으로 2006년에 세상을 떠났고, 유미 씨가 치료받던 아주대학교병원 혈액종양내과 입원 환자 가운데 삼성반도체 출신의 젊은 남자가 있었으며, 그 밖에 백혈병 환자들이 서너 명 더 있다고 유미 씨 동료들이 알려주었다고 했다. 이게 사실인지, 그리고 다른 피해자들은 더 없는지 찾아야 했다.

우리는 노동부에 반도체 노동자들의 백혈병과 작업환경에 대한 실태조사를 요구했다. 피해 사례를 제보해오는 분들을 도와 정부에 산재보상을 신청했으며 그럴 때마다 투명하고 철저한 조사를 요구했다. 하지만 정부의 조사는 반도체 회사에 설문지를 보내 '백혈병 환자가 있느냐', '발암물질을 사용하느냐' 같은 걸 물어보는 수준이었고 그나마 조사 과정이나 결과는 아무것도 말해줄 수 없다는 입장이었다.

사실을 밝히기 위해 우리 스스로 나서야 했다. 틈날 때마다 경기도 용인의 기흥과 화성, 충남의 온양에 있는 삼성반도체 공장을 찾아가 직업병 피해자와 제보자를 찾는다는 현수막을 걸고 유인물을 뿌렸다. 경비들은 공장 바깥까지 나와 유인물을 받아 보거나 노동자들이 우리와 대화를 나누지 못하게 감시했다. 무심코 유인물을 받은 노동자들은 출입문 앞 쓰레기통에 버린

후에야 공장에 들어갈 수 있었다. 온라인 제보를 받는 게 낫겠다 싶어 인터넷에 게시판을 열었지만 이조차 신통치 않았다. 나중에 어떤 노동자가 그 이유를 알려주었다. 회사나 기숙사의 인터넷망은 대책위 카페 접속이 차단되어 있으며 사원들끼리 보는 내부 게시판에 관련 기사나 카페 링크를 올리면 곧바로 삭제된다고 했다.

이런 어려움 속에서도 제보는 조금씩이나마 꾸준히 이어졌다. 초기 제보자 중 잊을 수 없는 사람은 2008년에 만난 T씨였다. 그는 삼성반도체 기흥공장 모 라인의 '디퓨전[21]' 공정을 담당하는 엔지니어팀 소속이었다.

"무서워요. 저도 언제 어떤 병에 걸릴지 모르잖아요."

T씨는 세 명의 선배 엔지니어들과 한 팀이 되어 일했다. 그런데 어느 날 30대의 차장이 피부암으로 사망했고, 이어서 30대의 과장은 '웨게너씨 육아종'이라는 희귀병을, 40대의 부장은 백혈병을 연달아 진단받았다고 했다. 게다가 라인은 다르지만 똑같은 디퓨전 공정에서 일하던 황유미 씨 등 오퍼레이터들이 백혈병에 걸렸다는 소식을 들은 뒤로는 더 이상 침묵하면 안 되겠다고 생각해 우리에게 제보해온 것이다. 회사의 보복이 걱정된다면서도 그는 반도체 공정에서 얼마나 많은 화학물질이 무

---

21 고온에서 불순물을 실리콘 웨이퍼(반도체를 만들기 위한 둥근 판) 속에 확산시켜 전기전도성을 만들어내는 공정.

방비로 사용되는지, 화학물질 누출사고가 얼마나 잦았는지 반나절 동안 열심히 설명해주었다.

내가 T씨를 잊을 수 없는 진짜 이유는 그다음에 벌어진 일 때문이다. 어렵게 이루어진 만남 이후 T씨는 갑자기 마음을 바꾸어 자신이 했던 말들을 절대로 언론에 알리지 말아 달라고 사정했다. 그러더니 그해 가을 국회 환경노동위원회 국정감사 자리에 삼성전자 측 증인으로 다름 아닌 T씨가 나타났다. 그는 공장에서 유해 화학물질은 전혀 사용하지 않으며 안전관리가 철저해 화학물질 노출 위험이 전혀 없다는 취지로 증언했다. 경악 그 자체였다. 대체 삼성이 어떤 협박을 했기에 제보를 철회하는 것에 그치지 않고 저렇게 새빨간 거짓 증언을 하는지, 그런 그의 마음은 과연 얼마나 참담할지 내 눈과 귀를 믿을 수가 없었다. T씨뿐 아니라 다른 많은 제보자들도 삼성의 보복이 두려워 이름을 밝히지 못하거나 제보를 해놓고도 '외부에는 말하지 말아 달라'고 사정하는 일이 비일비재했다. 삼성에서 일하고 있는 가족이나 친척이 잘릴까 걱정하는 피해자들, 동료나 선후배들이 전화를 걸어와 '네 이름 알려지면 나를 자른다고 한다, 나 좀 살려 달라'고 사정하더라는 피해자들. 이런 사람들을 만나기 전까지만 해도 나는 21세기 대한민국에서 노동자가 작업환경 문제나 자기 질병에 대해 말하는 그 간단한 일조차 이렇게 공포와 긴장을 견뎌야 할 수 있다는 사실을 꿈에도 몰랐다.

방진복은 사람이 아니라 제품을 보호했을 뿐

하지만 그런 삼성의 압력에도 추가 피해 제보는 꾸준히 늘었다. 백혈병뿐 아니라 뇌종양, 폐암, 다발성 경화증, 재생불량성 빈혈 등 다른 암이나 희귀 질환 피해 제보도 이어졌다. 삼성전자 반도체 공장은 물론 LCD 패널이나 휴대폰 등 다른 제품 생산 공장들과 삼성전기, 삼성SDI 등의 계열사, 그리고 삼성이 아닌 다른 반도체 회사들과 하청업체에서도 피해 제보가 모여들었다. 그렇게 한 명 두 명 모은 피해 제보는 2016년 12월 현재 삼성반도체 노동자 228명을 포함, 삼성전자와 삼성전기 등 삼성그룹의 전기·전자 계열사에서 306명에 달하며, 하이닉스반도체나 LG전자 등 다른 회사들에서도 71명에 이른다. 대부분 황유미 씨처럼 젊은 나이에 암이나 희귀난치성 질환에 걸렸고 특히 가난한 집안 출신이 많았다.

이렇게 제보가 많아지면서 새롭게 만난 피해자 중 P언니가 있다. 1990년대에 삼성반도체 기흥공장에서 일한 뒤 오랫동안 유산과 불임으로 고생했고 다행히 긴 치료와 기다림 끝에 귀여운 아이들을 얻었지만, 이번에는 유방암 진단을 받아 항암 치료를 받고 있는 피해자였다. P언니는 이십 년 전 작업장 구조며 동료들 이름을 욀 정도로 기억력이 좋았다. 무엇보다 과거 동료들의 근황을 잘 알고 있었기에 그녀의 작업장 동료들 중 무려 절반가량이 병으로 고생하고 있다는 충격적인 사실도 들을 수 있었다.

2014년 5월 독일에서 작은 워크숍에 참석해 달라는 초대가와 P언니와 함께 갔다. 반도체 및 첨단전자산업 공장 노동자들의 안전보건 문제를 다루는 자리였고 청중은 주로 유럽 직업환경의학회 소속 의사들이었다. P언니는 이 자리에서 '어느 노동자의 이야기'라는 제목으로 자신의 이야기를 발표했다.

"안녕하세요 제 이름은 P입니다. 저는 1973년에 태어났습니다. 삼성반도체 기흥사업장 오퍼레이터로 7년간 일했습니다. 일한 곳은 '엔드팹EndFAB 에치'로, 1층 팹에서 올라온 제품을 한번 더 약식으로 완성까지 하는 공정입니다. 작업자들은 18살에서 25살의 어린 나이였고 6~7년 정도 근무했습니다. 한 조에 18명이고 휴무는 한 달에 한 번, 3조 전체 인원은 54명입니다. 작업할 때는 심한 생리통을 겪었습니다. 퇴사 후 4년간 불임과 유산이 있었고 2012년에는 유방암 진단을 받았습니다."

P언니는 작은 공책에 적은 원고를 차분히 읽어 내려갔다.

"우리 팀 18명 중에 나를 포함해서 발생한 건강 문제는 이렇습니다. 1베이(작업 공간을 구분하는 명칭) 불임, 2베이 불임·난소 제거, 3베이 뇌종양, 4베이 유방암과 폐질환 및 아들 심장질환, 8베이 갑상샘항진증, 9베이 백혈병. 그리고 한 언니는 개복수술을 받았습니다. 1994년에는 엔드팹에 신설 베이가 증설됐습니다. 다품종 소량생산으로 한 조에 16명씩 일했습니다. 여기에서도 갑상샘암, 심장질환, 탈모, 포상기태[22]가 생겼습니다."

---

22 임신 과정에서 태반의 영양막 세포가 비정상적으로 증식하는 질환. 포도송이 같은 모습의 융모가 자궁을 채우며 태아는 초기에 소멸한다.

청중 곳곳에서 작은 탄식이 흘러나왔다. P언니는 화학물질 사용 경험도 증언했다.

"작업장은 매일 5분 클리닝(청소)을 하고 체크리스트를 작성해야 했습니다. 에러로 인한 웨이퍼 브로큰(제품 불량)이 생기거나 정기적인 PM(생산설비의 유지보수) 때, 그리고 챔버는 수시로 열어서 IPA(이소프로필알코올)로 닦아야 했습니다. IPA는 휘발성이 매우 강해 자주, 많이 부어서 사용했습니다. 하지만 7년 동안 화학물질 안전교육은 한 번도 받은 적이 없습니다."

"정전이 심해지면 순간 셧다운이 되었습니다. 사수한테 배운 조치는 '진행 중이던 웨이퍼를 런박스에 안전하게 담아놓고 나와야 한다'는 게 전부였습니다. 복구된 이후 라인에 들어갈 때는 눈에 보이는 모든 것을 IPA로 다시 닦아야 했기 때문에 매우 곤혹스러웠습니다."

"공정마다 여러 종류의 화학물질을 사용하는데 냄새는 나지만 뭔지 아는 건 IPA, 아세톤 정도였습니다. 당시 사업장은 클린룸의 쾌적한 환경에서 작업한다고 강조했지만, 많은 사람에게 건강상 문제가 생기고 나서야 방진복이 제품을 위한 것이었지 결코 우리의 안전을 위한 게 아니라는 것을 알게 되었습니다."

P언니가 일하던 엔드팹은 없어졌다고 한다. 하지만 1990년대 초반에 이곳에서 일했다는 이유로 병들고 죽어간 분들의 고통은 해결은커녕 알려지지도 않았다. 과연 무슨 일이 있었는지 입증할 수도 없다. P언니는 유방암에 대한 산재보상 신청을 했지

만, 20여 년 전 근무했던 공장에 발암물질이 있었음을 입증하지 못했고 퇴사 후 14년이 지난 뒤에야 진단받았다는 이유로 산업재해임을 인정받지 못해 정부를 상대로 행정소송을 진행하고 있다.

포기하지 않았던 이들 덕분에 비로소 드러난 실체

10여 년 동안 반올림 활동을 하며 배우고 느낀 점은 지면에 다 옮기기 벅차다. 우선, 깨끗해 보이기만 하는 첨단전자산업 작업환경이 매우 유해하고 위험하다는 사실을 알게 되었다. 반도체나 디스플레이 제조업은 수백 종의 화학물질을 이용하는 '화학물질 집약 산업'이었다. 1990년대 중후반까지만 해도 발암물질이 공장 안에서 버젓이 사용되고 있었다. 이제는 발암물질 성분을 사용하지 않는다기에 반도체 공정에서 널리 쓰이는 화학물질 하나를 정부 연구기관에서 실험실로 가져가 분석해보니 발암물질들이 부산물로 검출되는 일도 있었다. 그러나 아직도 사업주들의 화학물질 안전보건 관리는 허술하기 짝이 없어 부산물은커녕 자기 공장에서 사용하는 화학물질 구성 성분조차 점검하지 않았으며, 심지어 언제부터 쓰기 시작했는지 기초 이력관리도 되지 않고 있었다.

두 번째로 배운 점은 산업안전보건법을 비롯한 법제도가 첨단전자산업에 걸맞지 않는다는 점이다. 가령 반도체 공장에서 사용하는 화학물질 중 작업환경 측정을 시행하도록 법으로 정해진 물질들은 수십 종인데 측정한 결과를 보면 대부분 허용된 노출 기준의 5% 미만, 심지어 1~2% 미만으로 나온다. 어떤 물질의 노출 기준이 100ppm이라면 반도체 공장에서는 1ppm 미만의 아주 낮은 농도로 검출되는 셈이다. 기업들은 오래전부터 이 결과를 내세우면서 '화학물질을 철저히 관리하고 있으니 안전하다'고 주장해왔다. 그런데 반도체 공장에서 수백 종의 화학물질을 사용한다는 점을 고려하면 이 주장은 설득력을 잃는다. 노출 기준은 한 가지 물질에만 노출되는 상황을 전제로 만들어진 것이지 수십 혹은 수백 종의 화학물질에 복합 노출되는 상황에 기계적으로 적용하면 안 된다. 주량이 '소주 한 병'인 사람에게 소주 한 모금은 별문제가 되지 않지만, 소주 외에도 맥주 막걸리 포도주 등등 수십 가지 술을 한 모금씩 마시는 상황이라면 '소주 한 모금'은 치명적인 양이 될 수 있다. 실제로 반도체 제조공정 여성노동자들의 자연유산이 사무직 여성노동자들보다 3배 높게 나타났던 미국의 반도체 공장들을 대상으로 1990년대에 이루어진 연구를 보면 '측정한 모든 화학물질의 농도'가 노출 기준의 2% 미만이었다고 한다. 당시 연구진들도 이 결과를 보고 전통적인 방식의 작업환경 측정이나 노출 기준으로는 첨단전자산업 작업환경을 안전하게 관리할 수 없겠다는 고민에 처했다고 한다. 30년이 지난 지금 한국의 반도체 공장 현실도 이와 다르지 않다.

세 번째로 배운 점은 첨단전자산업 노동자들의 건강권 실태가 매우 열악하여 법과 제도에서 보장된 최소한의 권리조차 제대로 누리지 못하고 있었다는 사실이다. 첨단전자산업을 이끄는 대기업 대부분이 '기업의 사회적 책임'이나 '시민의식'이 없는 데다 독립적인 노동조합이 거의 없다 보니 안전보건에 관한 노동자들의 권리가 제대로 존중되지 못하고 있다. 그동안 만났던 수많은 피해자들과 제보자들 중 안전보건 교육을 제대로 받아본 사람은 단 한 명도 없었다. 노동자들은 몇 년이나 사용한 화학물질의 이름도 몰랐다. 이름을 알더라도 그 유해성을 들어본 적은 전혀 없었으며 해로울지 모른다고 생각하더라도 차마 질문하거나 보호 설비를 요구할 수 없었다. 삼성반도체 온양공장에서 반도체 칩 내부를 검사하기 위해 X-선 설비를 이용했던 박지연 씨는 X-선이 발암물질인 전리방사선의 일종이라는 사실을 백혈병에 걸린 뒤 반올림을 만나고 나서야 알게 되었다. 삼성전자 LCD사업부에서 모니터에 들어가는 회로기판을 고열로 납땜하는 기계 앞에서 일했던 한혜경 씨는 자기 공정에 납이 사용된다는 건 알았지만, 설마 삼성처럼 큰 회사가 몸에 해로운 일을 그냥 시키지는 않을 거라 생각했다. 나중에 뇌종양에 걸려 산재 신청을 한 뒤에야 납이 독성물질이며 납땜 과정에서 발생하는 흄으로 노출될 수 있다는 사실을 알았다.

네 번째이자 마지막으로 반올림 활동을 경험하면서 배운 가장 큰 교훈은 피해자들의 투쟁이 갖는 의미라 하겠다. 황유미 씨의 아버지 황상기 씨가 진실을 규명하기 위해 나서지 않았다면, 산재 신청을 포기하면 십억 원을 주겠다는 삼성의 회유에도 굴하지 않고 끝까지 버텨서 7년 반 만에 공식 산재인정을 받아내지 못했다면 우린 지금까지도 반도체 및 첨단전자산업의 위험에 대해 아무것도 배우지 못했을 것이다. P언니처럼 용기를 내 자기 경험을 얘기하고 발표하는 사람이 없었다면 우리는 반도체 노동자들의 안전보건 관리 실태가 어떤지 짐작도 하지 못했을 것이다.

10년이 흘렀다. 세월이 쌓인 만큼 배운 것도 많아졌지만, 풀어야 할 숙제는 훨씬 더 많아졌다. 처음 이 문제를 얘기한 J는 '몇십 년이 걸리는 일이라도 끝까지 물고 늘어지고 싶다' 했고 나 역시 일이십 년은 걸릴 일 같다고 생각하긴 했다. 하지만 솔직히 내가 정말 10년을 꼬박 채우며 여기까지 오게 될 줄은 몰랐다. 반도체와 첨단전자산업은 앞으로도 점점 커질 것이고 따라서 노동자들의 안전보건 문제도 더 중요해질 것이라는 점은 분명하다. 그러니 계속 가다 보면 10년쯤 후엔 더 많이 배우고 더 많은 숙제를 얻을 것이다.

돌먼지 속에서
살아온 사람들

김대호
(직업환경의학과 전문의, 근로복지공단 직업성폐질환연구소 연구위원)

얼마 전 TV 프로그램에서 돌침대류의 원석 가구를 만드는 노동자들을 다룬 걸 봤다. 미얀마 채석장에서 원석을 채취해 자르고 붙이고 다듬어 얇은 돌판을 만드는 베트남 노동자들, 그리고 이 돌판을 수입해 나무와 가죽을 붙여 침대와 소파를 만드는 한국 노동자들이 소개됐다. 최종 가공된 석재를 조립만 하므로 석재 분진에 노출되지 않는 한국 노동자들보다 돌먼지로 뿌연 채석장의 베트남 노동자들에게 더 눈길이 갔다. 내가 만난 진폐 환자들이 떠올랐기 때문이다.

돌 많은 데서 태어나 진폐로 귀결되는 인생 역정

한국엔 아직 채석장과 석재공장이 많아 진폐 환자도 여전히 많다. 이들은 오랜 세월 채석장에서 바위를 깬 소위 '아사달의 후예'들이다. 채석장, 석재 가공업체, 건축 현장 등에서 일한 석재 노동자들로, 나이 들어 진폐가 발병해 죽을 때까지 진폐 환자로 살아가야 한다. 그중 많은 수가 원래 묘비나 석등, 석탑, 불상 등 석공예품을 만드는 사람들이었는데, 이들의 고향은 하나같이 충남 보령이나 전북 익산 부근으로 그간 살아온 스토리도 기가 막히게 엇비슷하다.

"어르신, 고향이 어디세요?"

"그래, 돌 일 아주 오래 했지."

"아니, 고향이요 고향"

"고향? 저그 저 웅천."

"웅천이 어디 있는데요?"

"남포 옆에 웅천, 웅천 몰러? 보령에 있잖여."

"보령에 있을 땐 뭐하셨어요?"

"농사지었지."

"학교는요?"

"초등학교밖에 안 나왔어. 그땐 다들 못 배워서 농사지었지."

진폐 환자를 만날 때마다 이들의 직업적·환경적 분진 노출 이력을 알기 위해 고향부터 묻는데 다들 귀가 어둡고 레퍼토리도 똑같다. 그다음부터는 각자의 인생 이야기가 이어진다. 1940~50년대 출생이면서 우리나라 대표 석재 산지인 충남 보령 웅천이나 전북 익산 황등, 함열 출신인 진폐 환자분들은 초등학교만 나오거나 초등학교도 마치지 못한 분이 많다. 친척이

나 이웃 대부분이 석재 관련 일에 종사했고, 생계를 잇기 위해
선 13~15세 때부터 석재업체에 들어가 일해야 했다. 석공 일이
험하긴 해도 일당이 높은 편이라 다른 일은 생각하지 못했다.
일당을 더 많이 쳐주는 업체로 여기저기 옮겨 다니기도 하고,
나중에 작은 석재업체 사장이 되었다가도 다른 곳 일손이 모자
라면 또 일용직이 되기도 했다. 어릴 때부터 평생 고향에서만
일한 분들도 있지만, 많은 석공은 서울 망우리나 구리 교문리로
대거 이동했다. 이들이 스무 살이 될 무렵은 불상이나 석공예품
의 일본 수출이 많던 시기다. 일손이 많이 필요한 대형 석재업
체로 고향 선후배들이 한꺼번에 옮겨간 것이다. 이 대형 석재업
체들은 석재 가공용 그라인더를 도입했는데, 그라인더를 사용
하면 정과 망치로 돌을 다룰 때보다 훨씬 많은 먼지에 노출된다.

석재업체들은 망우리와 교문리에서 다시 의정부, 양주, 남양
주, 용인 등지로 옮겨 갔고 석공들도 따라 이동했다. 일본 수출
이 주춤하던 1980년대엔 사우디아라비아, 리비아로 건너가 공
항, 학교, 병원, 기숙사 등 석재 건축물 신축공사 현장에서 일
했다. 다시 한국으로 귀국했을 즈음엔 많은 석재업체가 폐업한
뒤였다고 한다. 그때부턴 아파트나 빌딩 건설 현장에서 건축용
석재를 잘라 붙이는 일을 했다. 문화재 복원 현장에서 석축을
쌓거나 석공예품을 만들기도 했다. 이때 석공들은 40~50대 나
이가 되었다. 특별한 소속회사 없이 돌 다루는 현장을 찾아 전
국을 돌아다니며 일했다. 그렇게 50~60대가 되었는데 귀가 어

두워지고 기침도 나기 시작한다. 결국, 진폐 진단을 받게 되는데 이즈음이 내가 그들을 만나는 시기다.

석공들의 인생 역정도 비슷하고 진폐 진단을 받은 지금 몹시 가난하다는 것마저 똑같다. 석재 가공품이 호황이던 시절, 다른 일보다 일당이 많았다곤 하지만 건설 붐이 일어난 후에도 석공 인건비는 오르지 않았다. 직장을 이리저리 옮겨 다니다 보니 나이 들어도 월급을 많이 챙겨주는 곳은 없었고 건설현장 일용직의 수입이 일정치도 않았다. 한창 자식들이 대학에 가고 결혼할 시기에 덜컥 진폐에 걸려 일을 못 하니 오히려 산재 휴업급여를 받기 위해 진폐 진단을 기다리는 사람들도 있다.

탄광보다 무서운 채석장 폐병

보령과 익산에는 지금도 많은 채석장과 석재업체가 있다. 충남 보령시 웅천읍에는 화강석의 한 종류인 웅천석 산지와 석재업체들이 있고 남포면에는 고급 비석으로 쓰이는 검은색의 오석烏石 산지, 벼루의 재료로 사용되는 남포석 산지도 있다. 전북 익산시 황등면과 함열읍은 우리나라 화강석 중 가장 생산량이 많은 황등석 산지다. 이들 지역에서 생산되는 석재에는 결정형 유리규산이 함유되어 있어 폐암과 진폐(규폐)가 잘 발생한다. 진폐는 치료로 회복되거나 진행을 늦출 수 있는 병이 아니다. 단지 기침가래 증상을 완화하는 약물을 투여하고 폐렴을 예방하는 정도밖에 대책이 없다. 탄광부 진폐와 비교했을 때 석공들에서 발생하는 진폐(규폐, silicosis)는 그 진행이 더 빠르다. 탄광부 진폐의 경우 10년이 지나도 처음 진단된 형태 그대로인 경우가 많지만, 석공들의 진폐는 1형에서 3~4형까지 몇 년 안에 발전하기도 해 10대 때부터 일하다 진폐에 걸린 석공의 경우 70세가 되기도 전에 사망하는 경우가 많다. 이렇게 50~60대에 진폐에 걸리는 사람들은 폐 세포가 서서히 파괴됨에 따라 기침이나 호흡곤란을 겪고 60세가 넘으면 숨이 차서 일을 할 수 없다. 석재 일을 그만둬도 병은 계속 진행되는데, 반복적으로 폐결핵이나 폐렴이 발생하면서 결국 호흡부전으로 사망에 이른다.

석공의 진폐는 이렇게 무서운 질병이다. 현재 전국에 산재한 석재 가공업체들은 대부분 규모가 작고 안전보건 환경이 나아질 기미가 그다지 보이지 않는다. 아직도 고령의 한국 노동자와 이주 노동자들이 얼굴에도 맞지 않는 방진마스크 하나에 의지해 돌을 연마하고 있다. 과거 천으로 입을 감싼 채 일할 때보다야 낫겠지만, 방진마스크와 얼굴 사이로 돌먼지가 들어가 그대로 호흡기를 통해 폐로 가는 건 여전하기 때문에 앞으로도 석공들의 진폐는 계속 생길 것이다. 더 무섭고 안타까운 현실은 고령의 석공 노동자들이 더 이상 불러주는 일터가 없자 매년 건강진단을 받으며 진폐 진단이 나오기만을 바라는 것이다. 어려서부터 생계를 위해 돌먼지 속으로 들어가 석공이 되었다가 전국을 떠돌아다니면서 저임금 일용직 노동자로 평생을 살아왔는데,

결국 돌아온 건 폐병이다. 가난한 노동자의 자조가 안타깝게 들리지만, 단지 이야기를 들어주는 것밖에 내가 할 수 있는 일이 없어 더욱 마음이 아프다.

죽거나 혹은 나쁘거나:

유산과 기형아 출산

김인아
(한양대학교 직업환경의학교실 교수)

일을 핑계로 잠깐 바닷바람이라도 쐬자는 생각에 덥석 받아들인 제안이었다. 제주에서 여성노동자 대상의 생식 건강 교육을 마치고 약속된 장소인 조용한 마을로 갔다. 산재 신청을 준비하고 있다는 제주의료원 노동자들을 만나기 위해서였다. 아이를 하나씩 업고 나타난 그녀들의 이야기를 들으며, 직업환경의학 전문의라는 내가 그녀들이 호소하는 유산, 선천성 기형아 출산 등의 문제에 무관심했다는 걸 깨닫고 난처할 수밖에 없었다.

의학 드라마에서조차 주요 소재로 다뤄질 정도로 경영진의 이윤 집착은 병원 내 오랜 갈등의 근원이다. 히포크라테스의 선서니 백의의 천사니 하는 말과 의료인으로서의 사명감은 희귀하거나 고리타분한 생각으로 치부된다. '이윤 중심'은 공공병원도 예외가 아니라 제주의료원도 이를 둘러싼 변화를 겪었다. 2002년 한라산 자락 중산간 지역으로 신축 이전한 후엔 진료보다 돈되는 사업인 노인요양원에 집중했고 2010년엔 도립 노인요양원으로 거듭났다. 이런 과정에서 노동조합과 병원의 갈등이 깊어졌고 노동자들은 더욱 격무에 시달렸다고 한다.

제주의료원을 둘러싼 병원 괴담

한창 변화가 몰아치던 2009년 제주의료원에는 아주 이상한 일이 생겼다. 임신한 노동자 15명 중 12명에게 유산 위험이 나타났고, 실제로 이 중 5명이 유산했다. 4명의 아이는 선천성 심장 질환을 갖고 태어났다. 우연이라고 하기엔 너무 심각해 노동자들은 술렁였다. 병원 '괴담'이란 말이 이상하지 않을 정도였다.

질병의 원인과 분포를 파악해 이를 예방하는 것을 목적으로 하는 '역학epidemiology'의 기본 구성 요소 세 가지는 사람person, 장소place, 시간time이다. 이 세 가지에서의 공통점을 파악하는 것이 질병 원인 찾기의 가장 기본이고, 이 세 가지에서 유사성이 있으면 공통의 위험 요인이 있는 것은 아닌지 파악해보아야 한다는 의미다. 제주의료원에서 일어난 현상엔 공통점이 매우 많았다. 그 이유를 확인해야 한다.

의학적으로 자연유산miscarriage은 태아가 독립적인 생존 능력을 갖추기 전에 여러 이유로 임신이 종결되는 것으로 임신 20주 이전, 태아 체중이 500g 미만일 때의 임신 종결을 말한다. 임신이라는 사실을 확인하고 나서 임신 20주 이전에 태아의 사망이 발생하는 비율은 8~20% 정도이며, 한국에서 15~44세의 배우자가 있는 여성이 의학적으로 임신을 확인한 후 자연유산을 하는 경우는 9.5~11.1%로 나타난다.[23] 배우자 없이 임신한 여성의 통계는 없는 현실이라 이런 추정조차 확실한 것은 아니다. 자연유산의 원인으로 가장 흔한 것은 임신 초기의 염색체 이상이나 기형 유발 물질에의 노출이다. 풍진 같은 바이러스 감염, 당뇨, 쿠싱증후군, 갑상샘 기능 저하 등의 내분비 질환, 전신홍반성루프스 같은 자가면역질환 역시 유산 원인이 될 수 있다. 이런 자연유산은 임신 당시의 연령이 높은 경우와 자연유산 경험이 있는 경우 증가하는 것으로 알려져 있다. 직업적 요인에는 농약, 유기용제, 금속, 전리방사선 등에의 노출이 있다. 대부분의 이유가 유전자 이상이나 기형과 관련 있기 때문에 자연유산의 위험 요인은 선천성 기형의 위험 요인이기도 하다. 하지만 선천성 기형은 산재보상보험법상의 적용 대상에 해당하지 않는다. 법리적 논쟁이 필요한 부분이다.

제주의료원 간호사들의 경우 병원이라는 환경의 특성상 다양한 바이러스에 감염될 수 있고 항암제나 마취가스, X-선과 같은 전리방사선에의 노출 가능성도 있는데 이 역시 자연유산의 가능성을 높인다. 산화에틸렌 같은 다양한 소독제도 마찬가지다. 교대근무 역시 고려해야 할 요인이었다. 여기에 현재 관련성 연구가 진행 중인 장시간 노동, 중량물 작업, 서서 일하는 작업

---

23 한국보건사회연구원, 전국 출산력 및 가족보건 복지실태조사, 2012.

자세, 스트레스 등도 검토해야 한다.

유산과 선천성 기형아 출산이 많았던 2009년과 요양병원으로 바뀐 2012년 사이엔 업무의 변화가 있었다. 그리고 이렇게 고려할 요인(교대근무, X-선과 같은 전리방사선이나 약품들에 대한 노출, 강화된 노동 강도 등)이 많다는 건 분명한 단일 원인을 찾을 수는 없다는 것과 같은 말이었다. 모두 충분한 가능성이 있는데 명확하게 잘 알려진 의학적 원인에 '충분히' 노출되었다는 증거가 없어 업무 관련성이 부정되는 경우를 그동안 많이 보았다. 머리가 복잡해졌다. 개별적인 원인으로는 설명이 불가능하지만 다양한 원인이 복합적으로 작용하면 때로 예측하지 못한 결과가 나올 수 있다. 그러므로 더욱 그녀들의 이야기를 세심하게 들어야 했다. 과연 무슨 원인이 결합해 '제주의료원 괴담'을 만든 것일까?

'주범'이 불분명해도 '공범'은 많다

제주의료원의 근무조건은 만성 인력 부족에 시달리는 여느 병원과 다르지 않았다. 게다가 구조조정 과정에서의 인력 감축과 병원의 운영 기조 변화가 부담을 가중시켰다. 병동 근무 간호사의 정원은 83명인데 2009년 66명, 2010년 51명으로 줄었다. 이 시기 인력 감축에 따라 업무 강도도 세졌고 야간근무도 늘었다고 했다. 게다가 병원 경영 위기로 2008년부터 상여금,

당직비 등의 수당이 체불되거나 미지급되는 경우가 있었고, 이는 2009년 이후 더 잦아졌다. 특히 이 시기 요양병원 전환 논의가 본격화하면서 고용불안에 따른 스트레스도 증가할 수밖에 없었다. 이는 여느 병원에서나 겪는 의사, 원무과, 타 부서, 고객과의 갈등, 간호부 내의 갈등 등의 스트레스 요인과는 조금 다른 경우였다. 그녀들의 이야기는 계속 이어졌다.[24]

"한 번은 열이 40도가 넘었어요. 정말 일어날 수가 없는 거예요. 그런데 출근했어요. 출근해서 링거 맞고 다시 일했죠. 쉬면 안 되니까요."

"한 병동에 최소한 12명이 있어야 연차 휴가도 쓸 수 있고 일주일에 이틀을 쉴 수 있어요. 그런데 지금 병동은 7명에서 많아야 9명이에요. 이러니 못 쉬죠. 내가 쉬면 다른 간호사가 더 많이 일해야 하는데 어떻게 쉬어요?"

"한 번에 6일을 연속해서 잠 못 자고 밤 근무랑 낮 근무를 이어 하다 보면 어질어질해요. 어떤 분은 그런 상태에서 운전하다가 대형 사고가 날 뻔했고요."

병원 간 경쟁이 심해지면서 어느 병원에서나 간호사들로부터 흔히 듣는 이야기였으니 여기까지는 그러려니 했다.

"욕창이 심한 환자는 상처 소독하고 치료하는 데 1시간이 넘게 걸려요. 다른 병원에선 인턴이 하는 일인데, 우리 병원은 인

24　"제주의료원 '괴담', 지금 그곳에선 무슨 일이?", 〈공공운수노동자〉, 2010. 12. 17

력이 없다고 간호사들에게 다 떠넘기고 있어요."

"의식이 있는 남자 환자의 성기를 꺼내서 소변줄을 끼워 넣는 건 환자에게도 수치심을 주지만, 간호사들도 마찬가지예요. 물론 이런 의료 행위는 남자 인턴 의사들이 하는 게 보통인데 우리 병원에선 꿈도 못 꿀 일입니다."

뭔가 이상했다. 이런 건 간호사들이 할 일이 아니다. 내가 인턴일 때 욕창 상처 소독을 한 시간씩 했던 경험이 떠올랐다. 그리고 그때 가장 하기 싫었던 일이 응급실에 들어온 시신 수습과 남자 환자에게 소변줄 끼우기였다. 호불호를 떠나 이런 일을 모두 간호사가 한다면 업무가 너무 많다.

"알약을 삼키지 못하는 환자에겐 약을 가루로 만들어 투약해요. 구석에서 쪼그려 앉아 알약을 빻는데, 이때 약 분말을 흡입하는 경우가 많았어요."

다른 병원 실태조사에서도 들은 적 있는 이야기다. 어린이 병동에서 간호사들이 항암제를 빻았는데 분진이 날리는 걸 우려해 창문 앞에서 하다가 바람이 휙 불어와 오히려 항암제 분진을 들이마셨다는 이야기였다. 이런 문제 때문에 병원 약제실엔 국소 배기장치를 설치하도록 하고 있다. 만일 이렇게 약을 가루로 만드는 과정에서 항암제나 면역억제제 등을 흡입했다면 제주의료원에서 벌어진 일의 확실한 원인이 될 수도 있다.

2009년부터 2010년 사이 제주의료원 간호사들의 임신은 총 27건이다. 이 중 9건은 자연유산되었고 4건에선 선천성 기형이 발생했다. 심지어 두 번 내리 자연유산한 간호사가 둘이고 이들은 결국 퇴사했다고 한다. 상담을 마치며 그녀들에게 산재 신청후 역학조사에서 몇 가지 요인에 관해 꼼꼼하게 이야기하시라고당부했다. 그럼에도 불구하고 최초의 사례인 데다 여성노동자유산에 관한 사회적 관심이 낮은 걸 감안한다면 승인이 쉽지 않을 거라고도 넌지시 일렀다.

이후 산업안전보건연구원은 유산으로 산재 신청을 한 4명에대해 공동 역학조사를 실시하고 제주의료원 간호사들의 전체생식 독성과 관련해 포괄적으로 위험을 평가하기로 했다. 1년여의 긴 조사 끝에 역학조사평가위원회의 직업환경의학 전문가들은 2009년과 2010년 2년간의 제주의료원 유산율이 일반 인구의 2배이고 선천성 심장질환 출산율은 10배라고 밝혔다. 또 유산이나 선천성 기형을 유발할 수 있는 생식 독성 약품에 노출되었고 임신 진단 직전까지 야간 근무를 했으며 고용불안, 임금미지급 등의 특수한 상황에 노출된 점을 감안할 때 업무와의 관련성이 있는 것으로 판단했다. 분명한 '주범'을 찾을 순 없지만, 시간, 장소, 사람의 공통점을 가진 역학관계에서 유산과 선천성 기형이 증가했으니 유력한 '공범'들이 있다고 본 것이다. 이는 1990년 부산 고무공장 여성노동자의 유기용제 중독으로 인한 월경주기 이상, 1995년 양산 LG전자의 2-브로모프로판에의한 월경 이상[25]이 산재로 인정받은 이후 화학적 단일 요인이아닌 집단의 역학적 근거와 사회 심리적 위험 요인의 복합노출이 고려된 전향적 판단이었다.

그러나 유산과는 달리 선천성 기형에 관한 판단은 결론이 나지 않았다. 자녀가 산업재해보상보험법상의 적용 대상이 아니라는 근로복지공단의 판단 때문이었다. 산재 신청조차 거부되자 선천성 기형 문제는 법원으로 직행했는데 1심에선 인정을 받았다. 2014년 12월 재판부는 산업안전보건연구원의 역학조사 보고서를 증거로 채택하고 "여성 근로자의 임신 중 업무로 인해 태아에게 건강 손상이 발생했다면 이는 근로자에게 발생한 업무상 재해로 봐야 한다"고 판결했다. 그리고 "임신 중 모체와 태아는 단일체이므로 임신 중 업무에 기인해 태아에게 발생한 건강 손상은 산업재해보상보험법상 임신한 근로자에게 발생한 업무상 재해로 봐야 한다"고도 했다. 그러나 2016년 5월 서울고법은 1심을 뒤집었다. "출산으로 어머니와 아이가 분리되는 이상 선천적 질병은 출산아가 지닌 것으로 업무상 재해도 아이에 한한 것으로 봐야 한다"는 것이다. 이처럼 상반된 판단에 대한 최종 결론은 이후 3심에서 있을 것이다. 이는 산재보상보험법의 적용 범위를 태아에게 발생한 선천성 기형까지로 볼 것인가의 중요한 법리적 쟁점에 결론을 내리는 것이자 우리나라 산

---

25 국내 최초의 생식 독성 집단 중독사건. 1994년 양산 LG전자 공장에서 사용하기 시작한 세정제에 2-브로모프로판이라는 독성물질이 99.8% 포함되어 있었다. 1년 이상 조립부에서 일한 노동자 25명 중 22명이 불임, 월경주기 이상, (남성에게는) 무정자증 등 생식 장애를 겪었다.

재법의 변화 여부를 가름할 판결이 될 것이다.

'엄마의 죄책감'에서 벗어나 생식 독성 문제를 이야기하자

제주의료원의 유산과 선천성 기형 등의 문제는 아직 진행 중이다. 선천성 기형에 대한 판정이 남아있기도 하지만, 그 이후에 벌어진 일들을 생각할 때 더 그렇다. 2014년 7월 한겨레는 하이닉스반도체 노동자들의 림프조혈기계 질환 등 직업병을 다루면서 선천성 기형과 관련한 문제를 제기했다. 이후 SK하이닉스는 독립된 외부 전문가들로 구성된 'SK하이닉스산업보건검증위원회'를 구성하고 약 1년간 작업환경 측정, 화학물질 관리 실태 평가, 역학조사 등의 활동을 벌였다. 그 결과 하이닉스에서는 2세 기형 등 자녀 질환과 관련해 '부모 중 1인이 임신 3개월 전부터 출생 사이에 제조사업장에서 상시 근무한 사실이 있고 자녀가 19살이 되기 전에 발병한 경우'를 신청받아 보상금을 지급하기로 했다.

이 과정에서 2세의 선천성 기형으로 어려움을 겪는 노동자들의 이야기를 직접 들을 수 있었다. 사례 조사를 진행하던 어느 날, 문득 하이닉스 공장의 생산직 노동자는 여성이 더 많은데 자녀의 선천성 기형을 겪은 노동자들이 주로 남성이라는 점을 발견했다. 사실 생식 독성의 문제가 여성에게만 적용되지는 않으니 남성 노동자들도 영향을 받았다는 건 당연하다. 여성의 난자는 어릴 때부터 이미 만들어져 있어 난자에 끼치는 직접적 영향은 전 생애에 걸쳐 무엇이든 가능하고, 유산이나 선천성 기형의 문제는 임신 초기 모체의 상태가 결정적이다. 반면, 남성의 정자 수명은 3개월 정도라 생식 독성 관련 요인에 의한 정자의 변화가 임신 당시의 노출 및 상황을 반영한다는 측면에서 오히려 여성보다 그 관련성 파악이 명확할 수 있다. 이는 물론 정자의 활동성이나 숫자 같은 임신 가능 요소와 다른 문제다. 그러므로 선천성 기형으로 사례 조사에 응한 노동자 중 남성이 더 많다는 사실이 특별히 이상한 것은 아니다.

내가 조금 다르게 느낀 건 사례를 설명하는 노동자들의 태도였다. 하이닉스 사례 조사로부터 1~2년 전쯤 제주에서 만난 그녀들이 떠올랐다. 그녀들은 유산이나 선천성 기형의 문제를 이야기하는 것을 매우 어려워했다. 유산한 노동자 중 일부만 산재를 신청하는 이유를 묻자 대답을 얼버무리기도 했다. 여전히 유산이나 선천성 기형이 '엄마의 잘못'으로 인식되고 있기 때문이다. 산재 신청을 하기까지 스스로를 자책하고 남편과 부모님들께 죄스러워하던 그녀들은 '부끄러운' 일을 만천하에 공개한다는 사실을 불편해했다. 하이닉스의 남성 노동자들에게도 자녀의 선천성 기형은 고통스러운 일이었지만, 그들이 죄책감을 느끼지는 않았다. 그래서 부부 모두 하이닉스에서 근무했더라도 남성 노동자 혼자 상담에 나오거나 함께 참여해도 남편 쪽에서 이야기를 주도하는 경우가 많았다.

이런 점에서도 생식 독성 문제는 어렵다. 가뜩이나 다양한 화학물질과 근무 조건, 형태 등이 복합적으로 작용하는 현상이고, 여성과 남성에서 각각 영향을 주는 시기가 달라 불임, 유산, 선천성 기형, 조기 분만, 월경 이상 등 문제 발생 시기마다 고려해야 하기 때문이다. 결국, 원인을 밝히기 매우 어렵다는 말이다. 한국 여성의 출산 연령이 높아지면서 이 문제의 직업적 요인을 밝히는 건 더욱 힘들어지고 있다. 그런데 여기에 여성의 '부끄러운' 또는 '숨겨야 하는' 문제로 보는 일이 겹치면서 정확한 규모를 파악하기도 어려운 실정이다.

부끄러운 것도, 숨겨야 할 것도 아니다. 엄마의 잘못은 더군다나 아니다. 이젠 그녀들이 얼마나 힘들게 일하고, 어떤 문제와 어려움을 겪는지 이야기해야 한다. 이런 이야기들을 바탕으로 규모를 정확히 파악해 생식 독성의 문제를 '죄책감의 수면' 위로 끌어올려야 한다. 그래야 우리와 우리의 자녀들을 화학물질로부터 보호할 수 있다. 정확한 원인이 밝혀지기 전이라도 문제를 일으킬 가능성이 있는 요인이 있다면 가능한 최선의 예방책을 마련해야 한다. 질병 발생 확률이 1%가 안 될 정도로 낮다고 하더라도 그 질병에 걸린 당사자에겐 100%다. 동전을 뒤집는 게임이 아니라 사람의 몸이고 건강의 문제이기 때문이다. 여성노동자들의 용기와 그들을 향한 지지가 필요한 시점이다.

조리급식 노동자의

골병이 말하는 것

류현철
(직업환경의학 전문의, 터직업환경의학센터)

자본주의 사회에서 사람들은 먹을 것, 입을 것, 쉴 집을 얻기 위해 타인의 밥과 옷과 집을 지어야 한다. 그것도 나와 가족에게 필요한 것보다 훨씬 많은 양을. 이 과정에서 누군가는 소외된다. 19세기의 현자는 자본주의가 '인간으로부터 인간의 소외'라는 비극적 결말에 이른다고 했다. 이 글은 가족을 먹이기 위해 다른 이의 밥을 짓는 노동자의 이야기, 내 아이를 먹이고 공부시키고자 다른 누군가의 아이에게 먹일 밥을 만드는 여성노동자들의 이야기다.

아무도 내 이야기를 들어준 적 없어요

몇 해 전 6월 진료실도 아닌 지방 광역시 외곽의 조그만 카페에서 산재 상담을 진행했다. 학교비정규직노조의 조리급식 노동자들에게 근골격계 질환 교육을 하고 난 후였다. 마주 앉은 동년배 여성노동자의 이야기는 초여름 날씨보다 덥고 무거웠다.

그는 초등학교와 중학교 급식 조리실에서 5년 남짓 일했다. 천 명이 훌쩍 넘는 학생들의 식사를 예닐곱 명의 조리원이 도맡았다. 아침 8시 반부터 오후 4시 반까지 8시간 동안 아이들이 먹을 밥과 찬을 준비하고 배식하고 치우는 일을 했다. 정신없이 바빴지만 열심히 일했다. 몸 여기저기가 아팠지만 참았다. 많이 아픈 날엔 침도 맞고 물리치료도 받으며 버텼다. 한 달 급여가 백만 원 남짓이었지만 일해서 돈 버는 자신이 대견했다. 그러던 어느 날 갑자기 팔을 들어올리기 어려워졌다. 머리 감기조차 쉽지 않았다. 묵직하던 통증은 점점 더 날카로워졌고 아파서 잠을 이룰 수 없었다. 결국, 병원의 권유대로 MRI 촬영을 하고 회전근개 파열[26]이라는 진단을 받았다. 수술이 필요하다고 한다. 건강했던 그로서는 처음 듣는 병명이었고 수술은 두렵기 짝이 없다.

아픈 어깨로는 조리실에서 할 수 있는 일이 많지 않았다. 처음에는 이해해주던 동료들도 점차 불편한 눈길을 주기 시작했다. 다들 힘들게 일하는데 왜 너만 그러느냐는 말도 들었다. 나

---

26 회전근개는 극상근, 극하근, 견갑하근, 소원근으로 구성된 근육힘줄 구조로서 다양한 운동에서 어깨 관절의 안정을 유지하는 역할을 한다. 회전근개 파열의 원인은 외상, 퇴행성 변화, 선천성 이상 및 발육 부진, 불안정, 신경 기능 이상, 염증성 질환, 의인성 원인 등으로 다양한데, 손을 어깨 높이 위로 드는 업무에 종사하는 사람들과 높은 부하와 반복 수준의 작업을 수행하는 종사자에서 많이 발생한다. 회전근개 파열과 관련한 여러 역학적 연구결과에 근거할 때, 직업적 요인 중에서는 위험 요인의 조합, 단독적인 빠른 반복 작업 및 불편한 자세가 일부 근거로, 스트레스 등의 정신사회적 요인이 강력한 근거로 확인되었다.

에게 이야기하던 여성노동자는 이 대목에서 눈물을 흘리기 시작했다. 산재 신청 이야기를 꺼내자 더 외로워졌다고 한다. 얼마나 아픈지, 왜 아픈지 궁금해하는 사람은 없고 산재를 정녕 신청할 것인지, 언제부터 제대로 일할 수 있는지 묻기만 했다. 정말 이 일 때문에 아픈 건지도 알 수 없고 비정규직 조리원은 산재가 안 될 거라고들 했다.

"힘드셨죠? 아픈 것도 서러운데 주변에서 그러니 얼마나 힘이 드셨겠어요. 산재 신청하는 과정에서 그런 어려움을 많이들 겪습니다. 일 때문에 아프신 겁니다. 만일 전적으로 일 때문은 아니라 해도 하시는 일때문에 더 아파졌다면 산재 맞습니다. 아직 비정규직 조리원이 산재 인정된 사례가 많지는 않지만, 이제부터라도 인정받도록 해야죠."

나로선 근골격계 산재 상담자들에게 늘 건네는 말이었건만 그는 복받치는 듯한 울음을 터뜨렸다.

"아무도 이렇게 내 이야기를 들어준 적이 없어요. 그렇게 말해준 사람도요."

비정규직 여성 조리급식 노동자가 근골격계 질환을 산재로 인정받기 위한 여정은 그렇게 많은 무심함과 적대를 겪은 후 그토록 많은 눈물을 흘리며 시작됐다.

가족에게 먹일 것처럼 정성과 손맛을 다해달라고?

조리급식 노동자들에게 이미 그 노동은 가족을 먹이기(먹여 살리기) 위한 노동이지만 자못 훈훈하게 '정성'을 첨가할 여유란 좀처럼 없다. 고작 예닐곱 명이 수백 명(학교의 경우 천 명 이상)의 허기와 입맛을 채워야 하는 노동 과정은 바늘만 한 쉴 틈도 없이 촘촘하고 혈기왕성한 장정인들 해낼까 싶게 고되다. 그들의 일터는 TV 속 우아한 쿡방이 아니다. 거대한 반구의 솥, 코끼리라도 담을 듯한 국통과 찜통, 거대한 조리도구를 다루며 씻고 썰고 다지고 볶고 튀기는 노동이다. 펄펄 끓는 물과 찬물이 끊임없이 쏟아지고 사방에서 불과 기름이 튄다. 층층이 쌓아 올린 스테인리스와 견고한 플라스틱 식기들이 겹치고 무너지며 금속성 소음을 낸다.

식판 위에 올라앉은 밥과 찬을 차분히 마주하는 사람들은 그 음식이 만들어진 현장의 살풍경을 짐작하지 못한다. 20kg이 넘는 쌀가마와 밀가루 포대를 들어 옮기고, 씻고 앉히고 반죽하고 튀김옷을 입히고, 조림이며 찬거리를 대형 솥에 넣고 삽자루만 한 기구로 쉼 없이 뒤집고 섞고 볶고 조려내는 과정은 마치, 모래를 치고 시멘트를 섞고 물을 부어 콘크리트를 개어 올리며 삽질이 난무하는 건설현장과 같다. 부글부글 끓는 기름 솥에 온갖 식재료를 튀겨낼 땐 불꽃 튀는 용접이나 주물 작업에서처럼 화상이 흔하다. 손목이 끊어질 듯 반복되는 채소며 육류의 칼질 도마질과 수시로 씻고 닦아내는 세척 작업은 통상적인 제조업 공정 이상으로 고된 반복 작업이자 소음 노출 작업이다. 엄마의 손맛과 정성은 언감생심이다.

예의 학교비정규직분회의 근골격계 질환 교육을 마무리하며 슬쩍 물었다.

"어디 아프신 데는 없으세요?"
"뭐… 별로 없어요."

잠깐 진찰한 바와 다른 대답이다.

"아이고, 아픈 곳이 없긴요. 온통 골병이 들었구먼요."
"호호호. 우리 일하는 거 보셨어요, 선생님? 이 정도도 안 아프면 그게 더 이상한 거예요."

팔꿈치며 어깨며 누르고 움직여 볼 때마다 비명을 지르던 이는 온통 '골병'이 들었다는 말에 까르르 웃는다. 근골격계 질환은 특정 신체 부위를 반복적으로 혹은 무리하게 사용해 근육, 인대, 힘줄, 추간판, 연골, 뼈 또는 이와 관련된 신경 및 혈관에 미세한 손상이 누적되고 기능이 떨어지는 질환을 말한다. 결국, 고단한 일에서 오는 직업병이란 말이다. 일을 많이 해서 골병이 생겼다는 낯선 의사의 설명에 그이들은 소녀처럼 웃는다. 고된 노동이 반복되는 동안 안 아픈 날보다 아픈 날이 더 많았으리라. 그리하여 아픈 것이 정상, 안 아픈 게 비정상이 되는 슬픈 현실. 그제야 여기저기서 진찰해 달라고 손목이며 팔꿈치며 어깨며 무릎을 내민다.

일차 진료를 담당하며 환자들에게 자주 듣는 질문 중 하나가 어떤 병원, 무슨 과에 가야 하느냐는 것이다. 헷갈릴 만도 하다. 근골격계와 관련된 증상만 따져도 정형외과, 신경외과, 류머티즘내과, 통증의학과, 관절클리닉, 족부클리닉 등등 병원이 넘쳐난다. 의료 수준이 발전하고 의학 전문지식 역시 방대해지면서 의사의 전문 분야도 복잡해졌다. 그러다 보니 신체의 어느 장기나 부위가 문제인지 진단하는 데 집중하고 치료 대상도 바로 그 장기나 신체 부위가 된다. 이런 접근이 보편화하면 잊기 일쑤다. 사람이 아픈 것이다! 심장, 간, 폐, 무릎, 허리, 어깨가 원인이 될 수는 되겠으나 아픈 것은 사람이다. 사람이 아프면 그의 주변이 함께 고통스러워지고 결국 사회가 건강하지 못하게 된다. 반대도 마찬가지다. 건강하지 않은 사회에서는 인간관계(고용관계, 원하청 관계, 갑질 모두 포함되는)가 비뚤어지고, 그런 관계에 지속해서 노출되고 자신의 몸과 마음을 소진하는 사람에게 건강 문제가 발생한다. 그 사람에게 가장 취약한 신체 혹은 정신의 질병으로 나타날 것이다.

신자유주의 시대의 노동자들은 왜곡된 인간관계의 전형인 불평등한 고용계약 관계에 얽매여 있다. 그 옴짝달싹할 수 없는 굴레 안에서의 고된 노동은 근골격계 질환, 골병을 낳는다.

가족을 위해 밥 짓는 일은 여성에게 일임됐고, 앞서 자본주의의 소외를 분석한 탁월한 그 현자에게조차 '가족'에 묻혀 제대로 평가받지 못한 가사 '노동'처럼 지금의 급식 조리원들의 노동도 평가절하되고 만다. 조리급식 노동자들은 대부분 여성이며 비정규직 노동자다. 최근 들어 무기계약직이라는 고용관계로의 전환이 있기는 하지만 허약한 고용 안정성을 대가로 너무나 많은 것을 내어놓아야 한다. 지친 몸이지만 남의 자식들 밥해 먹이느라 내 자식을 제대로 못 챙긴 미안함에, 또는 여전히 아득한 가부장적 질서 때문에 일하는 여성의 노동은 집에서도 계속된다. 여성으로서 불안정 노동자로서 조리급식 노동자들의 몸은 이렇게 망가진다.

근골격계 질환은 사실 누구에게나 발생할 수 있다. 〈모던타임즈〉의 주인공처럼 끊임없이 볼트를 죄어야 했던 제조업 노동자에게도, 종일 한 자리에서 자판만 두드리는 사무직 노동자에게도 얼마든지 발생한다. 그러나 여성으로서 불안정한 고용에 시달리며 중량물 운반과 반복 작업으로 점철된 급식 노동을 하고, 여기에 가사노동까지 맡아 안간힘을 다하는 비정규직 조리급식 노동자들의 수근관증후군, 테니스엘보, 요추간판탈출증, 근막통증후군이야말로 비뚤어진 자본주의, 신자유주의가 만든 표상이다.

밥 한 공기, 국 한 그릇에도 노동의 수고로움이 있다

그들이 아픈 이유는 고된 일이다. 증상이 질환으로까지 진행하지 않도록 하려면 일을 줄이거나 아플 때 쉬는 게 당연하다. 처음부터 질병이 발생하지 않도록 하는 것을 1차 예방, 질병이 발생했을 때 조기에 확인하여 치료받게 하는 것을 2차 예방, 질병을 치유한 이후 원래 자신의 기능으로 잘 복귀하도록 하는 것을 3차 예방이라 한다. 망가질 만큼 일하지 않거나 아프면 쉬는 1차 예방이 가장 효과적인 방법임은 두말할 나위 없다. 그러나 선반 위 식재료를 내릴 때 어깨가 떨어져 나갈 듯 아프고, 칼이 도마에 닿을 때마다 손목이 아려도 참고 참는다. 마침내 잠을 못 이룰 정도의 통증이 엄습해야만 통증 주사 한 방, 한의사의 침 한 방에 의존해 아슬아슬하게 노동을 이어간다. 그런 그들에게 노동강도니 직무스트레스니 골병의 원인을 교육하고 나서는 "그러니까 아프면 쉬어야 합니다"라고 뻔하기 이를 데 없는 답을 내놓는 것은 얼마나 부질없는 일인가?

일터의 건강 수준을 측정하는 지표는 다양하다. 이때 특정 질환의 유병률이나 산재율과 마찬가지로 결근일도 중요한 지표로 여겨졌다. 건강상의 혹은 기타의 문제로 출근하지 못하는 경우가 많다면 그 직장에서 일하는 사람들의 건강 수준 혹은 직장의 건강을 위한 제반 여건에 문제가 있는 것이기 때문이다. 따라서 결근일은 일터의 건강 수준에 반비례하는 지표로 삼을 수 있다. 그러나 우리나라에선 결근일을 지표로 일터의 건강 수준을 평가하려다 해석이 꼬이고 답을 찾기 어려워지는 경우가 허다하다. 현실에서 보통의 노동자가 아플 때마다 쉴 수 있는 직장이 얼마나 될까? 하물며 고용이 불안정한 노동자들의 경우엔 어떤가? 몸이 부서질 것처럼 아파도 어딘가 부러지거나 디스크가 터지지 않은 이상 출근해야 한다. 해야 할 일의 양보다 그 일을 할 인력이 늘 모자라기 때문에 동료가 아파도 그의 건강보단 그 몫의 일이 내게 몰릴까 걱정한다. 그럼에도 불구하고 신체적으로 정신적으로 아플 때마다 얼마든지 쉬게 하는 직장이 있어서 결근율이 너무 높을 수도 있지 않을까? 실제로 이를 우려해 결근absenteeism보다는 출근한 이후 아프거나 다른 이유로 제대로 일할 수 없는 경우presenteeism를 직업 건강의 지표로 삼는 방식이 고안됐다. 아파도 참고 일해야 하는 현실의 우울한 반영이다.

태고부터의 짐승 중 오로지 인간만이 노동을 통해 가치를 생산했다지만 오늘날 인간은 노동만으로는 '인간다움'을 오롯이 지켜낼 수 없다. 어떤 노동을 하는가에 따라, 같은 노동을 하더라도 어떤 고용관계인지에 따라 차별이 생긴다. 이런 차별은 건강 불평등을 낳고 인간다운 삶을 무너뜨린다. 최소한 아프면 아프다고 할 수 있어야 한다. 당연하고 원초적인 문제다. 쉴 수 있는 권리는 자신의 노동을 통해 인간다움과 건강을 지킬 수 있도록 스스로 단결하는 노동자들에게 주어질 것이다. 물론 그것은 학교비정규직 투쟁이 보여주는 것처럼 지난하고 험한 과정이겠으나 우회로는 없다. 내게 주어진 임무는 그들의 고된 노동과정을 들여다보고 그 결과로 드러난 고통에 공감하는 것이며, 사회적으로는 그들의 몸이 골병들고 있다는 사실, 그리고 그렇게 될 수밖에 없는 직업의학적인 이유를 드러내 알리는 것이다. 더불어 직장과 학교의 식탁에 오르는 따뜻한 밥에 '엄마'의 손맛을 기대하기보단 '노동자'의 수고로움을 느끼는 감수성이 퍼지기를 바란다. 아마도 그 일은 최소한 조리급식 노동자의 골병이 직업병으로 흔연히 인정받게 되는 일로 확인될 것이다.

영혼까지 팝니다:

감정노동의 맨 얼굴

김인아
(한양대학교 직업환경의학교실 교수)

직업환경의학 전공의 시절, 한국통신(현 KT) 사업장 전화번호 안내센터(114)를 방문하게 되었다. 이 사업장은 1995년 최초의 근골격계 질환 집단 직업병 투쟁으로 사회적 주목을 받은 곳이다. 안내원 노동자들이 컴퓨터 단말기 작업을 지속하며 목이나 어깨, 팔에 통증이 생겼고 345명이 한국에서 처음으로 집단 직업병으로 인정받았다. 이후 작업환경 개선을 위해 직업환경의학과 의사들이 주기적으로 방문했고, 건강 상태를 확인해 적절한 스트레칭을 알려주거나 필요한 경우 치료를 권고하는 '예방관리프로그램'이 가동됐다. 상담을 신청한 노동자와 마주 앉았다.

"일하시면서 뭐가 제일 힘드세요?"

목이나 어깨가 아플 것이고 그게 아니라면 두통이 있을 거로 생각했는데 대답은 예상을 빗나갔다.

"전화로 이상한 이야기하는 사람들 때문에 스트레스가 심해요."

"네? 이상한 이야기요?"

"이게 다 '사랑합니다, 고객님' 때문이에요."

　근골격계 질환이 문제가 아니었던 그녀의 이야기는 본격적으로 딴 길로 접어들었다. 상담이 있기 얼마 전부터 고객 전화 응대 첫마디가 '여보세요' 대신 '사랑합니다, 고객님~'으로 바뀌었다고 했다. 그러자 대번에 장난 전화가 늘었다. 주로 "사랑한다면 네 사랑을 입증해 봐", "사랑한다고 했으니 한번 만나자", "목소리가 섹시하네, 섹시한 이야기 좀 들려줘" 같은 성희롱들이었다. "OO모텔 전화번호를 알려달라"고 해서 안내했더니 "OOO호로 오라"고 하는 경우도 있었단다. 입에 담기도 어려운 성희롱은 점점 더 늘었다. 고객에게 전화번호를 안내해 주어야만 통화가 끝나고 업무 수행 실적이 카운트되기 때문에 중간에 전화를 끊을 수는 없다. 성희롱 발언을 고스란히 들으며 필요한 전화번호가 뭔지 확인해야 하는 상황이라 더 힘들다고 했다.

"비 오거나 하는 날은 진짜 말도 못 하게 많아요. 외롭다고, 만나자고 하는 전화가 쏟아진다니까요. 이미 '사랑합니다'라고 말했고 계속 친절을 유지해야 하니까 속 터져 죽을 것 같아요."

　사회적으로 '감정노동'에 관한 개념이 없을 때다. 특별한 상황에서 발생하는 성희롱의 문제라고 생각했다. "정말 나쁜 사람들이네요, 힘드시겠어요. 그런데 목이나 어깨는 괜찮으세요?"라는 적당한 공감과 형식적인 위로로 그날의 상담을 마쳤던 것 같다.

10여 년 전의 기억이 잊힐 무렵, 감정노동이 큰 이슈가 되기 시작했다. 사회적으로도 그랬지만 직업의학 분야에서도 그랬다. 그동안의 직업의학은 유해 화학물질이나 석면 등의 분진 문제를 중심으로 발전했고 따라서 모든 관련법과 제도가 광업, 제조업 측면에 맞춰져 왔다. 그러나 한국의 산업 구조는 급격하게 변화했고 노동계는 서비스업 노동자들의 어려움이 상대적으로 간과되었음을 지적하기 시작했다. 전통적인 물리적, 화학적, 생물학적 위험 요인에 노출되지는 않지만, 사회심리적 위험이라는 새로운 요인에 노출된 노동자들이 목소리를 내게 된 것이다. 이젠 더 이상 참을 수 없는 상태가 되었기 때문이다.

내가 아닌 것 같은 느낌, 그리고 소진

교통경찰로 15년을 일했고 서울에서 제일 힘들다는 지구대로 발령 난 지 6개월쯤 된 경찰의 이야기를 들을 때였다.

"스트레스가 가정으로 가요. 집으로. 아이들에게 화내다가도 깜짝 놀라요. 내가 왜 이런 일로 화를 내지? 이렇게 오버할 일이 아닌데… 아무것도 아닌 일로 애들한테 육두문자가 막 나가요. 내가 미쳤나, 왜 애들한테 화풀이하고 그럴까."

그는 자책하고 있었다. 그의 이야기를 듣고서야 업무 스트레스가 노동자 개인의 문제가 아님을 깨달았다. 노동자와 그 주변까지 힘들게 하는 심각한 일을 그동안 너무 쉽게 생각한 것 아닌가. 그에게 변화가 생긴 건 야간근무가 잦은 지구대 일을 하면서부터였다. 매일 술 취한 사람들을 상대했고 그들로부터 당연히 좋은 소리를 못 들었다. 인력은 부족한데 생활민원 서비스 강화 지침이 내려오며 고충은 심해졌다. '괴한에게 쫓기고 있다'는 거짓말로 순찰차를 택시 대신 이용하는 사람부터, 일단 욕하고 보는 사람까지 매일이 폭언의 연속이었다. 그와 한 조인 젊은 경찰의 이야기도 기가 막혔다. 수백 대 일의 어려운 경찰 공무원 시험에 합격해 자랑스러운 아들이 된 신입 경찰은 "창피해서 어디 가서 말도 못 한다"고 한탄했다.

"어제도요, 야근하는데 한 아주머니가 뒤에서 덥석 껴안고 엉덩이를 만지는 거예요. 술 취한 분이라 어쩔 수 없이 달래서 집까지 모셔다 드렸는데, 내가 지금 무슨 일을 하는 건가 싶어 자괴감이 들더라고요."

매일 욕설을 듣다 보니 보람과 자긍심도 바닥났다. 두 경찰은 위험해 보였다. 그나마 나에게 털어놓고 나서는 속이 조금 후련하다고 했다.

최근 감정노동이나 이를 수행하는 과정에서 받는 스트레스가 노동자의 정신 건강에 어떤 영향을 주는지에 관해 연구가 진행되고 있다. 물론 아직 의학적으로 명확한 인과관계를 확인할 만큼은 아니다. '육체노동', '지식노동'처럼 노동의 한 형태를 의미하는 감정노동은 개인의 평판 관리나 사회생활의 원활함을 위한 사적 영역의 '감정 관리'와는 다르다. 감정 자체가 상품의 교환가치를 구성하는 일부분이며, 따라서 업무 수행 과정에서 특정하게 요구되는 표현 규칙display rule이 있다는 점을 감안하면 감정노동 자체가 아닌 감정노동으로 인한 스트레스가 건강에 악영향을 준다고 해석하는 것이 타당하다. 즉, 감정노동의 강도, 빈도, 부조화 그리고 관련한 노동조건 등이 정신건강과 관련 있다고 할 수 있는데 현재까지의 연구 결과를 종합하면 감정노동으로 인한 스트레스가 높을수록 우울감을 느낄 가능성이 높다거나 역으로 우울감이 있는 사람이 감정노동을 더 힘들게 느낀다고 해석할 수 있다. 한편, 작업장 폭력의 경우엔 감정노동보다 조금 더 연구가 진행되어 있다. 작업장 폭력, 왕따, 언어폭력, 사고의 경험이 있는 노동자에서 우울증상을 비롯한 정신 건강상의 위험이 실제로 증가했다.

감정노동의 영향에 관한 연구들은 주로 우울감, 소진 등을 타깃으로 한다. 감정노동 수행 과정에서 느끼는 '감정적 부조화'를 부정적 영향의 직접적 원인으로 보는 시각도 있다. 조직은 노동자들에게 '어떻게 느끼는가'보다 '어떻게 느껴야 하는가'라는 감정 규칙에 따를 것을 요구한다. 이를 준수하며 일하는 과정에서 노동자는 실제 자신의 감정 상태와 요구받은 감정 상태 사이의 불일치를 경험한다. 환자에게 불치병 진단을 알려야 하는 의사가 로또를 맞았다고 한들 겉으로 기뻐해선 안 되는 것처럼 상품을 판매하는 직원이 집안의 우환으로 눈물을 보이거나 우울하게 있을 수 없는 현실, 언제나 사람들을 웃겨야 하는 개그맨의 괴리감을 생각하면 이해하기 쉬울 것이다. 한편, 사회학자 혹실드Arlie Russell Hochschild는 이익 창출을 위해 노동자가 '진심 어린' 미소를 띨 수 있도록 그들을 훈련하고, 이를 감독하는 일련의 기업 활동이 더욱 정교해지고 체계화된다고 했다. 감정이 교환되는 시장에서 노동자가 고객의 부당한 요구와 기대를 참아내는 불균등한 지위 관계에 놓인다는 점에서 노동자 자신의 감정, 표현, 진정한 자아로부터 소외되는 결과를 가져온다는 지적이다.[27] 이를 심리학적으로는 이인증depersonalization[28]이라 부른다.

---

27 앨리 러셀 혹실드, 《감정노동》, 이매진, 2009

28 자기가 낯설거나 자신으로부터 분리, 소외되는 경험으로 지각에 이상이 생긴 상태. 자신을 기계처럼 또는 꿈속에 사는 것처럼 느끼며 자신의 신체를 외부에서 관찰하거나 스스로 조절할 수 없다고 느낀다. 실제로는 그렇지 않다는 것을 인식하고 있으므로 정신증과 구별되며, 일시적인 증상은 일반 인구의 50~70%에서 흔히 나타난다. 이인증이 반복해 나타남으로써 고통을 느끼거나 사회생활에 문제가 발생하면 이인성 장애(Depersonalization disorder)로 진단하며 유병률은 2.4%로 보고된다.

이런 상황에서 노동자들은 각자의 방식으로 스트레스 극복을 위해 노력한다. 하지만 이런 노력이 건강에 도움 되는 방식이 아닐 때가 많다. 백화점의 화장품 판매 노동자들과 술자리를 한 적이 있다. 영업이 끝난 후 늦은 퇴근을 하면 그녀들은 백화점 앞 단골 술집을 찾는다. 종일 서 있어 엄청나게 피곤할 텐데도 "오늘 받은 스트레스는 오늘 풀어야 화병이 안 생긴다"며 폭음하는 이들을 보고 적잖이 놀랐다. 지하철 막차 시간 직전까지 쉴 새 없이 폭탄주를 밀어 넣으며 진상 손님을 흉보고 매출 압박 스트레스를 푸는 일이 그녀들의 유일한 '힐링'이었다.

"스트레스 해소요? 술 먹는 거. 동료에게 '오늘 이런 악질 고객을 만났어'라고 얘기하면 동료가 자기 얘기도 하고 같이 욕도 해 주잖아요. '진상 고객 때문에 기분이 별로야, 술 한잔 해야겠어' 싶은 마음이 저나 동료들이나 다 똑같은 거예요. 그러다 보니까 술을 되게 많이 먹죠."

한편, 어느 콜센터에선 젊은 여성노동자들이 건물 앞에 모여 흡연하는 일을 막고자 궁여지책으로 설치한 '쾌적한 흡연실'을 보여주었다. 공항에나 있을 법한 최신 환기 장치가 완비된 흡연실이었다. 콜센터 여성노동자들도 술을 마셨고 담배도 피웠다. 전체 노동자가 여성이며 흡연율이 절반이 넘는 어느 사업장에 갔을 때다. 그녀들은 진상 고객을 만나거나 심한 스트레스를 받으면 나가서 담배를 피우며 숨을 고른다고 했다. 그 잠깐 동안

한숨이라도 쉬면서 두근대는 마음을 진정시킨다는 것이다. 극심한 스트레스 상황이 주어지는 현실에서 정신적 환기가 가능한 대안도 없이 금연을 요구하는 사업주의 자세는 합당한가? 스트레스로 사람이 죽어 나가는 마당에 담배 끊으라는 이야기는 그래서 공허하다.

진전, 그리고 서로의 노동을 존중하기

부조리한 사례가 폭로되고 다양한 분야의 전문가들이 관심을 기울이면서 최근 감정노동과 관련한 사회적 논의에 진전이 있다. 국회에서는 감정노동을 수행하는 노동자의 건강을 보호하기 위한 산업안전보건법 개정이 논의되었고 정부에서는 산업재해보상보험법에 '고객 등에 의한 폭력 또는 폭언 등 정신적 충격을 유발할 수 있는 사건 및 이와 직접 관련된 스트레스에 의해 발생한 적응장애, 우울병 에피소드'를 업무상 질병으로 명시하기도 했다. 서울시에서는 산하기관에서 일하는 감정노동 종사자들의 건강을 보호하기 위한 조례를 제정했고, 금융업 종사자들을 보호하기 위한 보험업법 등 5개 금융 관련 법안이 19대 국회 말미에 개정된 바 있다. 작업장 폭력과 폭언, 특히 차별적 발언이나 모욕적 언사 등에 대해 차별금지법 등 다양한 형태로 입법이 이루어지고, 고객에 의한 폭력뿐만 아니라 직장 상사나 동료에 의한 괴롭힘, 왕따에 대해서까지 보호조치가 입법화되고 있다. 고용노동부는 사업주를 위한 감정노동 관리 가이드라인을 만들어 배포하기도 했다. 감정노동으로 인한 스트레스를 넘어 노동자 스트레스 전반에 관해 대책을 세우는 외국의 흐름에 비하면 부족한 수준이지만, 그래도 이 문제의 중요성을 환기하고 공감대를 만들어 제도를 개선한다는 측면에서 큰 진전이라 할 수 있다.

하지만 제도적 개선이 충분히 이루어진다고 해도 문제는 남는다. 그나마 노동조합이 조직된 곳에선 목소리라도 낼 수 있는데 그렇지 않은 수많은 노동자는 하소연할 길이 없다. 지금의 사회엔 소비자로서의 정당한 권리와 감정노동을 수행하는 노동자 권리 사이의 적절한 합의가 없고 만인의 만인에 대한 투쟁이라도 하듯 조금이라도 약한 사람에게 소위 '갑질'을 하며 서로 미워하는 폭발 직전의 사회다. 게다가 변형된 근로계약 속에서 감정노동 자체의 스트레스 이외에도 매출 압박을 받아야 하는 이 상황은 어찌 해결할 것인가. 콜센터 안내나 상품 판매와 같은 대표적 감정노동 업무에 관한 인식도 문제다. 젊은 여성들이 주로 하는, 아무나 할 수 있는 단순한 일이고 언제든 다른 사람으로 교체할 수 있는 일자리로 여겨진다. 이때 이 노동자들에게 쏟아지는 요구와 무시는 더 심해진다. 영향력 있는 유력 정치인조차 구의역 스크린도어 사고를 두고 "조금만 여유가 있었더라면 덜 위험한 일을 택했을지도 모른다"고 말하는 것이 현실이다. 모든 노동이 가치 있고 어떤 노동을 하든 건강하고 안전하게 일할 권리가 있다는 인식이 이렇게 모자라다.

따라서 감정노동을 둘러싼 문제는 비단 정신 건강을 보호하고 예방하는 것만으로는 해결되지 않는다. 여기엔 원·하청 관계가 바탕이 된 불공정한 판매 계약, 노동에 대한 상대적 가치 평가를 바탕으로 한 순위 매기기, 여성노동자를 향한 폭력과 성차별, 자본주의 사회에서 소비자가 최고라는 비뚤어진 신념이 복합되어 있다. 항공기 승무원 업무의 핵심은 미소와 서비스가 아니라 '안전'이다. 질문이나 민원에 신속하고 적절한 해결책을 제시하는 것이 콜센터 직원의 본래 역할이다. 보험 상품을 권유하고 이익을 취하는 주체가 곧 전화를 건 노동자인 것은 아니다. 나의 노동이 중요한 만큼 그들의 노동도 존중받아야 한다.

결국, 노동자들과 상담을 해 잠깐 마음을 풀어준다고 해서 해결되는 일은 아니었다. 물론 근본적인 해결까지 당장 필요한 보호조치를 차근차근 해나가는 것은 매우 중요하다. 이조차 시행이 어렵고 장애물도 많다. 더 근본적으로는 노동에 대한 존중, 노동자에 대한 이해, 그리고 그들 역시 소중한 존재라는 인식이 필요하다. 그래서 그들의 건강권은 물론 노동권과 인권을 보호하기 위한 노력이 계속되어야 한다.

과로사와 과로 자살:

열심히 일한 당신,
죽는다

김형렬
(가톨릭대 서울성모병원 직업환경의학과 교수)

장면 1.

"너, 그렇게 일하다 과로사할 것 같다. 쉬엄쉬엄해라."

김 부장은 오늘도 이런 말을 남기고 퇴근한다. 10시에 퇴근하는 김 부장도 인생이 딱하긴 마찬가지다. 20년 만에 승진했는데 줄곧 해오던 일이 아닌 다른 개발 업무를 맡은 것이다. 공기업이 할 수밖에 없는 수익성 낮은 프로젝트다. 겨우 6명을 모아 팀을 꾸렸다. 팀장인 김 부장에게 업무를 알려주고 사업계획 수립하고, 경제성 검토하고 임원과 발주처 앞에서 프레젠테이션하고…. 지난 석 달이 어떻게 지나갔는지 모르겠다. 세종시로 회사가 이전한 지 2년, 그나마 일주일에 한 번은 집에 갔었는데 석 달 동안 딱 한 번 집에 갔다. 영상 통화하며 울던 큰아이 생일이었다. 밤에 운전해 다시 돌아와 새벽 3시까지 일했다. 토요일과 일요일에도 일했다.

프로젝트 시작 한 달 만에 정 대리가 사표를 냈다. 5명이 하던 일을 4명이 했다. 프레젠테이션 준비하느라 사흘 밤을 새우고 난 다음 날엔 부정맥이 있던 박 대리가 쓰러졌다. 박 대리는 입원 수술 후 일주일 만에 다시 출근했는데 겁이 나서 일찍 퇴근시키고 있다. 이제 한 달만 더 고생하면 된다. 오늘은 자정 전에 퇴근할 수 있으려나? 오늘 소화가 안 되어 아침을 거르고, 점심, 저녁도 먹는 둥 마는 둥 했다. 집에 들어가기 전에 편의점에 들러야겠다.

모두 퇴근하고 오늘도 내가 불을 끄고 나간다. 계단을 내려오다 순간 머리가 핑 돌았다. 다리가 휘청하면서 속절없이 계단에서 굴러떨어진다. 한참을 굴러 바닥에 내팽개쳐졌는데 몸을 움직일 수가 없다. 도와 달라고 소리 지르고 싶지만, 목소리가 나오질 않는다. 어차피 이 큰 건물에서 내가 마지막으로 퇴근하던 중이었지. 자동 보안장치가 설치되면서 경비 인력도 줄었다. 차가운 시멘트 바닥에 뺨을 맞대고 있자니 의식이 점차 흐려진다. 내일 아침이 되기 전에 누군가에게 발견될 수 있을까. 아이 얼굴이 어른거린다.

일주일에 한 번은 병원에서 외래 진료를 한다. 직업환경의학과를 찾는 환자가 그리 많지는 않아 하루에 5~10명의 환자를 만난다. 대부분 자신의 병이 직업병인지 아닌지 묻는다. 내가 보기엔 다 직업병이지만, 산재로 승인될지 따져봐야 하고 의학적 근거도 찾아 알려줘야 한다. 그래서 희귀한 사례라 관련 연구가 없거나 원인이 알려지지 않은 경우엔 심증이 있어도 소견서를 써주기 어려울 때가 많다.

외래 진료일 하루에 접하는 환자 사례 중 2~3건은 당사자가 아닌 가족이나 대리인의 방문이다. 환자가 이미 돌아가신 뒤라서다. 그들에게 듣는 망자의 이야기는 우리 주변에서 일어난 일이라는 게 믿기지 않을 정도로 매번 놀랍다. 우리는 지금 너무 힘든 시간을 견디고 있는 것이다.

너무 힘든 시간을 견디고 있다

과로사過勞死는 일본에서 온 말이다. 과로사의 실제 의학적 질병명은 심장과 뇌에 생긴 심근경색증이나 뇌경색, 뇌출혈 등이다. 원래 고혈압, 고지혈증, 당뇨, 흡연 등이 잘 알려진 위험 요인이지만, 스트레스나 과로가 이러한 질병을 일으키는 중요한 원인이기도 하다. 개인적인 요인을 가진 사람이 과로와 스트레스를 경험하면 질병을 촉발하는 것으로 생각하고 있다. 주로 극단적인 노동시간과 많은 양의 일이 주어진 상황, 즉 장시간 노동과 휴일 없이 연속해서 일한 사람에게서 발생한다.

1991년에 대법원은 업무상 이유로 고객과 잦은 술자리를 해야 했던 노동자의 과로사를 인정했는데, 이것이 국내에서 과로사를 인정한 최초의 사례다. 이후 산재보험은 이를 직업병 목록에 추가했고, 뇌혈관과 심장질환을 과로사에 해당하는 질병에 포함시키게 되었다. 이들 질환으로 산재 승인을 받는 사례는 1995년부터 계속 늘어, 2004년까지 2천 건 이상이 직업병으로 승인됐다. 승인 기준의 변경으로 나중에 약간의 감소는 있었지만, 지금까지도 매년 직업성 뇌혈관, 심장질환이 꾸준히 발생한다.

현재 직업성 뇌혈관, 심장질환의 인정 기준은 24시간 이내에 급격한 사건을 경험한 경우, 그리고 발병 일주일 전에 그 이전 작업과 비교해 30% 이상의 양적·질적 변화를 경험한 경우, 그리고 만성적인 장시간 노동을 하는 경우, 그 외 노동의 질적인 측면을 고려하고 있다. 2012년에 이와 같은 기준이 개정된 배경에는 급격한 변화뿐 아니라 만성적인 과로를 과로사의 인정 기준에 포함할 필요성 때문이었다. 2012년 이전에는 만성적으로 장시간 노동을 했어도 급격한 노동의 질적, 양적 변화가 없다는 이유로 직업병으로 인정받지 못했다. 이런 문제를 극복하기 위해 만성적인 과로의 기준을 정량으로 제시하는 내용이 추가되었다. 이에 따라 12주 동안 주당 평균 60시간 이상의 노동을 한 경우가 만성적인 과로의 기준으로 정해졌다.

과로의 정의는 매우 어렵고 특히 이를 정량화한다는 것은 여러 면에서 위험할 수 있다. 특히 정량화가 가능한 지표들만 고려될 가능성이 있다. 노동 강도, 정신적 긴장의 정도, 야간 노동 등 질적인 특성을 가진 요소들은 검토되지 못할 수 있다. 현재 주 60시간의 인정 기준이 있지만, 이 시간에 미치지 못하더라도 노동 강도, 야간 노동 여부 등을 검토해 관련성 평가를 하라고 규정되어 있다. 그러나 실제로 많은 사례에서 정량적인 기준만 고려하며 노동의 질적 특성은 무시한 채 업무 관련성을 판단하고 있다.

원래 아픈 사람? 과로사 인정 기준의 한계[29]

　과로사의 주요 원인 질병으로 알려진 심근경색증, 뇌출혈, 뇌경색 등은 직업을 가지고 있지 않은 일반 인구집단에서도 흔히 발생하는 질환이다. 고령, 가족력, 고혈압, 당뇨, 고지혈증, 운동 부족, 비만, 과도한 음주, 흡연 등이 질병 발생의 중요한 위험 요인이다. 이런 개인적 위험 요인을 가지고 있는 사람이 과로한 경우, 질병 발생에 개인적 요소와 직업적 요소 중 무엇이 더 기여했는지 감별하려는 시도가 발생한다. 이 요소들이 질병 발생에 기여하는 방식은 세 가지로 나뉜다. 첫째는 개인적 요소와

29　노동시간센터, 《우리는 왜 이런 시간을 견디고 있는가》, 코난북스, 2015.

직업적 요소가 병렬적으로 작용하는 것이다. 흡연도 하고 고혈압도 있는 사람이 과로를 했다면, 과로가 질병에 차지한 기여만큼 흡연과 고혈압도 관여했다고 보는 관점이다. 두 번째는 두 요소가 상호작용을 일으키는 방식이다. 고혈압만 가진 사람은 심근경색이 잘 오지 않는데, 과로가 발생할 경우 상승작용을 일으켜 심근경색 발병 우려를 높인다는 설명이다. 세 번째는 방아쇠 효과다. 아무리 고혈압, 흡연, 당뇨 등의 위험 요인이 있다 하더라도 과로라는 방아쇠를 당기지 않으면 질병이 발생하지 않는다고 보는 이론이다.

직업적 요인 때문에 상승 작용이 발생하거나 직업적 요인이 방아쇠 역할을 했다면, 개인의 위험 요인이 많더라도 업무 관련이 없다고 할 수는 없을 것이다. 하지만 흡연을 한다거나 고혈압이 있다는 이유로 직업병이 인정되지 않는 사례가 여전히 많다. 또 야간 노동을 포함한 교대근무를 하거나 특별히 노동 강도가 높은 업무를 수행하는 등 노동의 질적 특성을 반영하지 못하고 있는 문제도 있다. 특히 야간노동은 정상적인 호르몬 주기 변화를 교란해 다양한 질병을 불러온다. 비만, 수면장애를 일으키며 이를 매개로 심혈관계 질환을 발생시키기도 한다. 그러나 지금의 인정 기준과 직업병 심의 과정에서는 이러한 질적 특성이 잘 반영되지 않으며 이를 고려한 노출 평가도 제대로 진행되지 않고 있다.

과로가 미덕인 사회에서의 과로 자살, 죽음의 행렬을 멈춰야

장면 2.

선생님, 제 남편은요, 정말 회사밖에 몰랐어요.

10년 전에 경력사원으로 입사했을 때, 이 회사에 뼈를 묻겠다고 했어요. 새벽에 들어와 옷만 갈아입고 나갈 정도로 일이 많았는데도 피곤한 줄 모르겠다고요. 일이 좋대요. 작년까지 10년 동안 하루도 빠지지 않고 영어학원 새벽반에 다녔어요. 이 회사 입사할 때 유치원 다니던 큰아이가 지금 고등학생이에요. 남들 다 가는 놀이공원 한번 아빠랑 가본 적 없고 명절 말고 쉰 날이 언젠지 기억도 안 나요. 걱정은 됐지만, 남편이 자랑스러웠어요.

그러던 남편이 작년 10월께부터 이상해졌어요. 집에 일찍 들어오는 날도 있고 통 잠을 깊이 못 자더라고요. 보지도 않는 TV를 켜 놓고 밤새도록 멍하니 있기도 하고요. 얼마 후에 회사 그만두고 싶다는 말을 하는 거예요. 놀라서 무슨 일이냐니까 그냥 한번 해본 말이라고, 농담이래요. 남편이 죽고 나서 알았죠. 회사에 큰 손해를 입혔다는 걸요. 그러고 나서 팀을 옮겼지만 적응을 못 했대요. 정신과 진료도 받았더군요. 하지만 남편은 다시 이전처럼 생활했어요. 표정은 밝지 않아도 새벽에 들어오고 새벽에 나가면서 바쁘게 지내니 저도 안심이 됐죠. 어느 날 새벽에 남편이 부스럭대는 소리에 이제 들어왔나 보다 하다가 얼마 후 문득 잠에서 깼어요. 불빛이 새어 나오는 화장실로 가 보니… 남편이 죽어 있었어요. 선생님, 회사밖에 모르던 제 남편이 왜 죽었는지 알고 싶어요.

우리나라에서 자살은 직업병으로 인정되지 않는다. 자살을 직업병으로 인정하는 데에는 여러 가지 복잡한 사회적 판단이 필요할 것이다. 쉽게 결론 내리기 힘든 부분이다. 그러나 실제 자살에 이른 사람에 대해 업무 관련성을 인정한 사례가 다수 있다. 이는 직업과 관련해 발생하는 정신질환, 특히 우울증에 대한 직업병의 인정이며 우울증이 악화해 자살에 이르렀을 때 이의 업무 관련성이 인정된 경우다.

직업환경의학과를 찾아와 과로사를 주장하거나 산재 신청을 한 사람 중에는 사무직, 연구직 노동자에 임원도 다수 있다. 주말에도 회사에 나오는 건 당연하고 새벽에 퇴근하며 좀 일찍 일을 마치더라도 술자리에 참석해야 한다. 휴가는 몇 년간 간 적 없고 집에서 잠이 들 때까지 회사 일을 생각한다. 자신의 모든 것을 회사와 일에 걸었지만, 돌아오는 건 "성실하고 회사밖에 몰랐던 사람", "미련스럽게 일만 한 사람, 존경할 만한 선배" 등 죽고 나서 받는 인정이다. 우리 사회는 이런 삶을 '아버지(가장)의 전형', '직장인의 모범'으로 그린다. 이런 와중에 계속되는 노동자 자살 소식이 우리를 아프게 한다. 통신업체에서 일하던 청소년 노동자의 자살은 이제 막 사회 진출을 준비하는 청소년이 경험하기엔 너무 힘든 감정노동이 원인이 되었다. 파업 투쟁 중이던 노동자의 자살, 해고 위협에 놓인 노동자의 자살, 월 300시간이 넘는 노동을 하며 며칠 동안 퇴근하지 못하고 일했던 게임 개발업체 노동자의 자살. 이들의 유서엔 죽지 않고는 지옥처럼 힘든 삶을 벗어날 수 없을 거란 절망이 담겼다. 노동자에게 이런 삶이 계속되는 한 죽음의 행렬을 막으려는 노력도 공허해질 수밖에 없을 것이다.

휴가를 내는 건 당연하고, 주말에는 쉬어야 하고, 정시 퇴근이 기본인 사회. 업무량이 많아 추가 노동이 상시로 필요한 경우 인력 충원을 당당히 요구할 수 있는 사회. 그런 사회가 정상으로 인식되기란 아직 어려운 일일까?

우울한 사회,

죽음을 향해
달려가는 노동자

김인아
(한양대학교 직업환경의학교실 교수)

2014년에 나는 그 분야에 관심 있는 연구자로서 운 좋게도 정신질환이나 자살로 산재를 신청한 노동자 사례 연구 기회를 얻었다. 해당 자료는 최근 5년간의 모든 서류로 1톤 트럭에 실려올 정도로 엄청난 양이었다. 그들에게 왜 정신질환이 생겼는지, 또는 왜 자살을 택했는지 궁금한 마음에 공동 연구자들과 매일 서류 상자를 뒤지며 유족들이 제출한 서류, 근로복지공단 재해조사서, 업무상질병판정위원회 판정서 등을 하나하나 읽었다. 원인으로 의심되는 위험 요인과 주요 스트레스 요인을 정리하는 데 여기저기서 나직한 한숨 소리와 "너무했다"는 혼잣말이 들려왔다. 간접 경험이나마 서류를 들여다보던 연구진은 노동자의 고통과 어려움에 깊이 공감했다. 500여 건의 서류를 검토하며, 특히 3분의 1 이상을 차지하는 자살 건을 접하며 '정말 죽음을 향해 달려가고 있었구나'하고 생각했다. 그리고 그들에게 누군가 손을 내밀었다면, 적절한 때에 돕는 사람이 있었다면 최소한 죽음은 막지 않았을까 하는 생각도 들었다. 나도 덩달아 우울해지고 마음이 무거워졌다. 그들은 왜 죽음을 택했을까?

보상받는 죽음과 그렇지 못한 죽음

내가 검토한 서류들은 어디까지나 산재 신청을 위해 제출했던 서류인지라 개인적 상황과 조건을 판단하는 데에 한계가 있었다. 그럼에도 불구하고 서류에 나타난 이유와 사건들이 그들의 죽음에 직간접적 영향을 주었음은 분명히 알 수 있었다. 체불 임금을 달라며 사장과 언쟁하던 중 몸에 휘발유를 끼얹고 분신한 건설 일용직 노동자, 주민과 다투다 홧김에 그대로 아파트 옥상에 올라가 몸을 던진 경비 아저씨, 평생 만져보지도 못할 수십억 원의 횡령 혐의로 조사받다 목을 맨 관리자, 복수노조 문제와 회사의 감시에 괴로워하다 죽음을 택한 노동조합 간부. 어떤 이는 구조조정 때문에, 또 다른 노동자는 사직 압박에 사업장에서 목을 맸다. 태풍 피해 복구로 잠 못 자고 일하던 기술직 노동자도 죽음을 택했고 자기가 몰던 지게차에 동료가 사망한 이, 왕따와 괴롭힘을 견디지 못한 이도 삶을 포기했다.

공사장 붕괴 사고에서 겨우 살아남은 건설노동자에겐 외상후 스트레스장애가 생겼다. 자살하려는 사람이 지하철에 뛰어드는 순간 눈이 마주친 기관사는 공황장애로 힘들어하고 있다. 감사 과정에서 성희롱을 당한 은행원, 폭언하는 고객에게 무릎 꿇고 사과한 마트 판매원, 승객의 성희롱에 시달린 KTX승무원들은 심한 우울증에 시달렸다. 직장 내 따돌림과 괴롭힘, 노사 갈등도 노동자들을 우울하게 만들고 있었다. 이들이 겪은 일을 읽어 내려가는 것은 그 자체로 고통스러웠다. 그나마 이렇게 산재를 신청할 수 있었던 것은 이 노동자들이 비교적 안정된 직장에서 일했기 때문이지만, 상당수는 산재 보상을 받지 못했다. 하물며 불안정한 일자리에서 겨우 생계를 잇는 수많은 노동자의 삶은 오죽할까?

한국에서 자살과 우울증은 아주 예외적인 상황에서만 보상받을 수 있다. 2015년 한 해 약 150명이 정신질환과 자살에 대해 산재를 신청했는데 약 30%인 46명이 업무 관련성을 인정받았다. 하지만 현행 산업재해보상보험법상 정신질환과 자살은 보상의 논리가 완전히 다른 질환이다. 정신질환은 업무상 질병으로 보상받을 수 있지만, 자살은 원칙적으로 보상 대상이 아니다. 자살이나 자해에 보상하지 않는다는 것은 어느 나라에서나 일반적이다. 사회보험이라는 산재보험의 역할을 고려할 때 고의적 행위는 보상하지 않는다는 것이 기본적 논리다. 그래서 현행 산업재해보상보험법에서는 제37조 제2항에 '근로자의 고의·자해행위나 범죄행위 또는 그것이 원인이 되어 발생한 부상·질병·장해 또는 사망은 업무상의 재해로 보지 아니한다. 다만 그 부상·질병·장해 또는 사망이 정상적인 인식 능력 등이 뚜렷하게 저하된 상태에서 한 행위로 발생한 경우로서 대통령령으로 정하는 사유가 있으면 업무상 재해로 본다'고 규정하고 있다. 그리고 대통령령으로 세 가지의 예외 사유를 제시했다. 이는 업무상 정신질환으로 치료받고 있거나 받았던 상황에서 이러한 정신질환의 하나의 '증상'으로서 자살이나 자해를 한 경우, 사고성 재해를 당한 사람이 치료 중 발생한 정신적 이상 상태에서 자살이나 자해를 한 경우, 그리고 자살 이전에 업무와 관련한 원인으로 정신적 이상 상태가 발생했다고 판단되는 경우다.

산업재해보상보험법 시행령은 별표에서 '신경정신계 질병'에 속하는 세 가지 정신질환을 명시했다. '업무와 관련해 정신적 충격을 유발할 수 있는 사건에 의해 발생한 외상후스트레스장애'와 '업무와 관련해 고객 등으로부터 폭력 또는 폭언 등 정신적 충격을 유발할 수 있는 사건' 또는 '이와 직접 관련된 스트레스로 인해 발생한 적응 장애 또는 우울병'이다. 세 가지 상병 외에 다른 정신질환도 업무와의 관련성이 인정되면 산재가 될 수 있다. 그렇지만 원인이 되는 사건과 증상 발현과의 시간적 선후 관계가 비교적 명확한 외상후스트레스장애, 급성스트레스 반응을 제외한 나머지 질환들은 개인적 요인과 성격, 성장 과정 등이 복합적으로 작용하고 정신건강의학과 전문의들은 일반적으로 신경 전달 물질과 같은 생물학적 원인에 더 큰 관심을 두기 때문에 인과관계 입증이 쉽지 않다.

분노하고 두려워하는 노동자들

4.5톤의 화물차를 운전하던 아버지가 집 근처 산의 바위에서 뛰어내려 스스로 목숨을 끊었다고 이야기하는 청년은 20대의 앳된 얼굴이었다. 아버지가 이상해진 것은 돌아가시기 5일 전부터였다. 아버지가 운전하는 차량에 실려 있던 가스통이 떨어져 행인이 맞았고 119를 불러 병원으로 옮겼지만, 사망했다고 한다. 아들 또래의 어린 아가씨였다. 사고가 수습되고 안정된 후 다시 일했다면 좋았겠지만, 아버지는 사고 다음날부터 하루도 쉬지 않았고 일요일에도 출근했다. 아버지의 자살 이후 아버지가 동료들에게 괴로움을 토로한 사실을 알았다. 자살 전날에도 접촉사고가 있어 "자꾸 사고가 나. 내가 운이 나쁜가 봐" 하고 말하기도 했단다. 사업주의 대리인에게 경황이 없던 아버지가 매일 출근한 이유를 묻자 회사로부터 도급 수당도 받고 사장과 사고 합의금 협의도 하기 위해서였다고 말했다. 업무 중 발생한 사고 때문에 괴로워하다 자살에 이른 것으로 보이지만, 사고 이후의 수습 과정이나 계속 일한 부분이 석연치 않다. 심지어 지입차주로서 산재보상보험법상 적용대상인 근로자성 여부까지 따져야 하는 쉽지 않은 사건이었다.

현재 산업재해보상보험법에서 업무 관련성을 따지기 위해서 중요한 것은 사고와 자살까지의 과정에서 '해당 사고로 인한 정신적 이상 상태'가 있었는가이고 이 이상 상태가 정상적인 판단을 못 하게 할 정도인지도 따져야 하니 입증은 어려웠을 것이다.

만일 운 좋게 업무 관련성을 인정받는다 하더라도 근로자성 문제에 부딪혀 보상받지 못할 수도 있다. 하지만 확실한 것은 사고가 고인에게 매우 큰 충격이었고 죄책감에 힘들어했으며 또 다른 사고가 그 충격을 가중시켰을 것이라는 점이다. 그리고 그동안 전혀 아무런 문제 없이 생활하던 노동자가 사망 사고 발생 5일 만에 목숨을 끊었다는 사실이다. 사고를 겪었을 때 전문적인 심리적 지지와 지원을 받으며 충분히 쉴 시간이 주어졌다면 이분은 돌아가시지 않았을지도 모른다. 이런 종류의 사고 경험이 잦을 수밖에 없는 직종의 노동자들에게 적절한 예방조치를 미리 할 수는 없었을까?

이번엔 고속버스 운전기사 이야기다. 횡령 사건에 연루되며 대기발령을 받았지만, 부당대기발령 구제신청에서 승소해 복직하고 횡령 관련 소송에서도 무혐의 처분을 받았다. 그러나 장기간 운전대를 잡지 않았다는 이유로 업무에 제대로 배치되지 않았다. 소송 중엔 회사에서 매일 안전교육을 받았다. 그러면서 경위서, 사유서, 확인서를 썼고 소송 취하 강요도 받았다. 대기발령 후 1년이 조금 지나 복직하고 나서는 머리가 깨질 듯한 두통, 어지럼증, 소화불량, 불면증 등을 겪었다. 새벽에 깨는 날이 많았고 식사도 제대로 못 했다. 의욕이 저하되며 아내나 아이들에게 화를 내는 경우도 많아졌고 결국 정신건강의학과에서 진료를 받게 되었다. 치료를 받던 그는 결국 해고를 당했다. 처음 횡령 사건이 발생한 지 2년이 지날 즈음이었다. 퇴직 무효 소송에서 재판부는 잇따른 대기발령, 정직, 전보, 민·형사상 소송으로 인한 정신적 스트레스와 우울증을 인정하고 그의 손을 들어줬다. 최종 판결까지의 2년여 동안 계속 이어진 여러 건의 소송을 경험하며 그는 임원들의 폭언과 모욕, 동료들의 따돌림을 견뎌야 했다. 심지어 "직원들이 날 동물원 짐승 보듯 하는 느낌"이라고도 했다.

지옥 같은 시간이었을 것이다. 횡령으로 의심받고 지방노동위원회, 중앙노동위원회를 거쳐 행정법원, 고등법원, 대법원까지 이어진 부당대기발령 취소 소송, 그 기간의 정직 무효 확인 소송, 형사고소 및 손해배상 청구 소송, 마지막의 퇴직 무효 확인 소송까지 3년 반이라는 시간이 걸렸다. 퇴직 무효 확인 소송에서 이겨 산재를 신청했지만, 병이 생긴 지 이미 2년이나 지난 후였다. 그의 몸과 마음은 만신창이가 되어 있었다. 복직 이후엔 버스 운전 자격이 소멸해 무보직으로 대기하고 교육을 받는 휴직 상태였다. 만일 끝내 퇴직 무효 확인 소송에서 이기지 못했다면 어쩌면 그는 삶을 포기했을지도 모른다. 이런 사연은 산재 신청 서류에 아주 많았다. 직무 능력이나 적성을 고려하지 않은 전환 배치, 계약직에서 정규직이 되기 위한 부담과 실패, 계약 연장에 대한 불안감, 권고사직과 해고까지. 한국 노동시장에서 평생직장이란 말은 사라졌고 청년은 일자리 자체를 얻기 어렵다. 노동자들이 일상적으로 느끼는 고용불안과 실직 이후의 삶에 대한 두려움은 이 운전기사도 마찬가지였다. 이들의 불안과 걱정, 그리고 분노와 공포가 한국의 높은 자살률을 만든 건 아닐까?

높은 자살률과 우울증 유병률, 그리고 희망

정신질환은 세계 각국 정부가 관심을 기울이는 질병이다. 세계보건기구는 질병 부담의 산출을 위한 국제적 지표인 장애보정수명Disability-Adjusted Life Year, DALY[30]을 발표하고 있다. 이에 따르면 2004년 전체 DALY의 4.2%를 차지하던 주요 우울장애는 2030년 6.2%로 늘어 질병 부담 1위를 차지할 것이라고 한다. 한국에서도 정신질환은 유병률이 높고 가파르게 증가하고 있다. 2011년 64세 이하를 대상으로 한 역학조사에서 알코올과 니코틴 중독을 제외한 전체 정신질환의 평생 유병률은 14.4%였고, 주요 우울장애의 평생 유병률은 2006년 5.6%에서 2011년 6.7%로 증가했으며, 외상후스트레스장애의 평생 유병률은 2006년 0.2%에서 1.6%로 증가했다.[31] 익히 알려진 바대로 한국은 OECD 가입국 중 자살률이 가장 높은 나라이며 세계보건기구가 2014년 172개 국가를 대상으로 산출한 자살률도 10만 명당 28.9명으로 세계 평균의 두 배가 넘었다. 특히, 자살 원

---

30   보통 '장애보정생존년'이라 하며 건강수명 상실분을 의미한다.

31   조맹제 외, 2011년도 정신질환실태 역학조사, 보건복지부, 2011.

인 분석 결과에 따르면 2012년 전체 자살 건의 40.4%는 경제적 어려움 때문이었고, 정신질환 또는 질병에 의한 어려움으로 인한 자살이 12.5%, 직장 관련 문제로 인한 자살은 7.4%였다.[32] 경제적 어려움이란 것이 사회적 안전망이 취약한 한국에서 노동시장에서의 불안정한 위치 및 실업과 연관된다는 점을 고려하면 업무 또는 직장과 직간접적으로 관련 있는 비율이 상당하다 할 수 있다. 또한, 자살 당시 직업을 가지고 있던 경우가 전체 자살자의 약 35% 정도인데, 이는 과거 자살문제가 심각했던 일본의 26.8%에 비해 약 10%포인트 높은 수치다. 워낙 심각한 노인 자살률 때문에 가려져 있기는 하지만, 경제활동을 할 수 있는 생산가능 인구에서의 자살 역시 매우 심각하다는 것이다. 이런 상황은 노동자의 정신질환과 자살에 대한 산재 신청으로 그 빙산의 일각이 드러나고 있다.

넘쳐나는 노동자들의 사연을 접하고 그들의 절망과 분노, 그리고 우울함이 전염되며 나조차 마음이 힘들어지는데 그 삶을 살아내고 있는 그들의 마음은 어떨까? 이런 상황을 해결하기 위해 뭘 할 수 있을까? 사실 산업보건의 역사에나 나올법한 말도 안 되는 폭발, 화재, 가스 누출 등의 사고가 잊을만하면 터지고 수많은 노동자가 덧없이 죽어가는 한국에서 정신 건강에 관한 이야기는 사치일 수도 있다. 그러나 최소한 그들의 죽음을

---

32 보건복지부중앙자살예방센터, 자살예방백서, 2015.

막기 위해 무엇이라도 해야 한다.

2016년 3월, 수년간 노사갈등을 겪었고 친형제처럼 지내던 동료들과 복수노조로 나뉜 후 분노와 원망으로 살던 유성기업 노동자가 목을 맸다. 이 회사의 노동자 자살은 처음이 아니다. 2012년에도 회사의 압박에 구사대 활동을 하며 우울증을 앓던 노동자가 자살한 적이 있다. 회사의 강도 높은 노조탄압으로 노동자 여럿이 우울증이나 적응장애에 시달리던 터에 결국 또 죽는 사람이 생기고 만 것이다. 이 노동자의 죽음은 이례적으로 산업재해 인정을 받았다. 수년간 노조활동을 둘러싼 갈등이 중증의 우울증이라는 '업무상 질병'을 낳았고, 이 때문에 징계를 앞두고 자살했다는 판단이었다.

직장폐쇄나 노조탄압, 이 과정에서 벌어지는 노동자 사이의 갈등이나 우울증 등 유성기업과 비슷한 사례는 아주 많다. 오늘도 누군가 자살을 택할 가능성이 여러 곳에 도사리고 있다. 그리고 이러한 죽음이 산업재해로 인정받기란 어디까지나 예외이며 아직 먼 길이다. 언제까지 이런 일이 반복돼선 안 된다. 한국인 열 명 중 한 명은 생애에서 우울증이나 불안장애와 같은 정신질환을 앓을 가능성이 있다. 더군다나 사회적 갈등과 불안으로 노동자들의 정신건강이 위협받고 이는 노동자로 살아가기 어려운 악순환을 낳는다. 예방도 하고, 치료도 하고, 보호도 해야 한다. 문제가 생기지 않도록 살피고 아픈 노동자는 적절히 치료받게 하며 이들이 삶의 기반인 노동시장에서 퇴출되지 않도록 사회적 관심을 기울일 필요가 있다. 단 한 명이라도 포기하지 않겠다는 절실함과 긍정, 그리고 우리 사회가 그럴 수 있다는 희망이 있었으면 좋겠다. 그 방법을 만드는 것은 우리 모두의 역할이다.

4장

안전의 외주화:
불안정노동자의
불안전 노동

그때도 있었고 지금도 있는

수은중독

송한수
(조선대병원 직업환경의학과 교수)

"소주를 반병 정도 먹고 자요. 그런데 요새는 그것도 소용이 없어요."

"몇 시간을 주무시는 거예요?"

"새벽 3시 정도까지는 잠이 안 와요. 겨우 잠들었다 두세 시 간쯤 자면 깹니다. 잠을 자도 잔 것 같지 않아요."

김정인(가명) 씨가 직업환경의학과 외래를 방문했다. 본인도 몰랐다고 했다. 그동안 자신을 괴롭혀온 증상이 수은 때문이었 다는 것을. 형광등 제조업체인 남영전구 공장 철거작업에 투입 됐던 인부 중 한 명이 수은중독으로 산재 신청을 했다는 언론 보도를 듣고서야 알았다. 남영전구는 김정인 씨가 일했던 바로 그 현장이었고, 산재를 신청한 인부는 함께 일했던 사람이었다.

처음 만난 수은중독 환자

"2015년 3월 15일부터 한 달간 철거공사를 했어요. 저는 동료 2명과 함께 콘크리트 철거 업무를 맡았죠. 일용직에게 작업을 지시하고 작업 완료 후엔 정리정돈을 했어요. 이제 와서 생각해보니 그때 수은 같은 게 있긴 했어요. 주먹만 한 크기의 몽글몽글한 액체 같은 거요. 뭔지 모르고 신기해서 손으로 만져보기도 했죠."

"증상은 언제부터 생기던가요?"

"철거작업을 시작한 지 4~5일쯤부터요. 저뿐만 아니라 일했던 사람 대부분이 그랬어요. 온몸에 두드러기 같은 것이 나고 몸이 축 처져서 누워 있고만 싶었죠. 메스껍고 토할 것 같고 입맛이 없어졌어요. 그때 살도 많이 빠졌죠."

"그때는 수은 때문이라고 생각하지 못했나요? 회사에선 공장에 수은이 있다는 걸 당연히 알고 있었을 텐데요. 그쪽에서는 뭐라고 하던가요?"

"회사 직원은 공장이 30년이나 돼서 먼지가 많아 피부병이 생기는 거라고 했어요. '우리도 가끔 그런 증상이 나타났었다, 곧 괜찮아진다'라고 했죠. 그래서 별다른 의심을 하지 않았어요. 병원에선 식중독이나 몸살감기일 거라고 했고요. 그래서 약 먹으면서 버텼죠. 몇 사람은 못 견디고 결국 일을 그만뒀어요. 수은중독이란 건 이번에 뉴스를 보고 알았어요."

수은중독 환자를 실제로 만난 것은 처음이었다. 특수건강검진에서 수은이 함유된 아말감을 다루는 치위생사를 만난 적은 있다. 그러나 과거와 달리 아말감 사용량은 크게 줄었다. 그들의 소변 수은농도는 수은 노출이 없는 일반인 수준 정도로 낮았다. 우리나라에서 수은중독에 대한 공식적인 보고는 15년 전이 마지막이었다. 그런데 앞으로 볼 수 없을 거라 생각했던 수은중독 환자를 만난 것이다.

수은이 건강에 미치는 영향에 관한 가장 최근의 관심은 유기수은에 의한 것이다. 생태계로 배출된 수은이 먹이사슬을 통해 어패류에 농축되고 그 어패류를 장기간 섭취한 사람에게 더 많은 수은이 쌓이면서 수은중독을 일으킬 수 있다. 대표적인 사례가 1950년대 일본의 미나마타병이다. 아세트알데히드를 생산하는 칫소주식회사가 미나마타 만에 메틸수은을 방류했는데, 여기서 잡힌 어패류를 많이 섭취한 산모에게서 뇌성마비와 같은 증상을 가진 아이가 태어났다. 일본 정부의 공식 통계로도 1,784명이 수은중독과 관련해 사망했다고 보고된 참사였다. 이 사건으로 수은의 독성은 세상에 널리 알려졌고 수은으로부터 건강을 보호하려는 조치가 취해졌다. 그래서 많은 국가가 수은 배출원을 추적 관리하고 생선에 함유된 수은량을 감시하며 국민의 체내 수은농도를 모니터링하고 있다.

그런데 이번 남영전구 수은중독사건은 환경오염에 의해 간접적으로 발생한 수은중독이 아니라 수은에 직접 노출된 사건이었다. 게다가 남영전구는 철거 과정에서 수은을 공장 부지에 불법 매립하기까지 했다. 그래서 사람들은 이 사건을 '후진국형 재해'라고 말했다.

'미친 모자장이'의 병

수은중독은 '미친모자장이병mad hatter disease'이라는 별칭이 있다.

"최초의 증상은 불면증과 과민증이다. 쉽게 화를 내고 당황스러워한다. 삶에서 모든 즐거움을 잊어버리고 일을 하지 못하게 될 거라는 지속적인 두려움 속에서 산다. 모자장이는 부끄러워하거나 자신에 대한 신뢰를 잃어버린다. 악몽을 자주 꾸거나 우울하고 기억력이 저하된다. 말을 할 때는 더듬거리고 주저한다. 자살 경향, 조울증과 같은 정신 상태를 보이는 경우도 있다."

"떨림은 손가락에서부터 천천히 점진적으로 시작된다. 어떤 경우 눈꺼풀이나 입술에서 떨림이 나타나는 경우도 있다. 반사적인 경련이 발생하여 움직이거나 걸을 때 특이하게 휙 움직이거나 돌발적으로 행동하는 경우가 있다. 그래서 항상 걸음걸이가 약간 불안정해 보인다."

– John Pearson(1758~1826)[33]

펠트 모자 제조공에게 발생한 '미친모자장이병'은 루이스 캐럴의 소설 《이상한 나라의 앨리스》를 통해 알려졌다. 소설 속 등장인물인 모자 장수hatter는 앨리스에게 무례하게 굴거나 아

---

33 Buckell et al, Chronic Mercury Poisoning (1946), British Journal of Industrial Medicine, 50 (2): 97~106.

무 의미 없는 말로 앨리스를 혼란에 빠뜨리는데, 이 모자 장수의 모델이 바로 당시 수은에 중독된 펠트 모자 제조공이다. 17세기부터 19세기까지의 유럽에선 중절모와 중산모가 가장 잘 팔리는 패션 아이템이었다. 중절모와 중산모는 모직이나 털을 압축한 펠트로 만들었는데, 이때 모자장이들은 아질산수은이 함유된 오렌지색 액체를 유연제로 사용했다. 영화에서 모자 장수 역할을 맡은 배우 조니 뎁은 어눌한 말, 심한 감정기복, 손 떨림 등 수은중독자의 모습을 표현했다. '모자장이처럼 미친mad as a hatter'이라는 관용구까지 있으니 당시 수은중독이 얼마나 많았는지 알 수 있다. 1920년대 미국의 산업의학자 앨리스 해밀턴은 수은 광산 야금(광석에서 금속을 정제하는 일), 뇌홍(수은의 뇌산염으로 폭약의 기폭제로 사용됨) 제조공정과 함께 20세기에도 여전히 펠트 제조공들에게 수은중독이 발생하고 있음을 기록한 바 있다.

남영전구 철거 노동자의 수은중독이 확인되자 고용노동부에선 임시건강진단 명령을 내렸다. 당시 공사에 참여한 노동자들을 수소문해 21명이 투입된 사실을 파악했다. 임시건강진단 결과 수은중독이 확인된 분들, 그리고 건강검진 결과에 대한 설명을 충분히 듣지 못한 분들이 외래를 방문했다. 철거공사가 종료된 후 6개월이 지난 시점이었다. 포클레인이나 중장비 운전을 1~2일 한 분들에겐 별다른 증상이 없었지만, 지하실에 있던 형광등 제조설비 철거작업을 했거나 보름 이상 일한 12명은 여전히 증상을 호소했다.

"잠깐 산책이라도 하려고 나갔다가 10분 만에 지쳐서 되돌아옵니다. 계단을 오를 때 숨이 차고요. 몸은 피곤한데 잠이 안 와요. 그게 사람을 미치게 하더라고요."

"지금은 운전을 못 하고 있어요. 운전대 잡으면 불안해서요. 신호대기로 정차해 있으면 다른 차가 갑자기 내 차를 들이받아 버릴 것 같은 거예요. 식은땀이 나고 가슴이 막 답답해지고⋯. 운전을 못 하니까 병원 올 때는 다른 동료들과 약속해서 같이 와요."

"엘리베이터를 못 타겠더라고요. 일을 못 하고 집에 있으니까 택배 일을 하는 동생이 배달이 밀렸다고 좀 도와달래요. 그래서 아파트 택배 일을 잠깐 했어요. 그런데 무서워서 도저히 엘리베이터를 못 타겠는 거예요. 그래서 '동생 미안하네, 난 못 하겠네' 그랬어요. 무서워서 그렇다곤 차마 말 못 하고, 그냥 힘들어서 그런다고 했죠."

"꿈을 꾸면 아무튼 희한해요. 누가 죽기도 하고 시체도 자주 보고요. 그런데 시체들은 또 상해 있거나 절단되어 있거나 그렇습니다. 항상 그런 식의 꿈을 꾸니까 수면제를 먹고 잠을 자도 편안하지가 않아요."

"짜증이 많이 나고요. 예전처럼 참기도 어려워요. 몇 번 사람들한테 무안을 주고 기분 상하게 하다 보니까 사람들 만나기 싫어지더라고요. 그래서 연락도 끊고 지내요."

한 환자의 보호자는 매일 밤 환자가 심한 잠꼬대를 하는 바람에 기겁한다고 호소했다.

"자다가 벌떡 일어나 막 소리를 질러요. 흔들어도 못 알아봐요. 일주일에 네댓 번은 한 5분 정도 그럴 거예요. 수은 때문에 미쳐가는 건가 싶어 불안해요."

아마 수은중독에 관한 정보 없이 이런 이야기를 들었다면 누구나 괴이하게 생각했을 것 같다. 내가 환자들에게서 들은 증상은 '미친모자장이병'에서 나타난 증상과 비슷했다. 수면장애는 공통적인 증상이었고 불안장애, 감정 기복도 나타났다. 근력 저하나 피로와 같은 비특이적 증상에 관해 그들의 고통을 단정할 수 있는 적절한 진단명을 구하기 어려웠다. 늘 심한 감기몸살을 앓는 느낌, 어느 순간 7,80대 노인이 되어버린 것 같은 느낌, 손발에 열감과 냉감이 교차하고 살갗에 벌레가 기어가는 듯하며 세상의 모든 불편감이 몸 안에 가득 찬 느낌. 그것이 수은중독이었다.

남영전구 수은중독사건으로 최초 산재 요양 신청을 한 이진호 씨(가명)는 증상이 가장 심했다. 수은중독 후 1년이 지난 시점까지 이진호 씨에게서만 소변에서 단백이 나왔다. 신장이 손상될 정도로 높은 농도의 수은에 노출되었던 것이다. 이진호 씨는 다리에 힘이 빠지는 증상 때문에 걷기 어려워 지팡이를 짚고 다녔다. 중독사건이 발생하기 전에는 건설현장에서 왕성하게 일했던 분이었다. 이진호 씨를 가장 괴롭힌 증상은 오른쪽 발이 시리고 화끈거리는 느낌이었다. 이 증상 때문에 잠을 잘 수 없었고 짜증으로 하루를 보냈다. 마취통증의학과에 의뢰해 신경치료도 수차례 받았다. 나는 그가 수은중독을 알게 된 계기가 궁금해 당시 상황을 물었다.

"처음엔 감기인 줄 알았죠. 그런데 점점 심해지는 거예요. 발 통증도 심하고 피부에 뭐가 나기도 했고요. 잠도 못 자고 죽겠더라고요. 이 병원 저 병원 다니다가 한의원에 갔는데 한의사가 진맥을 해보더니 통상적인 질환이 아닌 것 같다고, 중금속 같은 것에 중독된 것 같다는 거예요. 그래서 대학병원에 갔어요. 거기 가정의학과에서 중금속 검사를 해봤더니 수은 수치가 높게 나오더라고요. 그제야 알았죠."

그가 처음 증상이 발생했을 때 수은중독임을 알지 못했던 이유는 수은 때문에 중독이 생길 수 있다고 생각하지 못했기 때문이다. 증상에 휴지기도 있었기 때문에 작업과 질환과의 연관성을 떠올리기 어려웠을 것이다. 수은에 노출된 직후엔 급성기 증상이 발생한다. 기침, 구토, 몸살, 피부발진 등의 초기 증상은 점차 나아지는데 1~2개월이 지나면 손발 저림과 통증, 불면증, 떨림과 같은 신경계 증상이 본격화된다. 많은 사람이 공장 철거 작업을 하는 과정에서 비슷한 증상이 나타났지만, 아무도 그 원인을 모른 채 지내다가 2개월이 지난 후에야 이 씨가 우연히 진단을 받았다. 그리고 같이 일했던 사람들에게서 비슷한 증상이 발생했다는 점이 밝혀지며 실마리가 풀렸다.

중독성 질환은 알고 난 후엔 진단이 쉬운 질환 같지만, 노출

원인을 모른다면 진단이 어렵다. 말로 표현하기 어려운 비특이적 증상, 감기몸살이나 식중독, 일반적인 피로감만으로 어떤 질환을 의심하고 원인을 좁혀나갈 수 있었을까? 모든 직업병의 진단이 그렇듯 이는 "무슨 일 하세요?"라는 단순한 질문으로부터 시작된다. 우연일지 몰라도 첫 번째 환자에게 중금속 중독이 의심된다고 한 한의사의 소견이 아니었다면, 그리고 이 씨의 산재 신청 사례가 언론에 보도되지 않았다면 철거공사가 끝난 후 흩어져 있던 10명이 넘는 노동자는 계속 원인 모를 고통에 시달렸을 것이다.

남영전구 철거현장에서 벌어진 일

수은중독 환자들로부터 당시 철거현장이 어떤 상태였는지 들을 수 있었다. 형광등 제조 설비는 환기가 잘 안 되는 지하 공간이었다. 설비를 철거하는데 파이프에서 수은이 흘러나왔다. 설비 내에 수은이 남아 있던 것이다.

"원래는 퍼지purge를 해야 해요. 파이프나 설비에 위험물질이 있으면 완전히 빼내는 사전작업을 거치는 거죠. 그런데 그걸 안하고 일을 시킨 거예요."

설비마다 수은이 바닥에 쏟아졌다. 김정인 씨는 휴대폰으로 촬영해 둔 수은을 보여주었다. 수은은 공기와 접촉했을 때 회색의 막을 형성하는데 바닥 여기저기 회색의 막 아래 은빛으로 빛

나는 수은을 확인할 수 있었다.

"첫날 작업을 시작했는데 지하에 분진과 연기가 꽉 찼어요. 기침이 나오고 메스꺼워서 도저히 일을 못 하겠더라고요. 일을 못하겠다니까 그때서야 환풍기를 설치해주었어요. 그러고 나서 다시 일을 시작했죠."

수은증기에 의해 발생할 수 있는 최악의 상황은 화학성폐렴으로 인한 사망이다. 수은 원광석(진사) 가루로 쓴 부적을 화장실에서 태우다 수은증기를 흡입해 화학성폐렴으로 사망한 사례도 있었다. 만약 설비 절단 과정에서 가열에 의해 수은증기가 대량으로 발생했다면 굉장히 심각한 상황이 생길 수도 있었다.

"마스크나 보호복은 착용하지 않았나요?"

"지급해준 작업복을 입었고요, 방진마스크를 썼어요."

방진마스크는 수은으로부터 작업자를 보호해주지 않는다. 수은증기는 방진필터로 걸러지지 않아 수은차단용 정화통을 사용하거나 아예 공기공급식 호흡보호구를 착용해야 한다.

"수은 말고도 냄새가 지독한 솔벤트도 있었는데 그걸 처리하는 일도 했어요. 그게 어떤 물질인지는 알려주지 않았습니다. 그래서 섞이면 폭발하거나 독가스 같은 게 만들어지는 거 아니냐고 우리끼리 걱정하기도 했죠."

당사자들의 이야기를 들어보면 철거작업은 안전보건 관리의 공백지대였다. 공장이 가동될 때는 법적으로 안전보건 관리를 해야 하지만, 철거작업은 단기간 작업이고 하청과 재하청을 통해

단기간 일용직을 사용한다. 짧은 기간에 마무리해야 하는 철거
작업에서 다단계 하도급, 비전형적인 업무는 안전보건 관리의 입
지를 매우 축소시킨다. 이러한 가운데 발주처인 남영전구는 작
업자들에게 공장 안에 어떤 유해성이 있는지 알려주지 않았다.

수은 속에서 일하고 수은 속에서 잠을 청한 문송면

이 사건을 접하면서 '문송면 수은중독사건(1988년)'을 떠올리
지 않을 수 없었다. 문송면 수은중독사건은 우리나라 산업보건
의 역사에 이정표가 된 사건이다. 당시 만 15세의 문송면 군은
1987년 12월 5일 협성계공이라는 온도계·압력계 제조회사에
취직했다. 다음 해부터 야간고등학교를 다닐 계획이었다. 공장
에서 온도계에 수은을 주입하는 일을 하던 중 수은중독이 발생
했고 치료 중 사망했다.

민주화운동기념사업회 자료에 따르면 당시 문송면 군에게
14kg의 체중감소가 있었다. 두통과 전신 통증을 호소했고 피
가 날 때까지 긁을 정도로 피부 가려움이 심했으며 자주 토했
다. 환자마다 차이는 있지만 남영전구 수은중독 환자들이 경험
한 증상과도 비슷하다. 이런 증상은 불과 입사 2개월 만인 1988
년 1월 28일 무렵부터 시작되었고 더 이상 일을 할 수 없게 되자
2월 7일 고향으로 돌아왔다. 문송면 군이 불면증, 헛소리, 두통
에 시달렸지만, 병원에서는 원인을 알 수 없다고 했다. 답답해

진 부모는 무당을 불러 굿을 했다. 마지막으로 찾아간 곳이 서울대병원이었다. 의사가 문송면 군에게 어떤 일을 했었는지 묻는 과정에서 실마리가 나왔다. 수은 노출을 의심한 의사가 소변 수은과 모발 수은을 검사해 진단에 이를 수 있었다. 입원 치료를 받으며 증상은 점차 호전되는 듯했으나, 문송면 군은 구토로 인한 기도 폐쇄로 갑작스럽게 사망하고 말았다.

이 공장에서 일한 다른 청소년들에게서도 수은중독이 있었다는 기록이 남아 있다. 그런데 문송면이 다른 청소년들보다 더 심각한 수은중독을 일으킨 이유는 무엇일까? 기록을 근거로 추정해 보면 이렇다. 문송면 군은 원래 공장 기숙사에서 지낼 예정이었다. 그러나 잠자리를 배정받지 못해 일하던 공장에서 난로를 켜고 잠을 잤다. 겨울이라 창문과 문을 꼭 닫아 두었을 것이다. 밀폐된 공간에서 난방을 하면 더 많은 양의 수은이 증발한다. 대략 온도가 10도 오를 때마다 수은 증기는 2배로 발생한다. 업무시간 이외의 추가적인 수은 노출, 이것이 다른 청소년들보다 훨씬 더 많은 수은에 노출된 이유였다.

그런데 당시의 수은중독이 문송면 군이 일했던 협성계공만의 일은 아니다. 문송면 사건 이전에도 경기도 이천시 형광등 제조업체에서의 집단 수은중독사건이 언론에 보도된 바 있다. 1988년 5월에는 춘천시 후평공단의 유일계량제작소가, 7월엔 인천시 북구 일신동의 신광기업이, 1990년에는 구로공단의 오리엔트전자에서 집단 수은중독사건이 발생했다. 연이은 수은중독

사건에 노동부는 고려대 환경의학연구소 등 3개 산업보건전문 의료기관에 의뢰하여 16개 사업장, 268명에 대한 전수 임시특별진단을 시행했다. 이 중 소변 수은이 100μg/L 이상 검출된 사람은 59.3%인 192명이었다. 일반 인구에선 평균 0.5μg/L, 최대 2μg/L 이상 나오는 경우가 드물다. 즉, 일반 인구집단의 100~200배에 해당하는 수준이다. 광주 하남공단 내 금동조명에선 근무하던 13명 중 4명에서 수은 100μg/L 이상이 검출됐는데 금동조명은 다름 아닌 남영전구가 인수한 회사다.

얼마나 달라졌을까

수은중독사건이 사회적 이슈가 되고 노동부의 강력한 행정조치가 취해진 이후 1990년대 후반까지 한동안 수은중독사건은 발생하지 않았다. 문제는 해결된 것처럼 보였다. 정말 개선이 이뤄졌을까? 남영전구는 수은을 취급하는 회사였기 때문에 산업안전보건법에 따라 수은 노출을 관리해야 했다. 문송면 수은중독사건 이후 정착된 작업환경측정과 특수건강검진 제도에 따라 정기적으로 공기 중 수은을 측정하고 수은 노출 가능성이 있는 종사들의 소변 수은량을 확인해야 한다. 그리고 기준치를 넘어서는 결과가 발견되면 문제를 파악해 개선하는 것이 산업안전보건법상 사업주의 의무다.

남영전구 수은중독사건이 언론에 연일 보도되던 중 남영전구

퇴직자들을 만났다. 언론 보도를 접하고 건강이 우려된 그들은 상담을 받고 싶어 했다. 이 과정에서 근무 당시 시행했던 특수 건강검진 이야기를 들을 수 있었다.

"사람들이 수시로 몸이 아팠어요. 그 이유로 그만둔 사람이 수도 없이 많았습니다."

"직원들이 시간을 내서 (특수건강검진을 받으러) 병원에 가지 못하니까 병원 차량이 공장으로 들어왔어요. 일하는 사람은 20여 명이었는데 3~4명 정도만 검진을 받았습니다. 회사에선 지정된 대상자만 받는 거라고 했고요. 결과가 나쁠 것 같은 직원들은 남의 소변을 받아다 내기도 했어요. 결과가 안 좋으면 일을 못 하게 되니까 다들 그렇게 하는 분위기였습니다."

공기 중 수은 노출 수준을 알아보기 위해선 외부 전문기관에 의뢰해 작업환경측정을 해야 하는데, 이에 대한 진술은 다음과 같았다.

"조사하는 사람들이 오전에 와서 측정기기를 일하는 사람들 허리에 차게 하는데, 그 사람들이 가면 회사에선 다시 허리에 차고 있던 측정기기들을 걷어서 깨끗한 장소에 가져다 놓습니다. 그리고 오후 서너 시쯤 사람들이 수거하러 올 때쯤 다시 허리에 차게 했어요."[34]

---

34 "남영전구 광주공장 근무 경력 A씨 "안전파원 없었다" 증언", 광주드림, 2015. 11. 20.

"생산직은 20명 정도였는데 일한 지 얼마 안 되어 그만두는 경우가 많았어요. 어떤 여자분은 빈혈이 생겨서, 어떤 분은 피부가 가려워서 그만두었는데 산재신청을 하겠다고 하니 회사에서 거부했어요."

"일주일에 한 번씩 파이프에서 수은을 빼내고 생산설비를 청소했어요. 그때 나온 수은은 일반쓰레기로 버렸죠."

"또르르 굴러가는 은색 물질이 수은이라는 건 알고 있었어요. 그런데 해로운 건지는 몰랐어요. 유해물질에 대한 정보를 알려주거나 교육을 받은 적도 없었습니다."

과거 신문기사를 검색해보면 1990년을 전후로 수은중독 사건이 연이어 보도된다. 당시 형광등, 온도계, 각종 계량계를 만들던 수은 관련 업체들은 언론과 행정기관으로부터 집중포화를 맞았다. 상당수의 직원이 일을 그만두면서 인력수급에 곤란을 겪게 되었다는 사실도 당시 언론에 보도되었다. 이런 상황에서 업체는 어떤 판단과 결정을 했을까? 전직 노동자들의 증언을 들어보면 남영전구는 행정적 처벌을 피하기 위해 위험을 은폐한 것 같다. 그리고 이러한 배경을 보면 남영전구의 관리자들이 왜 철거업체나 일용직 노동자들에게 수은의 위험성을 알려주지 않았는지, 안전보건관리에 대한 의무를 이행하지 않았는지 쉽게 이해할 수 있게 된다. 정부의 규제와 처벌이 개선이 아닌 은폐로 이어지는 아이러니, 우리나라 산업보건의 고질병이 고스란히 드러난 것이다.

수은중독 치료와 산재보상에서의 난관

환자들의 소변 수은 수치는 정상에 가깝게 떨어졌지만, 환자들이 피부로 느끼는 변화는 없었다. 산재보상을 담당하는 근로복지공단 직원은 체내 수은이 많이 배출된 상태인데도 왜 증상이 계속되는지 의아해했다. 통증이나 불편함의 강도가 약간 감소했다지만, 어서 일에 복귀하고 싶은 환자들의 기대에도 크게 못 미쳤다.

수은중독의 표준적인 치료 방법은 미국 식품의약품안전청FDA으로부터 승인받은 DMSA(Succimer)나 DMPS(Dimaval)를 복용하는 것이다. 이 약은 체내 수은과 결합해 소변 배출을 돕는 착화치료제로 체내에 들어온 수은이 몸에 퍼져 축적되기 전에 사용해야 효과가 있다. 그러나 내가 환자들을 처음 만난 건 수은 노출로부터 6개월이 지난 시점이었다. 이미 늦었다. 더구나 희귀의약품센터를 통해 이 약을 들여와 환자에게 투여하기까지 3주가 걸린다. DMSA와 DMPS가 세계보건기구 지정의 필수의약품인데도 우리나라에선 바로 구할 수 없다. 그래서 치료는 자연 배출을 기다리며 환자가 호소하는 증상을 완화시키는 것이 최선이었다. 수면제, 진통제, 항불안제 처방이 기본이었고 피부 가려움, 소화불량, 방광기능 저하, 발기부전 등 온갖 약이 처방되었다. 환자들은 약을 한 주먹씩 먹었다. 한편으론 물을 많이 마시거나 사우나를 자주 하고 중금속 배출에 좋다는 차와 음식을 먹는 등 세간의 속설에 기대 수은을 배출하려 안간힘을 썼다. 증상에 약을 처방하고 불안 해소를 위해 더 많이 이야기를 들어주는 일이 내가 할 수 있는 최선이었다. 환자들은 수은중독에 따른 고통과 불편의 상당 부분을 그대로 감내해야 했다.

남영전구 수은중독 환자들은 산재보상보험법에 의해 산재보상을 받았다. 수은이 노출된 작업장에서 일했고 최초의 증상에 관한 의무기록이 있으며 수개월이 지난 후 측정한 소변 수은농도가 정상인들보다 훨씬 높았기 때문에 수은중독이라는 사실이 인정되었다. 그러나 산재 승인 이후에도 몇 가지 난관이 있었다. 첫째, 근로복지공단은 산재보상 시작 시점을 중독이 발생한 4월이 아닌 진단이 내려진 11월로 보았다. 원인을 몰라 진단이 늦은 것인데도 규정상 어쩔 수 없다고 했다. 두 번째는 노동력을 회복하지 못한 상태에서 산재요양이 종료됐다는 점이다. 환자 대부분은 불면증과 피로, 불안장애, 그 밖에 다양한 증상들 때문에 다시 일할 수 있을 만큼은 회복되지 않았다. 하지만 소변 수은이 감소했고 주관적인 증상만 호소하고 있을 뿐이라 요양기간 연장을 승인받기 어려웠다. 그래서 증상이 매우 심한 일부 환자만 요양이 유지되었고, 증상을 계속 호소하는 분들에겐 병원 방문일에 한정된 요양급여와 치료비만 지급됐다. 세 번째로 추가상병을 인정받는 과정이 어려웠다. 불안과 불면이 심해 정신건강의학과에 의뢰해 치료받으시도록 했지만, 근로복지공단은 객관적인 검사를 통한 정확한 진단이 나와야 이러한 치료를 인정했다. 진단을 받으려면 우선 고가의 심리검사를 받아야 했다. 해당 환자는 망설였다.

"검사비가 너무 비싸서 검사받기 어려울 것 같아요. 그렇지 않아도 돈을 못 벌어 마누라한테 용돈을 받아 쓰는 처지인데 어떻게 검사비까지 달라고 하겠습니까?"

나는 산재요양 기간 연장을 위한 진료계획서, 그리고 특진이 필요하다는 소견서를 썼다.

"이 환자는 남영전구 수은중독사건으로 산재 승인을 받아 치료 중인 분입니다. 수면장애, 우울증, 불안장애를 호소하고 있는데 이러한 증상은 수은중독사건 이후에 발생하였으며 수은중독의 전형적인 증상 중 하나입니다. 현재 정신건강의학과의 전문적 진료가 필요한 상태입니다. 환자의 사정을 고려하여 근로복지공단에서 특진을 받을 수 있도록 해주시기 바랍니다."

수은중독 환자들의 소송을 담당한 변호사는 환자가 더 이상 호전되지 않자 장애보상을 고려했다. 나는 뇌졸중이나 복합부위통증증후군을 참고해 3급에서 5급 사이의 장애등급을 받을 수 있을 거라고 조언했다. 산업재해보상 장해판정기준에 따르면 '신경계통의 기능 및 정신기능 장해'를 적용할 수 있고 3급은 '신경계통의 기능 또는 정신기능에 뚜렷한 장해가 남아 평생 노무에 종사할 수 없는 상태', 5급은 '신경계통의 기능 또는 정신기능에 뚜렷한 장해가 남아 특별히 쉬운 일 이외에는 할 수 없는 사람'이다. 수은중독은 사지 통증와 감각 이상과 같은 신경계통의 기능의 이상, 게다가 불면증, 불안장애, 자살사고 등 정신기능 장해가 동시에 있고, 일상생활을 유지하는 것 자체가 어려울 정도로 고통을 겪고 있으므로 그 정도의 장애등급을 고려할 수 있을 것이다.

수은중독의 미래

2014년, 미나마타협약에 환경부장관이 서명했다. 미나마타협약은 인위적인 수은배출을 최소화하자는 국제협약으로 128개 서명 국가 중 50개국이 비준하면 시행된다. 선진국에서는 수은 사용량이 많이 감소했다. 세제의 주요 원료인 염소와 가성소다를 생산하는 과정에서 수은이 촉매로 사용되었는데, 현재는 거의 사용하지 않는다. 수많은 계측장비에 수은을 사용했으나 지금은 디지털장비로 대체되었다. 수은이 함유된 형광등이나 전구의 생산량도 크게 줄어 LED전구로 대체되는 중이다. 수은은 순조롭게 퇴출되고 있는 것처럼 보인다.

그러나 의외의 복병이 있다. 바로 금광에서 사용되는 수은이다. 70여 개국 약 1,500만 명이 원시적인 방식으로 금을 생산하는데, 이 과정에서 금 추출을 위해 사용되는 수은의 양은 1,400톤으로 추정된다. 여기서 나오는 수은이 전 세계 수은 배출량의 37%를 차지한다는 보고가 있다. 수공업적 금광에서는 금의 원석이나 사금을 수은으로 녹인 후, 다시 토치로 가열해 수은을 증발시키는 방식으로 금을 정제한다. 이때 종사자뿐 아니라 해당 지역사회의 자연환경이 수은에 오염되면서 심각한 문제가 초래된다. 소규모 수공업적 금광이 발달한 서아프리카, 남미, 동남아시아 지역에서 이 위험한 산업은 지역경제의 중요한 비중을 차지하므로 중단되기 어렵다. 게다가 이 국가들에선 수은과 같은 화학물질로부터 국민을 보호하기 위한 규제, 교육, 보건관리가 제대로 이뤄지지 않고, 어린이들이 금광업에 광범위하게 참여하고 있다. 수은 노출에 의한 환경오염과 이로 인한 2차 수은중독, 산모의 수은중독에 따른 태아독성까지 고려한다면 매우 심각한 문제다. 이렇게 생산된 금은 선진국에 수출되고 선진국의 국민들은 그 금을 구입하고 있다.

우리나라에서는 더 이상 형광등을 생산하지 않는다. 조명업체 대부분이 인건비가 싼 해외로 공장을 이전했고 해외에서 생산된 형광등을 수입해 유통한다. 위험산업이 선진국에서 저개발국가로 이전되는 상황에서 세계보건기구의 유네프(UNEP, 유엔환경계획)는 이 과제를 해결하기 위해 고군분투하고 있다. 18~19세기의 펠트 모자로 인한 수은중독이 20~21세기에 금광의 수은중독으로 바뀌었을 뿐 '미친모자장이병'은 지속되고 있다. 남영전구에서 우연히 발생한 것처럼 보이는 수은중독사건, 그리고 수공업적 금광에서의 수은중독엔 공통점이 있다. 사회경제적 불평등, 정보와 지식의 부족, 그리고 국가 역할의 공백이다.

에필로그: 공장과 함께 버려진 안전

외래 방문이 약속된 날, 김정인 씨가 혼자 진료실에 들어왔다.

"박영복 씨(가명)는 같이 안 오셨나요?"

"그게, 어제 죽어버렸어요."

"네?"

"어제 철거작업하던 중에 폭발사고가 났는데, 그 때 못 빠져나와서 그만…."

남영전구 수은중독 환자들은 철거작업을 주로 하던 일용직 노동자들이었다. 철거공사가 있는 곳이라면 전국 어디라도 찾아다녔다. 일자리가 생기면 서로 소개해주기도 하고, 여러 명이 팀을 이루어 함께 다니기도 했다. 주로 산소 절단으로 철 구조물을 해체하는 철거현장엔 예측하기 어려운 다양한 위험이 도사리고 있다. 심지어 어떤 분들은 석면 해체 현장에서도 일용직으로 일했다고 한다. 안전관리의 의무가 사라진 곳. 그곳이 그들이 일하는 현장이었고 일용직이라는 이유로 고용주의 적극적인 안전관리를 기대할 수 없었다.

박영복 씨는 초기보다 증상이 많이 호전되었지만, 피로감과 근육통 때문에 어려움을 겪고 있었다. 50세가 다 되어 결혼을 앞두고 있었고, 홀어머니를 모시고 있었다. 수은중독 발생 1년 후, 공단에서는 월 20만 원의 치료비 외에 박영복 씨의 요양급여를 중단했다. 일하지 않으면 안될 상황으로 내몰린 것이다.

박영복 씨는 근력을 회복하기 위해 열심히 운동했다. 너무 심하게 하지는 말라고 조언했지만, 조급했던 그는 운동 때문에 몸살이 나 몸져눕기를 반복했다. 그러던 와중에 경상북도 칠곡군의 스타케미칼 화학공장 철거 일이 생기자 곧장 내려간 것이다.

"폭발이 있을 때 영복이 혼자 사일로탱크 위에 있었나 봐요. 위에서 둘이 일하고 있었는데 아래쪽 작업자들이 도와 달라고 했대요. 영복이는 몸이 안 좋으니까 오르내리기 힘들었겠죠. 그래서 한 사람만 내려가고 영복이는 탱크 위에 남았어요. 그 사이에 폭발이 있었는데 영복이만 피하지 못했어요…."

조사 결과 사고 원인은 스타케미칼의 사일로탱크를 철거하는 과정에서 불꽃이 튀어 사일로 내 잔류 원료인 테레프탈산 분진이 폭발해 발생한 것으로 추정됐다. 박영복 씨는 일생에서 한 번은 수은에, 한 번은 테레프탈산 분진에 불행을 맞이했다. 내가 만난 수은중독 환자들은 공장과 함께 안전 의무도 버려진 지뢰밭에서 아슬아슬하게 생존의 길을 찾고 있는 사람들이었다.

태국 노동자 집단 앉은뱅이병을 일으킨

노말헥산

이혜은
(경희대학교병원 직업환경의학과 임상조교수)

2004년 12월 어느 날, 안산외국인노동자센터는 다급한 전화 한 통을 받는다. 경기도 화성시의 한 회사에서 태국 여성노동자 3명이 설 수도 걸을 수도 없는 하반신 마비 상태가 되었는데 당장 갈 곳이 없다고 했다. 말도 통하지 않고 몸도 불편한 이들이 타지에서 의지할 데 없이 전전긍긍하다 안산외국인노동자센터에 도움을 청한 것이다. 안산외국인노동자센터에서는 이들을 당장 데려왔다. 이들이 머물 곳으로 3층 방을 내주면서 사태의 심각성을 확실히 알게 된다. 3명 모두 계단 한 칸도 오르지 못해 한 명씩 업어 옮겨야 했던 것이다. 바로 안산중앙병원으로 후송된 태국 여성노동자들은 근전도 검사나 신경조직검사 등의 정밀검사를 받고 이 하지마비 증세가 그들이 사용했던 유기용제 노말헥산에 의한 말초신경병증(일명 앉은뱅이병)이라는 진단을 받게 된다. 후에 추가로 발견된 2명, 발병했으나 쫓겨나다시피 태국으로 귀국했던 3명까지 모두 8명이 집단 발병한 사건[35]이다.

'투명한 약품'을 헝겊에 묻혀 컴퓨터 닦기

이들은 어쩌다 이런 몹쓸 병에 걸렸을까? 큰돈을 벌 수 있을 거라는 꿈을 안고 500만 원에 달하는 소개비를 브로커에게 안겨주며 한국에 들어온 것이 2002년. 이들이 다니던 회사는 노트북 컴퓨터의 프레임을 제조하는 회사로 근로자 약 50명 정도의 중소 규모 사업장이었다. 태국 노동자 8명은 완성된 노트북 프레임을 포장해 출하하기 전에 제품에 묻은 얼룩이나 이물질이 있는지 꼼꼼히 검사하고 얼룩을 약품으로 닦아내는 일을 했다. 이 작업은 마지막 단계의 잘못된 점을 찾아 수정하고 제품을 내보내도 좋을지 검사한다는 의미로 '수정검사'라 불린다. 작업은 투명한 약품을 헝겊에 적셔 닦아내는 단순한 일이었다. 하루에 닦아내는 프레임은 5,000개 정도였다. 이들이 몸에 이상을 느끼기 시작한 것은 2004년 8월경이었다. 화학약품 냄새 때문인지 자주 두통을 느꼈고 구토하는 일도 있었다. 그렇지만 태국의 가족들을 생각하며 돈을 벌겠다는 희망으로 참고 일했다. 아무리 힘들어도 100만 원 정도의 월급을 받아 송금할 때면 다시 마음을 다잡고 묵묵히 일하게 된다. 갑갑하고 숨쉬기 힘들 때면 비염약(태국의 유명 제품 '야돔')을 코에 대고 한번 들이마신 후 다시 일하곤 했다. 그러나 시간이 더 지나자 다리에 힘이 풀리는 증상이 시작됐다. 이는 점점 심해져서 2005년 11월부터는

---

35 안산이주민센터 http://migrant.or.kr/amc/m07/19695

일어서기 힘들고 숟가락을 들거나 혼자 옷을 입기도 어려운 상태가 되었다.

노동자들이 한꺼번에 이 지경이 될 때까지 회사에선 뭘 했을까. 안산외국인노동자센터는 처음 도움을 요청한 3명을 병원에 입원시킨 후 사업장으로 찾아갔다. 태국어를 통역해준 선교사에 따르면 그 회사에 더 많은 환자가 있다고 했기 때문이다. 사업장에서 외부인들의 방문이 반가울 리 없었다. 태국 여성노동자들을 만나게 해달라는 요청에 한국인 기숙사를 보여주며 태국 여성은 없으니 돌아가라고 했다. 태국 노동자들에겐 외부인과 접촉하면 해고하고 태국으로 돌려보내겠다는 협박까지 했다. 우여곡절 끝에 만나게 된 태국 여성노동자들은 앞선 이들과 마찬가지로 하반신 마비가 온 상태였지만 회사가 두려워 며칠 후 출국하기로 한 상태였다. 센터의 설득 끝에 이들은 처음 3명이 있는 안산중앙병원에 입원하게 된다. 회사가 숨긴 것은 이들뿐이 아니었다. 똑같은 증상으로 고통을 겪던 3명의 다른 태국 여성노동자들은 이미 조용히 본국으로 되돌려 보낸 뒤였다.

회사는 11월경 한 노동자가 작업장에서 쓰러지면서 8명이 같은 증상을 겪고 있다는 것을 처음 알았다. 병원에 보내달라는 노동자들의 요구에 딱 한 번 병원에 데려갔고 그 후엔 개별적으로 가라고만 했다. 절박했던 이들이 각자 병원을 찾아갔지만 보기 드문 유기용제 중독을 의심조차 못 했던 의원에선 간단한 피검사와 진통제만 처방했을 뿐 제대로 조치가 취해지지 않았다.

가장 상태가 심했던 노동자는 혼자 거동할 수 없었는데도 도와줄 사람이 없어 병원조차 가지 못했고, 회사는 동료들이 이 노동자에게 접근할 수 없게 막았다고 한다. 결국, 이들은 "움직이지 못해 일할 수 없고, 일을 안 해 월급도 받지 못하니 집으로 돌아갈 수밖에 없겠다"고 생각하게 된다. 그러자 회사에서 태국행 비행기표와 단돈 10만 원을 쥐여줬다. 나중에 회사는 노말헥산의 위험성을 몰랐다고 변명했지만, 만일 그렇더라도 이런 조치는 직업병을 은폐하려 한 것으로밖에 보이지 않는다.

언론을 통해 이 사건이 크게 알려진 후 태국 노동자들의 병은 직업병으로 인정받았고, 병든 몸으로 억울하게 한국을 떠났던 3명의 노동자들은 다시 재입국해 치료받게 되었다.

가장 유명한 독성 화학약품을 밀실에서 들이마시다

태국 노동자들이 노트북 컴퓨터 프레임을 닦아내는 데 사용한 노말헥산은 신경독성으로 유명한 화학약품이다. 직업환경의학 교과서의 유기용제 파트에서 첫 번째로 등장할 정도다. 그리고 당시 우리나라에서 노말헥산은 상당히 많이 쓰이고 있었다. 그런데도 언론을 통해 이 소식을 접한 직업환경의학 의사들은 모두 깜짝 놀랐다. 한 번도 노말헥산 중독을 경험해보지 못한 의사가 대부분이었기 때문이다. 어쩌면 직업환경의에게까지 연결되지 않아 노말헥산 중독을 발견하지 못하고 지나친 사례가 있을 수도 있겠지만, 보통은 노말헥산 중독을 일으킬 만큼 심하게 노출되는 경우가 사실 흔치 않았다. 이 사업장의 경우 좁고 밀폐된 공간에서 제대로 된 환기장치 없이 노말헥산 작업을 했다. 아이러니하게도 이 작업실의 이름은 '청정실'이었다. 아마도 얼룩 없이 깨끗한 제품을 만들도록 먼지가 없어야 한다는 뜻에서 반도체회사의 클린룸처럼 청정실로 이름 붙였으리라. 창문 하나 없는 청정실은 사방이 온통 막힌 채 길게 책상이 놓여 있었고 그 위엔 얼룩이 잘 보이도록 형광등이 줄지어 켜져 있었다. 줄곧 화학약품을 사용해 작업하는 책상 위에 마땅히 있어야 할 후드(국소 배기장치)는 없었다. 작업실 벽의 작은 환풍기 하나가 전부였다.

열악한 환경에 열악한 작업방식까지 더해졌다. 노동자들은 아침 7시에 일어나 식사를 마친 뒤 바로 일을 시작했다. 이들은 평일은 물론 토요일, 일요일에도 늦은 밤까지 야근했고 때에 따라 새벽 2시까지도 일해야 했다. 앉아서 일하면 작업속도가 느리다며 사업주가 의자를 모두 빼버려 노동자들은 서서 일했다. 다리에 힘이 빠지는 증상이 처음 나타났을 때 노동자들은 하도 오랜 시간 서서 일해서 그런가 하고 생각하기도 했다. 공기가 빠져나갈 수 없는 공간에서 천에 적신 노말헥산으로 제품을 계속 닦아내 공기 중의 노말헥산 농도가 높아질 수밖에 없다. 게다가 보편적인 노동시간보다 훨씬 긴 시간을 높은 강도로 일하니 공기 중의 노말헥산을 더 오래, 더 많이 들이마시고 몸속으로 들어오는 노말헥산 양은 더 많아지게 된다. 노말헥산의 위험성을 알지 못한 회사는 방독면 같은 보호구도 전혀 지급하지 않았다. 한국인 노동자였어도 이런 사업장에서라면 적당한 교육을 받거나 사용하는 물질의 위험성 정보를 알기 어려웠을 텐데 한국말조차 서툰 태국 노동자였으니 아무것도 몰랐을 것이 뻔하다. 태국 노동자들은 자신들이 헝겊에 묻혀서 제품을 닦아내는 화학약품이 이름이 뭔지 몸에 어떻게 나쁜지 전혀 모른 채 그저 하라는 일만 했다.

적은 양의 노말헥산이 몸속에 들어오면 큰 문제를 일으키기 전에 소변으로 빠져나가지만 많은 양이라면 얘기가 달라진다. 제일 중요한 공격 대상은 바로 '신경'이다. 웬만한 유기용제는 대부분 신경독성이 있어 '중추신경'인 뇌에 많은 영향을 준다. 그래서 페인트, 시너 같은 유기용제 냄새를 맡으면 머리가 아프고 어지럽거나 기분도 이상해지기 쉽다. 술도 일종의 유기용제라 할 수 있는데, 공기 중의 유기용제를 들이마시면 마치 술을 마신 것과 비슷한 증상을 보이기도 한다. 그런데 이 노말헥산은 중추신경뿐 아니라 뇌와 척수에서 뻗어 나와 전신으로 분포하는 '말초신경'에 특히 영향을 준다. 이 말초신경의 역할은 '감각'과 '운동'이다. 그래서 말초신경에 이상이 생기면 이상이 생긴 부위가 남의 살처럼 둔하거나 저릿저릿하고 아프거나 뜨겁거나 차가운 걸 만져도 잘 느끼지 못할 수 있다. 운동 기능이 떨어지면 젓가락질, 단추 끼우기와 같은 섬세한 운동부터 걷기, 일어서기까지 문제가 된다. '앉은뱅이병'이라는 별명은 바로 이런 증상에서 비롯되었다. 이 병의 정식 이름은 여러 곳의 말초신경에 이상이 생긴다는 뜻의 '다발성 말초신경병증'이다. 처음엔 손끝, 발끝에서부터 증상이 시작되어 점점 몸의 중심 쪽까지 침범하는 특징이 있다. 그래서 이런 진행 양상을 '양말–장갑 패턴stocking and glove pattern'이라고 부른다. 의사들이 환자와 면담하며 차트의 인체 그림에 증상 부위를 빗금 표시하면 마치 양말 신고 장갑 낀 것 같은 그림이 된다. 태국 여성노동자들은 일어서지 못할 정도였으니 신경독성이 상당히 중심부로 침범한 심각한 수준이었다고 볼 수 있다. 이 병의 치료엔 사실 특별한 방법이 없다. 가장 효과적인 단 하나의 방법이 바로 '노출 중지'다. 더는 신경독성 물질이 몸 안으로 들어오지 못하게 하면서 공격당한 신경들이 회복되기를 기다리는 것이다.

이 태국 노동자들의 치료 역시 긴 기다림의 시간으로 채워졌다. 다행히 신경은 모두 회복되어 건강을 찾고 본국으로 되돌아갈 수 있었으나, 그때까지 병원 침대 신세를 진 기간은 무려 1년 6개월이었다.

노말헥산보다 무서운 건 '취약 노동자'의 현실

사건의 직접적인 원인은 물론 노말헥산이다. 노말헥산을 썼기에 말초신경병증 집단 발병이 있었던 것이 사실이다. 그러나 여타의 중독사건과 마찬가지로 이 사건 역시 핵심은 노말헥산이라는 화학물질 자체가 아니라 열악한 노동환경이다. 저임금과 장시간 노동, 사용물질의 위험성을 전혀 알 수 없는 조건, 배기시설도 없고 개인 보호구도 지급받지 못했던 것, 참다못해 몸의 이상을 호소했으나 묵살당해도 다른 대안을 찾을 수 없었던 것 모두 노말헥산 중독의 원인이다. 미등록 이주노동자로서 신분이 불안하니 더 이상의 행동은 불가능했다. 노말헥산 취급자라면 마땅히 받았어야 하는 특수건강진단도 미등록 상태가 발각될까 봐 제외되었고, 사업장에선 법적으로 반드시 해야 했을 작업환경 측정도 이뤄지지 않았다. 결국, 작업장 내에서 노동자들의 힘이 너무 약했기에 중독될 수밖에 없었던 문제였다.

사건이 벌어진 이후 고용노동부에선 매번 그랬듯 전국 노말헥산 사용 사업장 전체를 특별 점검했다. 물론 필요한 일이지만 이것만으론 해결될 수 없다. 노말헥산이 아니라 그 어떤 화학물질이라도 이런 식으로 사용되지 않도록 해야 한다. 노말헥산 사업장 집중 점검으로 똑같은 노말헥산 중독은 어느 정도 막는다 해도 취약한 노동자, 열악한 노동환경이 계속 이어진다면 제2, 제3의 노말헥산이 나타나리라는 것을 쉽게 예상할 수 있다. 그리고 이런 걱정은 현실이 되어 10년 후 남영전구의 수은중독, 휴대폰 제조 하청업체 메탄올 중독사건으로 되살아났다.

당시 사업장의 관리자는 안산외국인노동자센터에서 찾아갔을 때 이렇게 말했다고 한다.

"외국인 노동자에게도 최저임금 기준을 맞춰 줘야 하나? 너무 억울하다. 주변 다른 사업장에 비해 잘해주면 잘해줬지 심하게 하진 않았다고 생각한다."

기본적인 인권 감수성이 없어도 너무 없다. 개인의 문제는 아닐 것이다. 다른 사업장에 비해 잘해주었다는 대목에서 알 수 있듯이 대부분의 사업장에서 이주노동자의 사람으로서의 권리를 무시하는 것이 당연한 일이었다. 이런 끔찍한 수준이 바로 우리 사회의 평균이다.

이들은 1년 6개월간의 치료 후 회복되어 본국으로 돌아갔다. 이것으로 산업보건 사회에 충격을 안겨줬던 노말헥산 중독사건은 종결되었으나 이들의 귀국을 전한 근로복지공단의 보도자료를 보면 씁쓸한 마음이 더 깊어진다.

"일명 '앉은뱅이병'이라고도 불리는 다발성신경병증에 걸려 어려움에 처했던 이들은 근로복지공단의 도움으로 산재보험 처리를 받아 1년 6개월여 동안 치료를 받게 되었고, 최근에 모두 완쾌됐다. 이들은 한국을 떠나기에 앞서 그동안 한국 사회가 보여준 따뜻한 배려에 고마움을 표하는 감사패를 복지공단에 전달했다. 한편, 공단이 이들에게 지급한 보험급여는 치료비와 휴업급여를 포함해 총 2억4천8백여만 원으로 1인당 3천만 원 정도다."[36]

---

36 "노말헥산 산재피해 태국여성근로자 완쾌후 고향으로", 근로복지공단, 2006. 6. 23

마치 태국 노동자들에게 굉장한 시혜를 베푼 양 서술되었다. 병 주고 약 준다는 말 그대로다. 이 보도자료를 토대로 "대한민국 산재보험 고마워요", "이젠 걷기 거뜬… 한국 안 미워요" 같은 남사스러운 제목의 비슷한 기사들이 여럿 나왔다. 애초에 이런 어처구니없는, 70년대에나 생길법한 직업병이 발생한 것에 대한 반성은 찾아볼 수 없었다. 불법이든 합법이든 이주노동자 누구나 당연히 받을 수 있는 산재보험 급여를 지급한 것을 두고 구체적인 액수까지 언급해가며 자랑스러워하는 것을 보니 읽는 사람이 다 민망해진다. 10년이 지난 지금 사회가 조금은 성숙했을까? 원인 물질만 달라졌지 판박이 같은 중독사건이 아직도 일어나는 것을 보면 갈 길이 멀다. 어떤 면에서는 사회가 발전했을지 몰라도 비정규직, 여성, 고령, 이주, 저임금의 취약한 노동자는 여전히 지난 시대의 중독사건 위험에 처해 있다. 누구든지 다치지 않고 건강하게 일할 권리가 있음을, 그리고 특히 약자에게 그 권리가 중요함을 잊지 말자.

메탄올 중독사건:

법의 사각지대에서
시력을 잃은 파견노동자들

이진우
(직업환경의학 전문의, 민주노총 노동안전보건부장)

28세의 그녀는 저녁을 먹고 부천에 있는 회사로 출근 준비 중이다. 오늘은 야간조라 밤 9시까지 출근이다. 그녀는 12시간 맞교대로 휴대폰 부품을 만드는 곳에서 일한다. 인터넷 인력파견업체를 통해 이곳에서 일한 지 4개월째다. 그날따라 몸이 안 좋고 메스꺼움이 계속되었다. 밤에 12시간을 꼬박 일하는 것이나 일이 쉽지 않아 몸이 아픈 건 상당한 부담이다. 기계가 깎아낸 알루미늄판의 버튼 모양에 불량이 있는지 공장을 돌아다니며 검사하고 제품에 남은 쿨링제를 직접 닦는 것이 그녀가 맡은 일이다. 하지만, 출근을 안 할 수는 없는 노릇이었다.

출근한 후에도 몸은 좀처럼 나아지지 않았다. 너무 힘들어 회사에 말하고 중간에 잠시 병원에 다녀왔다. 피검사도 했지만, 의사는 원인을 잘 모르겠다고 한다. 회사는 삼성전자의 스마트폰 부품을 납품하고 있다. 요즘 신제품 출시 후 판매가 늘면서 주문 물량도 쏟아지고 있다. 주야 맞교대에 자주 잔업까지 하고 있으니 몸이 지쳤나 생각했다. 병원에 갔던 그녀는 다시 공장으로 돌아와 다음 날 오전 9시까지 일했다.

어느 퇴근길, 파견노동자는 빛을 잃다

마침내 퇴근 시간이 다 되었다. 그런데 퇴근 시간 15분 전부터 눈이 침침하다. 동갑내기 동료에게 "아까부터 이상하게 앞이 잘 안 보여"라고 호소할 정도였다. 하지만, 이미 병원도 다녀왔고 해서 '매일 밤 일해서 그런가, 일단 집에 가서 한숨 자면 나아지겠지'하는 마음으로 집에 왔다. 아침에 드는 잠, 얼마나 잤을까. 눈을 떴지만 앞이 보이질 않았다. 자고 나면 나아질 줄 알았던 눈은 더 안 좋아졌다. 정신까지 흐릿하다. 너무 놀라 남편을 깨운다. 그녀의 남편은 앞이 안 보인다는 부인의 말에 더 놀란다. 부리나케 그녀를 이대목동병원 응급실로 데려갔다. 그사이 의식까지 잃고 사경을 헤매던 그녀는 응급실에서 중환자실로 옮겨진 후 투석 치료를 받고 겨우 살아났다. 혈액투석 중 내과 의사는 사업장에서의 메탄올 중독을 의심하게 되고 직업환경의학과(김현주 교수)에 협진을 요청한다.

검사 결과 노출 후 약 72시간이 지난 후의 소변(1회 혈액 투석 이후) 중 메탄올은 7,632mg/L이었다. 메탄올의 체내 반감기가 4시간 정도임을 감안하면 기준의 약 13만 배에 이르는 상상을 초월하는 농도다. 입원 후 5일째, 그녀가 의식을 겨우 회복한 후에야 사업장 이름을 확인할 수 있었고 사업장을 통해 메탄올 사용 여부도 확인했다. 김현주 교수가 고용노동부에 신고한 지 3일 만에 노동부는 사업장에 임시건강진단 명령을 내렸다. 하지만, 그녀는 여전히 앞이 보이지 않았다.

병원에서는 메탄올 중독에 의한 독성 뇌병증과 양안 시신경 병증이라고 진단했다. 공장에서 일하면서 생긴 병이란다. 일한 지 4개월 만에 얻은 병이다. 그녀와 비슷한 증상이 갑작스럽게 나타난 노동자가 더 있었다. 그녀와 같은 공장에서 일하던 동갑내기 동료와 스무 살 동료까지 한 공장에서만 3명. 그리고 다른 두 공장에서도 피해자가 각각 한 명씩 나왔다. 공장은 달랐지만, 공교롭게 이들이 한 일은 스마트폰에 들어가는 부품을 만드는 일로 같았다. 일한 지 일주일 만에 병을 얻어 근로복지공단에 산재를 신청하는 과정에서 알게 된 1명(25세)과 인천 공단 지역 하청업체에서 발생한 1명(28세)까지 총 5명이 메탄올 중독으로 시력에 문제가 생겼고, 이 중 4명은 영구적으로 시력을 회복하지 못할 가능성이 높다.

대기업의 다단계 하청으로 방치된 안전

사고가 발생한 공장은 삼성전자, LG전자에 핸드폰 부품을 납품하는 3차 협력업체들이다. 이 사건은 2016년 1월 부천의 업체(YN테크, 덕용ENG)와 2월 인천 소재의 BK테크에서 파견노동자 5명이 메탄올에 급성 중독되어 시력 손상 등(실명 3명, 시야결손 1

명, 뇌 손상 1명) 산재가 발생한 사건이다. 이들은 인력 파견업체의 소개를 받아 어떤 업무인지도 모르고 들어간 공장에서 일하다 하루아침에 시력을 잃고 뇌 손상을 입었다. CNC 공정(컴퓨터 수치 제어 시스템)이라는 업무 때문이다. 휴대폰에 들어가는 알루미늄 가공품을 절삭, 가공하는 작업인 CNC 공정은 휴대폰 제조에 필수적인 것으로 핸드폰 측면 버튼, 케이스 판넬 등을 다룬다. 중독사고가 난 공장에서는 알루미늄 절삭용액(쿨링제)으로 메탄올을 사용했다. 그들의 눈을 멀게 하고 뇌를 망가뜨린 것은 바로 메탄올이었다.

사고 직후 해당 사업장 작업환경 측정 결과 덕용ENG의 메탄올 농도는 노출 기준의 1.1~2배 수준이었고 YN테크는 5~11배에 달했다. 특히 충격적인 것은 2월 인천 남동공단 내 BK테크에서 중독사고가 발생한 시점이 노동부가 사업장 점검을 하고 난 후라는 것이다. 사업주가 쿨링제를 에탄올로 교체했다고 감독관을 속이고 메탄올을 다시 사용하면서 중독사고가 발생했다. 노동부는 에탄올로 교체했다는 사업주 말만 듣고 점검을 마쳤고, 후속 점검은 없었다. 2월 3일 점검받은 사업장의 사업주는 2월 11일 다시 메탄올을 사용했고 인천의 또 다른 그녀(마찬가지로 20대 노동자)는 메탄올에 중독되어 뇌 손상 및 시력 이상으로 의식이 혼미한 상태다. 하청사업주들이 또다시 메탄올을 사용하는 사례가 계속 밝혀지고 있다. 이는 악질적인 하청사업주 몇몇의 문제가 아니라 제2, 제3의 사고가 반복적으로 발생할 수밖에 없는 원·하청의 구조적인 문제임을 반증하는 것이다.

흔히 공업용 알코올이라고 알려진 메탄올은 굉장히 오래된 유해물질이다. 그 유해성 때문에 대체 물질로 에탄올이나 이소프로필알코올 등을 사용하는 것이 보통이다. 그런데 1960년대 이후 국제적으로 보고된 적이 없는 구시대적 중독사고가 2016년 한국에서 발생했다. 중독사고가 발생한 공장의 사장들이 대체 물질이 있음에도 메탄올을 사용한 이유는 하나다. 싸기 때문이다. 1kg당 에탄올은 1,200원 정도이고 메탄올은 500원이다. 사고 사업장 모두 삼성전자와 LG전자에 휴대폰 부품을 납품하는 3차 하청업체라는 사실에 주목해야 한다. 사고는 수직적 원·하청 구조와 최저낙찰제가 적용되는 도급계약이라는 구조적 원인에서 비롯되었다. 납품 단가를 맞추기 위해 유해물질 여부와 상관없이 싼 재료를 선택하는 것이다.

삼성전자, LG전자 등 휴대폰을 생산하는 대기업은 1차 하청기업과 알루미늄 케이스 및 부품 납품 계약을 맺은 뒤 그게 어떤 과정을 거쳐 어떻게 생산된 것인지에 관해서는 관심을 두지 않았다. 그 결과 2차, 3차, 4차로 내려갈수록 위험한 공정이 전가되었고 하청 사업주 상당수는 메탄올의 위험성을 알지 못했다. 이는 납품되는 제품의 품질만 중시하고 생산 과정에서 유해한 취급 물질에 대한 정보가 하청 사업주나 노동자에게 전달되거나 관리되지 못하는 현실에서 비롯된다. 원청인 삼성전자, LG전자는 메탄올 사고 이후에도 하청 업체들에 대한 별도의 후

속 조치가 없었다. 중독사고 직후 민주노총·한국노총과 시민단체에서 이들 원청에 보낸 공개질의서의 답변에서도 1차 하청 외에는 안전보건 관리를 해오지 않았고 이후로도 계획이 없다고 밝혔다. 1차 하청 업체를 대상으로 메탄올 사용 금지에 대한 것만 요구하는 실정에서 하청업체들의 안전보건 관리는 무방비로 방치될 수밖에 없다. 이런 와중에 화공약품 제조기업 일동케미칼이 메탄올에 에탄올 라벨을 붙여 삼성전자 2차 협력업체에 제공했다는 사실이 일동케미칼 안전보건 담당 직원의 내부 고발을 통해 밝혀지기도 했다.

안전 사각지대에 놓인 파견노동자,
부실 점검 비웃는 파견업체

사실 제조업은 파견노동 자체가 불법이다. 그런데 파견법에 예외 항목으로 존재하는 '일시 간헐적 사유'가 악용되는 경우가 많다. 일시 간헐적 사유를 들어 6개월간 파견노동을 사용한 후 반복해 갈아치우는 것이다. 대놓고 저지르는 불법이다. 파견되어 일하는 비율도 상당히 높다. 인천지역 단체들이 진행한 '파견노동 실태조사'에 의하면, 전체 공장의 직원 대비 파견노동자의 비중이 절반을 넘는 경우가 49%에 달했다. 공단에서 불법 파견노동 사용이 많은 이유는 스마트폰처럼 주기가 짧은 전자산업 시장의 수요 변화에서 기인한다. 물량 변화가 심하기 때문이다. 이번 메탄올 사고의 원청업체인 삼성과 LG 같은 대기업에서 수주를 받기 위해 하청업체들은 노동자들을 파견이나 계약직으로 고용한다. 그리고 물량이 줄어들면 문제없이 해고한다. 제품 교체기에 따른 위험성을 노동자들이 고스란히 짊어지는 것이다.

메탄올 중독 산재를 당한 노동자들은 모두 불법파견노동자였다. 이들 파견노동자에게 산재보상보험법상의 책임 주체인 파견사업주는 4대 보험을 가입시키지 않았고 관리 대상 물질인 메탄올의 위험성 여부를 알려주지도 않았다. 국소 배기장치 설치는 물론 장갑, 마스크, 보안경 등 적절한 보호구도 지급하지 않았다. 감독의 책임이 있는 노동부가 불법파견을 묵인함으로써 이들 파견노동자는 유령처럼 공단을 떠돌았고, 그들의 건강과 안전은 사각지대에 놓이게 되었다.

사고 발생 이후 노동부는 임시건강진단 명령을 내렸다. 하지만, 검진에 필요한 재직 및 퇴직 노동자 기록조차 찾기 어려웠다. 파견노동자들이기 때문이다. 결국, 임시건강진단은 현재 재직 중인 노동자로만 국한되었다. 이전에 이 공장들을 다녀갔던 노동자들의 흔적은 찾을 수 없었다. 각종 유해물질과 위험한 작업환경에 노출되지만, 특수건강검진 등 각종 예방제도의 대상에서도 다수가 누락된다. 직장을 떠난 이후에 질병이 발생할 경우 직장 이력 확인이 어렵기 때문에 산재보상 가능성도 낮은 것이 파견노동자의 현실이다.

메탄올 급성 중독사고 이후 고용노동부의 초동 대처는 이례적으로 적극적인 편이었다. 해당 사업장에 작업 중지, 작업환경 측정, 임시건강진단 명령을 내렸다. 하지만, 메탄올 급성 중독의 발견엔 우연적인 요소가 컸다. 갑자기 눈이 안 보이는 증상이 있었고, 방문한 병원에 직업병을 의심할 수 있는 의사가 있었으며, 직업병 전문가인 직업환경의학 전문의가 있었다. 빠른 판단으로 노동부에 신고가 들어갔고 메탄올 중독이 세상에 알려졌다. 상시적인 직업병 관리 시스템에 의한 것이 아니라 '운'이 좋길 기대할 수밖에 없는 상황이다. 노동부는 초동 대처 이후 3월 10일까지 전국 3,100개 메틸알코올 취급 사업장을 대상으로 긴급 점검을 실시한다고 밝혔다. 하지만, 사업장 대상 선정에서 삼성과 LG의 2차, 3차 하청업체나 다수의 메탄올 취급 사업장이 누락됐다. 조사 대상을 휴대폰 부품 업체로 한정한 것도 문제였다. 유성기업 아산과 영동 사업장도 메탄올 취급 사업장이었으나 점검 대상이 아니었고 노동조합의 신고 이후 노동부 점검에서도 검진이나 교육 등 기본적인 안전보건 조치가 취해지지 않았다.

또한, 고용노동부가 해당 사업장에 조사 전 공문을 발송하거나 유선전화로 미리 공지했다는 여러 정황도 있다. 실제 점검 과정은 메틸알코올 사용 여부, 유해물질 보관소 및 MSDS 비치 여부만을 확인하는 등 다분히 형식적인 조사에 그쳤다. 일부 점검 대상 사업장은 고용노동부가 나오기 전에 급히 메탄올을 감추거나 근로감독관의 사용 여부 질문에 거짓으로 답변하라고 교육까지 시켰다는 점이 확인되었다. 이런 부실 점검으로 5번째 사고가 발생한 것이다. 부실 점검으로 인한 중독사고 발생 이후에도 현장에서는 아무런 안전보건 개선 조치 없이 낮에는 에탄올, 밤에는 메탄올을 쓰는 불법이 횡행하고 있다.

"오늘 우리 회사에도 환경 감사가 옵니다. 일단 지금 분홍색 통에 덜어 쓰고 있는 메탄올 다 감춰야 합니다. 이따 내가 한 바퀴 돌면서 수거할 거고, 오늘 메탄올로 뭐 닦지 마시고요. 아, 그리고 이따 감시하는 사람 와서 혹시 청소할 때 뭐로 하냐고 물어보면 이렇게 말하세요. '몰라요. 저희는 물로만 청소하는데요. 과장님한테 물어보세요.' 이렇게. 설마하니 '몰라요'란 말도 기억 못 하는 거 아니죠? 꼭 그렇게 대답해 주시고요. 그리고 지금 쓰고 있는 용제들, 아농(잉크희석제), BK도 팀별로 한 통씩만 가지고 있으세요. 이따 걷을 상황이 올지도 몰라요. 인쇄기사들도 감시하는 사람이 인쇄 기계 판 뭐로 닦느냐고 물으면 안 닦는다, 다 쓴 판은 그냥 폐기한다고 대답하시고요. 알겠죠? 이상."
(중략)
'몰라요'도 기억하지 못할 바보 취급을 받았지만, 우리는 이미 메탄올로 실명 위기에 놓인 삼성 하청공장 노동자의 소식을 알고 있었다. 휴식시간에 기사를 본 후 소스라치게 놀라서 메탄올을 덜어 쓰던 분홍색 플라스틱 통을 최대한 멀찌감치 놓고, 더 이상 메탄올을 듬뿍 묻혀 꼼꼼히 청소하지 않고 있었던 것이다.

당장에라도 들이닥칠 것 같던 감사는 점심시간이 지나고 느긋하게 왔다. 철저한 '안전교육'을 받은 우리는 당장 작업장의 모든 유기용제를 증발시켰다. "패스 박스에 담아 3층 사무실로 옮겼다던데?" 아까 용제를 걷어가던 윤정 언니가 말했다. 내 옆으로도 감사가 지나갔다. 남색 방진복을 입고 있는 우리와 달리 하늘색 방진복을 입고 뒷짐을 진 남자는 쓰레기통을 열어보지도, 나나 인쇄기사에게 질문을 던지지도 않았다.[37]

핵심은 파견노동, 어떻게 해야 하는가

민주노총에서는 메탄올 중독사고 이후 3,100개 사업장을 대상으로 감독 점검을 진행할 때 불법파견 감독도 동시에 진행할 것을 노동부에 공식 요구했다. 물론 노동부는 진행하지 않았다. 일손이 부족한 노동부를 위해 사업장 감독 결과를 알려주면 민주노총이 다음 점검과 관리감독을 이어가겠다고 제안했으나 이마저도 거부했다. 이후 노동부는 불법파견 감독(스마트 감독 방식)과 파견공급업체 실태조사 계획을 발표했다. 2015년 8월에 발표된 즉시 사법처리 등 처벌 강화 계획은 사라지고, 현행의 감독과 시정 조치보다 후퇴하여 '자율 개선'이 감독 전 단계에

---

37 박수경(OO공단 하청업체 파견노동자), "그날 우리는 왜 메탄올을 숨겨야 했나―스마트폰 공장 파견노동자의 일기", 〈오늘보다〉 2016년 4월호

추가되었다. 자율 개선 유도라는 이름으로 불법파견 사용업체에 주는 면죄부를 확대하고 있다.

결국, 우려는 현실로 드러났다. 노동부는 3,100개 사업장 일제점검을 실시한 뒤 추가 환자가 없다고 발표했지만, 2016년 10월 삼성전자 3차 협력업체에서 피해자 2명이 추가로 확인됐다. 부천 소재 덕용ENG에서 2015년 1월부터 3주간 불법파견으로 일한 노동자 김모(29세) 씨와 인천 소재 BK테크에서 2015년 9월부터 4개월간 역시 불법파견으로 일한 또 다른 노동자 정모 (35세) 씨다. 두 곳 모두 2016년 초 메탄올 중독사고가 발생한 사업장이다. 김 씨는 덕용ENG에서 12시간 야간근무를 하다 3주 만에 호흡곤란과 앞이 안 보이는 증세로 병원에서 치료를 받았지만 결국 오른쪽 눈을 완전히 실명했다. 파견회사와 사용회사 모두 연락이 되지 않는 상태다. 정 씨는 눈이 침침하고 몸이 안 좋아 감기인 줄 알고 조퇴했다가 집에서 쓰러져 병원으로 실려갔다. 그 역시 사물의 실루엣만 확인할 수 있을 정도로 두 눈이 멀었다. 당시는 이미 메탄올 중독사고가 사회에 알려진 때였지만, BK테크는 추가 피해자(정 씨)가 있다는 사실을 노동부에 알리지 않고 은폐했다.

1998년 파견법 도입 이후 파견업체와 사용업체 수, 파견노동자 수는 모두 3배 이상 증가했다. 그러나 이것이 파견노동자의 실체라고 볼 수는 없다. 2015년 노동부의 불법파견 감독에서만 감독 대상 사업장의 77%가 불법파견이었기 때문이다. 또한, 통계청의 경제활동 인구조사 부가조사 결과에 따르면 2015년 8월 파견노동자는 21만 명이고 용역노동자는 65만6,000명이다. 현장에서 파견근로와 용역근로는 같기 때문에 사실상 파견근로인 파견과 용역노동자는 86만6,000명에 달한다. 정부의 산업안전감독관은 305명에 불과하다. 애초에 안전의 사각지대에 놓인 노동자들의 건강과 안전을 감독하는 것은 불가능했던 것일까? 노동부는 2015년 상반기 파견 등록된 업체 중 10％도 안 되는 사업장에만 감독을 나갔다. 점검 대상 사업장 수와 법 위반 적발 건수 모두 감소하고 있다.

근로자 파견사업 현황(노동부, 2015)

연도	파견사업체	사용업체 수	파견노동자 수
1998	789	4,302	41,154
2014	2,468	15,009	132,148
증가율	3배 증가	3.5배 증가	3.2배 증가

이런 참혹한 현실에도 박근혜 전 대통령은 불법파견이 넘쳐나는 안산시화 공단에서 "피를 토하는 심정으로 파견법을 통과시키라"고 주문했다. 노동부의 부실 점검으로 2차 메탄올 중독 사고가 발발한 상황에서 노동부 장관은 기자회견을 통해 "파견법이 꼭 통과되어야 한다"고 주장했다. 유례없는 국정농단 사건으로 국회가 정쟁을 겪으며 유예되긴 했지만, 사실상 파견을 확대하는 '노동개혁법안'이 통과된다면 위험에 무방비로 노출된 파견노동자가 훨씬 더 많아질 것이 불 보듯 뻔하다. 19세기형 안

전사고를 반복할 것인지 끝낼 것인지, 파견노동을 늘릴 것인지 줄일 것인지를 둘러싼 투쟁은 계속되고 있다.

끔찍한 사고가 다시 일어나지 않기 위해선 어떻게 해야 할까? 삼성, LG 등 휴대폰 제조 원청 대기업은 2, 3차 하청업체의 유해화학물질 사용 중단 등 즉각적인 대책을 시행해야 한다. 위험 업무의 도급 금지와 원청 책임 강화도 필요하다. 국제적으로도 '공급 사슬망' 내의 하청, 재하청기업에 대한 원청의 책임을 강화하는 것이 시대적 추세다. 정부는 위험의 외주화 금지, 하청 산재에 대한 원청의 책임 및 처벌 강화 등을 담아 산업안전보건법을 개정해야 할 것이다. 노동부는 파악된 문제를 공개하고 점검 결과를 공유하여 노동조합이나 전문가들과 근본적인 대책 마련을 위해 노력해야 한다. 메탄올 사용 가능성이 있는 CNC 사업장 목록 공유와 거기서 일한 파견노동자의 명단 확보, 메탄올에 의한 추가 직업병 피해자 파악 등이 필요하다.

메탄올 중독사고는 우리나라 산업보건 제도의 허점이 드러난 사건이다. 지금의 제도와 시스템으론 수많은 유해물질과 열악한 작업환경으로부터 노동자들의 건강이 지켜질 수 없음을 확인했다. 다른 방식이 필요하다. 더 이상 형식적으로 작업장이 관리되거나, 소수의 의사만이 직업병에 관심을 두고 운 좋게 병을 발견하는 일은 없어야 한다. 일반 병·의원 모두에서 직업병 조기 발견 시스템을 도입하는 것도 필요하다. 병원과 안전공단, 근로복지공단, 노동부, 지자체가 연계되는 직업병 사고 대응체계 구축도 시급하다.

　무엇보다 단가 인하 압박에 시달릴 수밖에 없는 다단계 하청 구조, 열악한 노동환경과 불법이 만연한 공단, 제조업 불법파견 노동을 모두 바꿔야 한다. 문제의 중심에는 공단에 위치한 대기업 하청업체에서 일하는 '파견' 노동자들이 있다. 가장 효과 높은 재발 방지 대책은 파견직과 같은 불안정한 일자리를 줄이고 안전한 노동환경이 보장되는 안정적인 일자리를 늘리는 것이다. 이곳저곳을 옮겨 다니는 파견노동자에게 산업재해란 매일 도사리고 있는 일상 속 재앙이다.

현장실습이라 불리는

어린 노동자 착취의 굴레

최민
(직업환경의학 전문의, 한국노동안전보건연구소 상임활동가)

"현장실습 나가서 일하던 청년이 일터에서 죽었대요."

선배에게서 전화가 왔다. 아들이 일하던 식당에서 죽었다며 도움을 청하는 아버지가 있다고 한다. 아버지는 도움받을 곳을 찾다가 세월호 가족협의회에까지 연락했고, 416연대 집행위원으로 활동하던 선배를 통해 나에게 연결됐다. 경기도의 한 도시에서 특성화고를 졸업하고 옆 도시의 식당에서 일하다 생을 마감했다는 것 외엔 아무 정보도 없는 상태에서 일단 아버지를 만나기로 했다. 자살? 아니면 타살? 과로에 의한 돌연사일 수도 있다고 생각했다. 이미 특성화고 현장실습생의 자살, 사고사, 뇌출혈 등은 어제오늘의 일이 아니다.

"참고 다니라고 한 게 너무 후회됩니다"

약속 장소에 나온 아버지는 아들이 직장에서 괴롭힘을 당하고 장시간 노동에 시달리다 자살했다고 말했다. 아들은 특성화고 3학년에 재학 중이던 2015년 12월부터 6개월째 성남시의 대형 뷔페식당에서 일하고 있었다. '상업고등학교'였다가 지금은 'e—비즈니스고등학교'로 이름을 바꾼 이 학교에서 인터넷쇼핑몰을 전공했고 전산·회계와 컴퓨터 등의 자격증이 있었지만, 전공을 살릴 만한 일자리가 많지 않았다. 취업률을 높여야 하는 학교에서는 전공과 전혀 다른 일인 이 식당 취업을 추천했다.

"자격증이 다섯 개나 있었어요. 이것 좀 보세요. 이 녀석이 내성적이고 조용해서 컴퓨터 이런 거는 잘했거든요. 제 형이랑 뭘 개발해가지고 특허도 두 개나 땄어요."

아버지는 아들의 억울함을 밝히기 위해 모아온 자료들 틈에서 자격증과 특허출원 문서를 꺼내 보였다. 자격증은 현장실습에 아무 도움이 되지 않았다. 조리 관련 학과가 없는 이 학교에서 식당에 함께 '실습' 나간 학생이 6명이라고 했다. 대학 나와 전공 살리는 사람이 몇이나 되겠느냐는 자조도 식당행을 결정하는 데 한몫했을 것이다. 이런 일을 따져 물으면 특성화고 현장의 선생님들은 얼굴을 붉히며 "그럼 우리 아이들은 어디에 취직하라는 거냐, 대학 나와도 전공과 상관없이 취업하지 않느냐"고 항변했다.

뜬금없긴 했지만, 식당은 그래도 대기업이었다. 수습 기간을 마치면 정규직이 될 수 있고 1년만 일하면 4년제 대학의 조리 관련 학과에 입학할 수도 있다고 생각하며 마음을 다잡았다. 요즘 유행하는 셰프가 되는 것도 나쁘지 않을 것 같았다. 2015년

11월, 아버지는 현장실습 취업 설명을 들으러 학교에 방문했다. 이때 담임선생님은 아들에게 "중간에 그만두면 학교에 누가 되니 꾹 참고 열심히 하라"고 했다. 아버지는 격려의 말을 해주는 선생님이 고마웠다. 지금은 "참고 다니라"고 했던 게 너무 후회된다.

"그때는 그게, 열심히 하라는 말이니까. 좋은 말씀 해주시는구나 싶어 고맙더라고요. 그런데 지금은 너무 후회가 돼요. 힘들면 힘들다고 말하라고, 그만둬도 된다고 해야 했는데. 걔가 혹시 그 말 때문에 참았던 건 아닌가 생각하면…."

처음 취업했을 때는 현장실습 명목이었기 때문에 아들과 학교, 업체는 3자가 참여하는 '현장실습 표준협약서'를 작성해야 했다. 표준협약서는 현장실습생의 노동인권 보장을 위해 노동부에서 정해둔 양식으로 기아자동차에서 일하던 특성화고 현장실습생이 과로로 쓰러진 후에 나온 정부 대책 중 하나다. 2011년 12월 기아차 광주공장에서 특성화고 현장실습생이 뇌출혈로 쓰러졌다. 당시 이 실습생은 10시간 맞교대에 잔업, 주말 특근까지 하며 짧게는 주당 58시간, 길게는 70시간의 장시간 노동을 하던 중이었다. 사고 후 실태 조사에 참여했던 한 특성화고 교사는 "대기업도 그렇게 현장실습생들을 착취하다니 정말 놀랐다. 가을부터 2월까지는 특성화고 학생을, 1학기 때는 전문대 실습생을 쓰니 1년 동안 신규 노동자를 한 명도 채용하지 않고 잘 굴러가더라"고 했다. 유수의 대기업에서 벌어진 현장실습생

착취, 교육의 의미를 전혀 찾을 수 없는 현장실습의 현실에 사회적 공분이 일었다. 이듬해 정부는 초과근로를 금지하고 안전교육을 의무화한 '현장실습 표준협약서'를 고시하고 현장실습 전 업체와 실습생, 학교장이 협약을 맺도록 했다. 이 표준협약서에 따르면 현장실습 시간은 하루 7시간, 연장은 1시간까지 가능하다. 그러나 아들은 업체와 '하루 11시간 미만 근로'를 한다는 '근로계약서'를 따로 썼다. 심지어 사건 후 찾아본 표준협약서에 학교장 도장도 찍혀 있지 않았다.

근로계약서도 제대로 지켜지지 않았다. 스케줄대로라면 오전 11시 출근, 오후 10시 퇴근해야 하지만 이러저러한 '벌칙' 명목으로 2시간 먼저 나오는 일이 잦았고 오전 7시 무렵 출근하는 날도 있었다. 아들이 남긴 메시지 중엔 "혼자 (벌칙으로) 너무 일찍 출근했는데 식당에서 무슨 소리가 나서 무섭다", "사람들 올 때까지 라커룸에 숨어 있어야겠다"는 내용도 있다. 일을 마치고 정리하다 보면 퇴근 시간인 밤 10시를 넘기는 것도 일쑤, 보통 11시나 11시 반쯤 퇴근했다는 게 친구들의 증언이다. 양식부 막내로 '수프 끓이기'를 담당했던 아들은 수프를 쏟아 발에 2도 화상을 입기도 했다. 3주 동안 네 차례 병원을 방문해 화상 치료를 받았지만, 산재보상을 받지 못했다. 부상 때문에 쉰 것도 아니다. 수포가 생긴 2도 화상이었지만, 주방용 장화를 신고 똑같이 일해야 했다. 괴롭힘도 심했다. 아들은 친구와 주고받은 문자메시지에서 자신이 '양식 파트'에서 '욕먹기' 담당이라고

농담처럼 말했다. 늦은 퇴근길, 집까지 태워다준다며 선배가 차 안에서 신체 접촉을 시도하는 일도 많았다.

"'아빠, 난 자꾸 그렇게 만지는 게 싫어요'라고 하더라고요. 나는 아무것도 모르고 '야, 인마. 그건 네가 귀여워서 그러는 거야' 하고 말았죠. 남자애들끼리 무슨 일이 있겠나 싶었어요. 그런데 나중에 우리 애 핸드폰을 보니 그 선배가 음란물 동영상을 보내 놓았더라고요."

아들은 부쩍 말수가 줄고 말라갔다. 입사 후 5개월 사이 10kg 가까이 살이 빠졌다. 표정도 어두워졌다. 그만두기도 쉽지 않다고 했다. 친구 중 한 명은 허리가 아프다고, 한 명은 집이 먼 곳으로 이사했다고 호소하고서야 그만둘 수 있었다고 했다. 아버지는 2015년 가을과 2016년 2월에 찍은 아들 사진을 번갈아 보여준다.

"이것 보세요. 눈에 띄게 표정이 없어졌어요. 나중에는 거의 말문을 닫았어요. 제가 우리 애 이렇게 되고 나서 너무 힘들어서 병원에 다녔는데 의사 선생님 말씀이 살이 빠지고, 말수가 없어지고, 표정이 없어지는 게 다 우울증 증상이라고 하더라고요. 4월까지는 저도 '그냥 다녀봐라' 했는데 5월 초에 애가 그만두고 군대에 가겠대요."

2016년 5월 초, 입대 결심을 주위에 알리고 입대 지원서에 붙일 사진도 챙겼다. 상사에게 이제 그만두겠다고 말한 그 날, 벌칙으로 9시까지 출근해야 했지만 1시간 지각한 그날(그마저 근로계약서상 출근 시간보다 1시간 이른 출근이다), 그는 많이 혼났는지 얼굴이 벌겋게 부었다. 다른 파트에서 일하는 동갑 친구들에게 인사도 제대로 안 하고 점심도 거르고 있다가 오후에 유니폼을 입은 채 매장을 나갔다. 그리고 다음 날 새벽 전봇대에 목을 맨 주검으로 발견됐다. 해당 외식업체가 운영하는 식료품공장 바로 앞 골목이었다.

구의역 그이도 현장실습생 출신

아들의 갑작스러운 죽음을 받아들이기 어려웠던 아버지는 아들의 동료들을 만나고, 친구들을 인터뷰해 녹취록을 만들고, 회사에 찾아가 출퇴근 기록을 받아 두툼한 자료를 만들었다. 이를 어떻게 알려야 할지 막막하던 차에 지푸라기라도 잡는 심정으로 세월호 가족협의회에 연락할 용기를 내게 된 것은 2016년 5월 말에 발생한 구의역 스크린도어 수리 노동자 사망 사건을 보고 난 뒤였다. 2016년 5월 28일 구의역에서 스크린도어 수리·정비를 하던 만 19세 노동자가 들어오던 전동차에 치여 숨졌다. 김 군으로 알려진 이 노동자 역시 특성화고 3학년 때 지하철 스크린도어 유지보수업체인 은성PSD에 현장실습 형식으로 취업했다. 은성PSD에 2015년 가을 현장실습생으로 함께 들어온 동료는 10명도 넘었다. 사고 뒤 서울시 진상조사단의 발표에 따르면 서울메트로가 2015년 새로 계약을 맺은 은성PSD와의 용역 계약 금액은 2011년 협약 때보다 연 14억4,000만 원 적었다. 점검을 철저히 하면 고장 수리가 불필요하다는 이유를 들어 스크린도어 유지·관리 용역 계약에서 고장 수리비용을 뺀 것이다. 연평균 스크린도어 고장 건수가 1만2,000건에 달하고 스크린도어 유지·관리에서 고장 수리가 가장 중요한 업무임에도 그랬다.

후려친 용역비의 부담은 노동자들에게 전가됐다. 돈이 부족하니 일할 사람을 충분히 확보하지 않았다. 2013년 1월 성수역에서도, 2015년 8월 강남역에서도 스크린도어를 정비하던 노동자가 사망했다. 구의역 사고와 똑같은 사고였다. 이미 2015년 사고 발생 후에 2인 1조라는 작업 지침이 지켜지지 못하는 현실, 위험한 업무가 외주화되어 발생하는 소통의 문제 등이 제기됐고 서울시와 서울메트로는 반드시 2인 1조로 일하도록 하겠다고 밝혔었다. 하지만 이는 매뉴얼에만 존재했다. 쉴 틈도 없이 다음 현장에 쫓기듯 출동해야 했다. 구의역 김 군의 가방 안에 컵라면이 있던 이유다. 2명이 해도 위험한 일에 한 명만 배치해놓고 나 몰라라 하는 체제를 유지하는 데에 특성화고 현장실습생들이 활용됐다. 서울시 진상조사단에 따르면 은성PSD는 2014년 11월부터 공업고등학교 학생을 스크린도어 유지보수 업무 현장에 배치했다. 진상조사단 보고서는 이를 두고 "실습생들은 2인 1조 매뉴얼을 (서류상으로) 지키기 위해 활용됐다고 볼 수 있다"고 분석했다. 물론 실습생, 그리고 실습생 출신 젊은 노동자들이 다른 노동자와 똑같이 일하더라도 일손이 터무니없이 부족한 게 현실이라 이런 사고가 발생한다. 서울시의 조사 결과가 아니더라도 아들을 잃은 아버지는 보도를 보면서 어린 학생들 데려다가 막무가내로 일 시키다가 사달이 났구나, 이 현장실습이라는 거 자체가 부리기 편한 학생들 공급하는 제도구나 싶었다.

"그 장례식장에 가보고 싶었어요. 나중에 보니까 우리 애랑 똑같은 거예요. 실습한다고 데려다가 그냥 막 부려먹는 거죠. 거기도 위험한 일이었잖아요. 위험한 일, 힘든 일일수록 어린 애들 시키는 거죠. 우리 애 친구들 애기 들어보니까 이 식당도 일이 너무 힘들기로 유명하대요. 오래 일 못 하고 다들 금세 그만둔다고. 학교에서는 그런 것도 알아보지 않고 애들을 그냥 넣어두기만 하고. 어렵고 힘들어도 참고 다니라고만 하고…."

반복되는 비극

문제가 번연히 남아 있는데, 해결을 미루는 사이 비극은 반복된다. 2017년 1월, 이번에는 현장실습 중이던 특성화고 3학년 재학생이 자살했다. 애완동물을 좋아해 애완동물학과를 다니던 이 여학생이 현장실습을 한 곳은 통신회사 고객센터. 역시 전공과 관계없는 곳에서 벌어진 허울뿐인 실습이었다. 일이 힘들어 이직률이 높았고, 특성화고 현장실습생들이 자리를 채워주는 사정도 비슷했다. 현장실습생이 목숨을 끊은 이 회사는 LG유플러스 고객센터를 운영하고 있었는데, 2주에 한 번 꼴로 사람을 뽑아 창립 6년 동안 공채 기수가 200기를 넘는다. 3년 전인 2014년에도 이곳에서 한 노동자가 '회사가 시간외수당과 퇴직자 인센티브를 착복하는 거대한 사기꾼 같다', '실적 목표를 과도하게 잡아 직원들을 압박한다'는 유서를 남기고 스스로 목숨을 끊었다. 이런 고객센터 내에서도 경력 많은 노동자들도 힘들어하는 해지 방어 부서에 현장실습생이 배치됐다. 고객센터 내에서 '욕받이 부서'라고 불리는 곳이었다.

현장실습생의 노동조건을 좀 더 엄격히 규율하는 표준협약서 외에, 다른 내용의 이면 근로계약을 맺은 것 같았다. 표준협약서엔 1일 7시간 노동과 기본급 160만5,000원이 명기돼 있지만, 고인이 실제로 받은 급여는 1일 8시간 근무 기준 120만 원이 채되지 않았다. 연장근무 포함 하루 8시간을 넘게 노동해서는 안된다는 표준협약서 내용도 지켜지지 않은 것 같았다. 오후 6시가 넘은 시간에 "콜수 못 채워서 늦게 퇴근할 것 같다"는 문자메시지를 가족들에게 보냈다. 처음 사건이 불거지자 회사는 현장실습생들에게 실적 압박한 적 없다, 회사에서 아무 문제가 없던 직원이라며 손사래를 쳤지만, 가족과 친구들의 기억은 달랐다. 실적을 채우지 못해 상사로부터 압박을 받았고, 실적과 연동되는 급여가 줄어 회사를 그만 다니고 싶어 했다. 하지만 다른 많은 비극에서와 마찬가지로, 고민하고 괴로워하는 그녀에게 학교나 가족, 주변 어른들은 '힘든 게 있어도 이겨내고 다녀보라'고 했다. 참고 일하는 게 미덕인 세상이다. 그러다 참지 못할 정도가 된 고등학생 현장실습생은 차라리 세상을 등지기로 한 것이다.

빨리빨리 일하는 거 배워요

특성화고등학교는 현장에서의 직업·기술 교육을 강화한다는 명목으로 현장실습을 반드시 이수하게 되어 있다. 그동안 법률에 제대로 반영되지 않다가 2016년 8월부터 시행된 직업교육 훈련 촉진법 개정안에서 처음 현장실습의 정의가 도입됐다. 법에서 말하는 현장실습이란 '직업교육 훈련생이 향후 진로와 관련하여 취업 및 직무수행에 필요한 지식·기술 및 태도를 습득할 수 있도록 직업현장에서 실시하는 교육훈련과정'이다. 학기 중 며칠 혹은 몇 주씩 현장에 나가 실습할 수도 있고, 산업체의 노동자나 기술자를 불러 학교에서 실습할 수도 있다. 그러나 현재 특성화고에서 가장 중요한 현장실습은 조기 취업 형태인 파견형 현장실습이다. 특성화고 학생들은 3학년 2학기부터 아예 학교에 나오지 않고 사업체 실습생으로 취업해 일한다. 말이 실습이지 그냥 조기 취업이다. 현장에서 만난 학생들은 "'실습'이란 말은 선생님들만 쓴다. 우리는 그냥 취업이라 하고 주변에서도 취업생이라 부른다"고 했다. 취업률은 학교 예산이나 학교장 및 교사 성과급에 반영되기 때문에 학교는 적극적으로 학생들을 사업장에 내보낸다. 그러는 과정에서 인터넷쇼핑몰을 전공하고도 식당으로 '실습' 나가는 일이 벌어진다. 물론 모든 학생이 억지로 나가는 것은 아니다. 학교에 남아도 주변 친구들이 하나둘 취업하기 시작하면 수업이나 학교 활동이 제대로 되기 어렵다. 진학이 목적이 아닌 이상 학교에 나가기도 불편해진다. 차라리 돈이나 벌자는 생각이 든다.

실제 교육의 의미는 거의 없는데도 실습생이라는 이유로 노동권의 사각지대에 있는 파견형 현장실습의 폐해는 오랫동안 지적됐고 실제로 현장실습생에게 여러 차례 중대재해가 발생했다. 2011년에 기아자동차 광주공장에서 장시간 노동하다 뇌출혈로 쓰러진 현장실습생은 지금도 병석에 있고, 2012년에는 울산신항만 공사현장 작업선 전복사고로 현장실습생이 사망했다. 산업재해 다발 사업장에는 현장실습을 가지 못하게 되어 있지만, 지난해 감사원 감사 결과 산업재해 다발 사업 혹은 상습 임금체불업체로 고시한 업체 등에도 실습생이 파견된 사실이 적발됐다. 2014년에는 울산의 한 공장에서 야간작업 도중 폭설을 이기지 못하고 공장 천장이 무너져 내렸는데, 사망한 노동자 중 특성화고 현장실습생이 한 명 포함돼 있어 표준협약서상 금지된 야간 교대 근무 사실이 드러나기도 했다.

죽거나 크게 다치지 않더라도 현장실습생들에게 일터는 위험하다. 2014년 파견형 현장실습 실태조사에서 만난 두 명의 고3 학생들은 식품 관련학과 소속으로 화과자 생산공장에서 실습 중이었다. 학교에서 하는 실습과 파견 실습이 어떻게 다르냐는 질문에 학생들은 "학교에선 반죽이나 재료 준비처럼 한 가지 일을 하고 나면 한두 시간 짬이 나요. 그런데 회사에선 쉬엄쉬엄 못해요. 레일이 계속 돌아가니까 계속 일하는 거예요. (반죽을) 계속 치는데 쉬는 시간은 없고. 그래서 빨리빨리 일하는 법을 배우는 것 같아요"라고 대답했다. 이제 일한 지 겨우 한 달째이던 두 학생은 벌써 허리나 어깨가 아프다고 했다. 20kg짜리 밀가루 포대를 10kg짜리 두 개로 나누면 낫지 않겠느냐는 내 말에 학생들은 "빨리빨리 일해야 하니까 그럴 순 없어요"라며 웃었다. 작업 조건과 환경을 설계하는 데 가장 중요한 원칙은 '일에 사람을 맞추지 말고 사람에 일을 맞추라'는 것이다. 그러나 젊은 노동자들은 기계에 맞춰 일하는 법을 배우는 초기 노동 경험을 통해 일에 사람을 맞춰야 한다는 작업장의 불문율을 몸에 새긴다. 이쯤 되면 현장실습에서 배우는 것은 기술도, 직업인으로서의 자긍심도 아니고 '순종적이고 말 잘 듣고 부지런한 근로자'로서의 태도다.

어리고, 미숙하고, 배우는 노동자?

청소년인 특성화고 현장실습생들은 성인과 똑같은 일터에서 똑같은 위험에 노출되어 일하면서도 나이가 어리다는 이유로, 숙련이 덜 되었다는 이유로, '배우는 중'이라는 이유로 더 건강하지 못한 환경과 더 불리한 작업 조건에 처하기도 한다. 한 청소년 노동자는 고등학교 졸업 전 현장실습으로 취업한 회사에서 수습 명목으로 3개월간 급여를 적게 받았는데 2월이 되어 졸업하고 나서도 다시 3개월간 수습 급여를 받은 친구의 경험을 털어놓았다. 억울했지만, 병역특례업체라 옮기지 못했다고 한다. 휴대폰 부품 업체에서 일하던 현장실습생은 한 주는 아침 8시 반부터 저녁 8시 반, 그다음 주는 저녁 8시 반부터 아침 8시 반까지 일하는 12시간 주야 맞교대를 주 6일씩 하고 있었다. 누구도 그녀에게 '주 40시간, 하루 8시간' 노동이 법으로 정해져 있다는 얘기를 해주지 않았다. 그녀는 그저 12시간 근무하는 회사에 취직했을 뿐이다. 연장근무를 안 한다는 생각은 해볼 수도 없었다. 현재 근로기준법은 원칙적으로 청소년 노동자의 야간 노동을 금지하지만, 30명 이상의 노동자를 고용하는 기업 33.6%에서 교대근무를 하고 그중 다수가 야간 노동 후 휴일 없이 연달아 일하는 2조 2교대인 현실에서 이런 보호 조항은 제기능을 하기 어렵다.

현장실습생의 이런 위치는 뷔페식당에서 일했던 아들의 사례처럼 일터괴롭힘의 표적이 되게 하기도 한다. 역시 특성화고 3학년, 현장실습생으로 CJ제일제당 진천공장에서 2013년 11월부터 일하던 한 학생은 일을 시작한 지 채 석 달이 되지 않은

2014년 1월 기숙사 옥상에서 투신해 사망했다. 그는 사망 4일 전의 회식에서 입사 동기 중 가장 나이가 많은 동료 A로부터 얼차려를 당하고 머리를 밟히고 뺨을 맞았다. A는 앞선 회식에서 일을 제대로 하라며 상사에게 엉덩이를 걷어차였다. 리더 격이던 A는 동기들 때문에 맞았다는 생각에 고인을 학대했다. 선임병이 후임을 폭행해 군기를 잡으면 후임의 후임이나 신병에게 폭력이 이어지는 군대 내 병폐가 재현된 셈이다. 가해자는 폭력 행사 후 폭행 사실을 발설하지 말라고 고인을 협박했다. 협박은 SNS와 휴대폰 문자메시지를 통해 주말 내내 이어졌다. "만일 네가 회사에 일러바쳐 내가 그만두게 되면 끝까지 너를 괴롭히겠다."

고인은 사망 전날인 일요일에 회사에 가기 싫다고 가족들에게 호소했다. "엄마 아들이 회사에서 뺨 맞고 머리를 발로 밟히면 회사에 가라고 하겠냐"고 울먹이던 고인은 결국, 공포와 압박감을 이기지 못하고 자살하고 말았다. 고인은 전날 밤 트위터에 "저는 너무 두렵습니다. 난 제정신으로 회사에 다닐 수 있을까요. 내일 인사과에 나를 때렸다는 사실이 전해질 텐데 나는 과연 그 형의 반응을 버텨낼 수 있을까요"라고 적었다. 이 사건은 2015년 3월 결국 산업재해로 인정됐지만, 알려지지 않은 억울한 사연들은 훨씬 많을 것이다.

열악한 노동조건, 자기 발전의 기회가 제공되지 않는 일자리가 특성화고 현장실습생들만의 문제는 아니다. 젊은 세대에 대한 착취라는 말이 나올 정도로 열악해진 청년 노동 전반이 그렇다. 현장실습생들의 일자리, 현장실습이 택할 수 있는 일자리도 그런 맥락 안에 놓일 수밖에 없다. 면접했던 한 특성화고 졸업생은 현장실습을 나갔던 11월부터 다음 해 9월까지 직장을 5번 옮겼다. 저임금 불안정 일자리가 대세인 가운데 현장실습은 젊은 노동자를 인기 없는 일자리로 꾸역꾸역 공급하는 파견업체 역할을 한다. 그러나 현장실습생들에겐 20대 노동자의 일반적인 어려움 외에 특수한 문제도 있다. 의무적으로 견뎌야 하는 현장실습은 직장 선택과 퇴사의 자유를 빼앗고 부당한 상황에서의 인내를 강제한다. 학생이기 때문에 학교나 후배들에게 불이익이 될까 참고 견뎌야 하는 압박감도 있다. 청소년이라서, 사회 경험이 적기 때문에 당하는 차별이나 불편함도 있다. 여전히 특성화고 학생들은 청소년 중에서도 불리한 경우가 많다. 좀 더 가난하고 주변 자원이 더 적다. 사업장 변경이 금지된 이주노동자가 부당한 대우를 참고 견디는 것, 병역특례노동자가 업체에 쓴소리 한 번 하기 어려운 것과 마찬가지 사정이다. 현장실습생의 이런 약점을 적극적으로 활용하는 사업주도 많다.

그리고 적절하지 못한 일자리, 부당한 처우에 방패가 되어야 할 교사와 학교는 오히려 학생들을 현장실습으로 내몬다. 취업률 경쟁 때문이다. 취업률 경쟁은 도교육청부터 학교, 교사, 최근 도입된 특성화고 취업지원관에 이르기까지 전방위로 벌어지고 있다. 현장실습업체를 섭외하고 일차적으로 거르는 역할을 해야 할 취업지원관 역시 학교장이 고용한 비정규직이다. 보통 1년마다 맺어야 하는 재계약은 실적에 따라 여부가 결정되고 그 실적은 다름 아닌 취업률이다. 그 결과로 12시간 주야 맞교대 업체나 전공과 무관한 사업체에까지 학생들을 내보내는 현재의 파행적 현장실습을 낳았다.

"학교평가에 따라 학교 예산 지원에 차등이 생기고…. 학교별 성과급도 있어요. 특성화고의 경우엔 취업률이 성과급에 미치는 영향이 굉장히 커요. 그래서 취업률을 높여야 돼요. 또 취업지원관들이 비정규직이라서 내년에 또 계약하려면 올해 실적을 올려야 하잖아요. 그래야 다음이 보장되니까…."

2014년 현장실습 실태 조사에서 만난 특성화고 교사의 말이다.

오로지 '취업률 제고'를 목표로 수십 년을 흘러온 특성화고 현장실습은 쉽게 대안을 말하기 어려운 문제가 되어버렸다. 한 실습생이 말한 대로 '철이 들어' 순응하는 근로자가 되는 것이 전부인 지금의 현장실습. 누구를 위해, 왜 존재하는가. 최소한 이렇게 엉망인 몇 개월의 현장실습보다 앞으로 당당한 노동자로 살아가는 데 밑거름이 될 노동 인권교육이 특성화고 학생들에게 더 필요하다. 청소년기의 노동 경험은 평생의 노동 과정에 영향을 미친다. 현장실습생들이 건강하고 당당한 노동자가 되기 위해서는 작업장 적응이 아니라 오히려 노동자의 권리를 축소하고 안전과 건강을 뒷전에 두는 지금의 작업장을 낯설게 보는 경험이 더 필요하다. 건강한 일터란 무엇인지 아는 것, 건강한 일터를 만들기 위해 자기에게 주어진 권리를 알고 요구하는 것, 그 권리를 실현하기 위해 서로를 조직해보는 경험 말이다.

에필로그:
〈〈〈〈〈〈〈〈〈〈〈〈〈〈〈〈〈〈〈

굴뚝 밖으로 나온
노동자들

전주희
(한국노동안전보건연구소 노동시간센터 연구원)

1. 지금을 버티는 힘, 웰빙

　노무현 정부 시절이었다. 국민소득 2만 불 시대를 열었다며 언론이 한동안 시끄러웠다. 국민소득 2만 불은 삶의 변화를 느끼기엔 너무나 추상적인 숫자였다. 대신 '웰빙well-being'이라는 말이 우리 생활 깊숙이 들어왔다. 사람들은 '웰빙'이 가져오는 기분 좋은 느낌을 선호했다. 굶지 않고 하루 세끼 찾아 먹으려는 시대가 아닌 '잘 먹고 잘사는 법'을 찾아 나서는 시대는 얼마나 풍요로운가. '먹고사는 문제'에서 벗어나 삶에 대한 풍요로움을 갈고 닦는 문제였던 '웰빙'은 그러나 국민소득 2만 불이 그저 풍문으로 우리에게 왔던 것처럼 그렇게 우리 삶을 슬쩍 스쳐 지나갔다. 그렇다면 지금 우리 곁에 남아있는 웰빙은 무엇일까? TV가 종일 쏟아내는 먹방과 쿡방의 이미지들을 소비하는 우리에게 과연 웰빙은 어떤 모습으로 당도했을까.

　우리는 지금 '헬조선'에서의 웰빙이라는 역설적인 상황이 무엇을 의미하는지 생각해볼 필요가 있다. 그것은 불안정한 노동과 편의점 도시락, 고시텔로 이어지는 노동과 삶의 풍경 옆의 건강보조식품 같은 것이 아닐까. 실제 홍삼, 비타민, 유산균 등과 같은 건강보조식품 시장에서 전통적 소비층인 50대 이상의 중 · 장년층 대신 2, 30대가 새로운 소비층으로 급부상하고 있다. 명절이면 나오는 홍삼 광고도 자식이 부모님에게가 아니라 부모님이 갓 시집온 며느리에게, 삼촌이 취준생 조카에게 주는 선물로 제안된다. 몇 해 전 방영된 드라마 '미생'에는 스틱형 홍삼농축액이 노출됐고 이 상품의 매출은 급증했다. 이 제품이 타깃으로 삼은 것은 30대 직장인의 '과로'였다. 이 간편한 스틱은 광고 문구처럼 "오늘도 과식에 운동은 못 하고 스트레스까지" 겹친 일상에 간편한 해결책을 제시한다. 과로의 근본적인 원인을 따져 묻기엔 너무도 지친 이들에게 "지금을 버티는 힘"은 홍삼 스틱이라고 말이다. 건강보조식품 시장 규모가 4조 원대로 급격히 늘면서 중소기업이 점유하던 이 시장은 대기업들의 공격적인 마케팅으로 더욱 가열되고 있다. 40대 이상의 소비 역시 급증하고 있지만 2, 30대의 증가속도는 전체 시장 규모와 트렌드를 이끌 만큼 속도와 규모 면에서 압도적이다. 이렇듯 웰빙은 이미 각광받는 산업이 되었다.

세계보건기구World Health Organization: WHO는 '건강'을 단지 질병이 없는 것, 즉 아프지 않은 상태를 뜻하는 소극적 의미를 넘어 '신체적, 정신적, 사회적 웰빙의 상태'로 정의하고 있다. 반면 웰빙산업이 선도하는 웰빙이란 건강을 사회적인 것에서 떼어

내 철저하게 개인 책임으로 돌리는 것이다. 지금의 사회는 상사의 부당한 명령이나 장시간 노동에 대한 사회적 문제를 따져 묻는 말보다 날렵한 스틱에 담긴 홍삼을 먹는 입을 선호하는 듯하다. '건강하고 아름다운 몸'에의 집착은 무엇보다 신자유주의가 대중들에게 요구하는 '자기 자신을 기업처럼 잘 경영할 수 있는 능력'을 내면화한 표지다. 세계보건기구가 1978년에 주도한 알마아타Alma-Ata 선언은 건강의 문제를 개인이 아닌 사회적인 문제로 제기하면서 이를 사람들이 자신의 건강에 대한 통제력을 높이는 과정으로 정의한다. 하지만 지금 우리 앞에 놓인 웰빙은 사회적이지 않을뿐더러 현실의 '웰빙적 삶'이란 노동과정과 소비를 통한 기업의 이중 그물망에 포획된 모양새다. 웰빙을 추구하는 시공간은 장시간 노동과 불안정한 일자리, 그리고 외주화를 통해 작업장의 위험을 눈에 보이지 않는 것으로 가리면서 확장된다.

마거릿 대처가 집권 당시 신자유주의 정책을 밀어붙이며 한 말인 "사회는 없다"의 진의는 신자유주의에 반대하는 집단적 노동자 저항을 무력화하고 사회복지 정책을 축소하는 것으로 나타났다. 마찬가지로 "지금을 버티는 힘" 웰빙은 노동자의 과로와 불안정한 삶에 사회적인 책임 따위는 없다고 잘라 말하듯이 건강을 오로지 사생활의 영역으로 후퇴시키고 있다. 기업은 개인과 사회 사이 어디쯤에서 자본의 운동을 가속할 뿐이다. 하지만 건강 문제에서 자신의 통제력을 회복하고 이를 사회적인 문제로 확장하기 위해서는 기업이라는 굴뚝으로 들어가 그 안에서 노동자의 건강이 어떻게 이지경이 되었는지 탐색해야 한다. 19세기 마르크스가 《자본》에서 '관계자 외 출입금지'라 써붙은 공장 안으로 들어가 자본의 비밀을 파헤쳤던 것처럼 우리는 오늘날 신자유주의라는 옷으로 갈아입은 자본의 본질을 고장 난 노동자들의 몸에 새겨진 흔적을 통해 밝혀야 할 것이다. 그리고 그 흔적에서 보이는 폭력에 관해 자본의 책임을 묻고자 한다. 자본을 감시하고 통제하려는 사회의 노력이 진행될 때 우리는 다시 웰빙을 이야기할 수 있을 것이다. 웰빙의 사생활이 아닌 사회적 웰빙에 관해서 말이다. 그래서 우리는 19세기 자본주의를 열었던 굴뚝, 공장의 굴뚝 속으로 들어갈 필요가 있다. 하나의 의문을 갖고서. 노동자의 건강이 개인의 책임인 사회에서 노동은 어떤 모습이고 노동을 수행하는 작업장에서는 대체 무슨 일이 벌어지고 있는가?

2. 산타클로스와 굴뚝 청소부 그리고 구의역

노동을 하다 다치거나 아프거나 죽는 경우가 어제오늘의 일은 아니지만 그렇다고 인류 역사의 처음으로 거슬러 올라갈 필요는 없다. 19세기 산업혁명 이래 자본주의 산업 발전이 한창이던 영국을 살펴보자. 뜬금없이 산타클로스 이야기부터 하겠다. 산타클로스는 아동의 수호 성인 성 니콜라스의 별칭이다. 19세기 무렵 크리스마스가 전 세계의 기념일이 되면서 산타클로스는 아동들이 가장 보고 싶은 인물이 되었다. 그리고 그 시대는 '아동'이 탄생한 시기이기도 하다. 이전 시대까지는 청소년은 물론 아동에 관해 특별한 관념이 없었다. 기껏해야 미숙한 시기일 뿐인 아동은 노동과 놀이를 어른과 거리낌 없이 공유했다. 19세기에 이르러 아동이 훈육하고 보호해야 하는 대상으로 간주되면서 아동을 중심으로 부모의 역할이 성립됐다. 그러니까 아동은 부르주아 가족과 함께 탄생했다. 오늘날 엄마, 아빠, 나의 삼각관계를 중심으로 한 가족모델은 19세기 부르주아 가족모델이 보편화한 것이다. 아동들은 이제 부모들에게 보호받고 훈육되어야 하는 존재가 되었다. 부르주아 아동들이 굴뚝을 통해 산타클로스가 들어와 선물을 주는 상상을 시작한 것도 이때쯤이다. 이와는 달리 프롤레타리아 가족의 아동들은 실제로 굴뚝에 들어갔다. 굴뚝 청소 노동자가 된 것이다. 이 어린 프롤레타리아들은 7~8세부터 고용되어 16시간씩 노동했다. 중세시대 일과 놀이를 성인들과 공유했던 작은 어른들이 자본의 시대가 온 이후 두 가지 다른 길을 걷게 된 것이다. 하나는 아동으로, 다른 하나는 섬세한 노동에 적합하고 값싼 노동력으로.

　당시 영국 런던에만 굴뚝 청소노동을 하는 아동의 수가 2,000명에 달한 것으로 추정된다. 이들은 굴뚝으로 들어갈 수 있는 작은 몸을 가졌고, 그렇기 때문에 굴뚝 안에서 재를 묻히거나 화상을 입거나 질식사하는 경우에 쉽게 노출됐다. 그러다

이 아동들의 몸에 '검댕사마귀'라 불리는 검은 돌기들이 생기기 시작했다. 당시 의사들은 대수롭지 않게 생각했지만, 굴뚝 청소를 하는 아동들은 음낭암에 잘 걸렸다. 음낭암을 '굴뚝 청소부의 암'이라 부를 정도였으니 말이다. 그런데 영국의 굴뚝 청소부가 아닌 유럽이나 미국의 굴뚝 청소부에게선 음낭암이 드물었다. 버틀린이라는 외과 의사는 이 문제의 해답을 찾기 위해 유럽 대륙으로 건너가 그곳의 굴뚝 청소부들을 직접 만났다. 버틀린이 발견한 것은 유럽 대륙의 굴뚝 청소부들이 보호 의복을 잘 착용한다는 것이었다. 오늘날로 따지자면 안전보호구나 안전작업복 착용 여부의 중요성을 지적한 것이다. 당시 굴뚝 청소를 하는 노동자들 사이에서는 아동 노동자들이 잘 걸리는 음낭암이 '검댕암'으로 불렸는데 여기엔 일리가 있다. 굴뚝 청소 과정에서 지속적으로 피부와 접촉하는 검댕에 발암물질인 다환방향족탄화수소[PAHs]가 포함된 것이 나중에 밝혀졌다. 의사와 함께 이 문제를 계속 관찰한 19세기 사회개혁가들은 아동들의 주거환경까지 살펴보았다. 그들은 아동들이 밤에 덮고 자는 담요가 굴뚝 청소를 할 때 검댕을 받아낸 담요라는 사실을 발견했다. 어린 굴뚝 청소부들은 담요에 묻은 검댕을 밤새 들이마셨다.

자본주의의 여명기에 이미 직업성 암이 발견된 것이다. 오늘날 삼성반도체 노동자들의 백혈병도 직업성 암이다. 우리는 산업재해나 직업병을 산업의 발전에 따른 예외적인 부작용처럼 생각하곤 한다. 하지만 직업병은 자본주의의 발전과 함께 시작되었다. 여기서 주목할 것은 관찰자들과 관찰 대상이다. 당시 의사들이 관찰한 것은 특정 집단에 집중해 발병한 음낭암과 이를 둘러싼 원인이었다. 그들은 아동 노동자의 가혹한 노동조건에 분노를 터뜨리는 대신 그 원인을 추적했다. 의사들과 사회개혁가들은 어린 노동자의 신체에 새겨진 흔적들을 관찰했다. 그 흔적은 어린 노동자들이 몰랐던 것, 말하지 못했던 무언의 증언을 함축하고 있다. 그것은 단지 '아프다는 것'을 넘어 노동자의 작업장과 현장의 노동조건을 담고 있으며 부르주아 가족의 아동과는 다른 길을 걸어야 했던 노동자 가족의 자본주의적 경로를, 삶의 형태를 담고 있다. 의사와 사회개혁가들과 같은 관찰자들은 기계의 굉음을 내며 바삐 돌아가던 자본주의의 한복판에서 소음으로만 치부되던 비명을 하나의 명료한 목소리로 '번역'해 냈다.

자본주의는 오늘날 여전히 기세등등하다. 노동자들의 직업병도 19세기보다 훨씬 늘었다. 개인의 질병이 아닌 직업병으로 인정된 경우가 많아졌다고 해석해 이러한 번역의 과정이 활발했다고 볼 수도 있지만, 다른 한편 자본의 승리를 상징하는 기념비처럼 직업병이 도처에 증식한 것 같기도 하다. 그렇다면 관찰자들의 실천은 어떤 의미를 갖는가? 다시 질문을 던져보자. 오늘날 관찰자들은 누구이며, 그들은 어떤 의미를 번역해내고 있을까? 이러한 실천은 자본주의와 어떤 관련이 있을까?

2016년 5월, 구의역 스크린도어를 수리하던 19세 청년노동자가 열차에 치여 사망했다. 안전의 외주화가 야기한 사건이라는 점에서, 특성화고 현장실습이라는 노동권 사각지대의 실상을 드러냈다는 점에서, 무엇보다 '불안정한 일자리'라는 불안정노동의 사전적 정의를 뛰어넘어 현실을 가리켰다는 점에서 이 사건에 많은 관찰자가 생겼다. 청년노동자의 '현실'이 가방 속 컵라면이라는 실체로 나타났을 때 사람들은 한 청년의 죽음이 함축하는 의미를 번역하기 시작했다. 대중은 어떤 전문가 집단보다 더 빨리 SNS로 사건을 알렸다. 그리고 이 사건의 원인과 해결 과정을 관찰하고 의미를 확산시켰다. 이때 대중들이 관찰한 것은 나이 어린 노동자에게 닥친 불의의 사고의 이면, 즉 노동자의 몸과 메트로의 원·하청 구조가 결합하는 방식, 자본주의가 시스템을 어떻게 구축하고 있는가에 관한 정치적 문제였다. 이 문제를 둘러싼 정치는 자본주의라는 시스템의 심층으로 내려가야 한다는 것을 의미한다. 자본주의는 그것에 적합한 제도들로 이루어져 있지만, 또 한편 자본에 적합한 방식으로 조직된 기계들, 과학기술들의 결합이기도 하다. 따라서 '메피아'로 불리는 지하철 내부의 권력관계가 이 죽음의 최종 원인으로 지목될 수 없다. 보다 근본적인 문제는 자본의 속도와 시스템이다. 현장실습생으로 일찍이 취업한 특성화고 학생들은 무엇보다 자본의 속도를 몸에 새긴다.

　"학교에선 반죽이나 재료 준비처럼 한 가지 일을 하고 나면 한두 시간 짬이 나요. 그런데 회사에선 쉬엄쉬엄 못해요. 레일이 계속 돌아가니까 계속 일하는 거예요. (반죽을) 계속 치는데 쉬는 시간은 없고. 그래서 빨리빨리 일하는 법을 배우는 것 같아요."(최민, 312쪽)

집단적 관찰자로서 대중의 등장은 SNS와 스마트 기기가 결합한 과학기술의 발전과 함께 이루어졌다. 그럼에도 대중이 전문가들의 역할까지 대체한 것은 아니다. 특정 영역의 전문성은 대중과 더 긴밀하게 결합할 필요가 있다. SNS나 스마트 기기를 노동자 대중만 사용하는 것은 아니다. 기업이나 국가 역시 이를 활용하며 이를 통해 더 크고 강력한 자본과 권력의 연결망을 가진다. 기업은 자본력으로 정보를 최대한 집중시키며 정작 이를 알아야 할 노동자들은 정보에서 배제된다.

3. 직업병을 만드는 기업, 직업병이 만드는 사회

우리는 이제 건강한 노동자였다가 중대재해로 하루아침에 고장 난 이들, 오랜 시간의 노동 끝에 골병이 든 신체에 관해 이야기해야 한다. 이들은 산업 폐기물인가? 노동자에서 환자가 된 이들은 이제 더 이상의 생산 능력을 잃어버린 것일까? 기계의 '고장'은 흔히 기계 자체의 오류로 생각되지만, 사실 인간이 다루는 과정에서 나타나는 오작동이다. 즉, 기계 스스로는 고장을 일으킬 수 없다. 고장은 인간과 기계의 결합 능력이 약화될 때, 다시 말해 인간이 기계를 다루는 솜씨가 서툴거나 기계의 한도를 초과해 사용하거나 하는 데서 발생한다. 그래서 고장이란 결함이 아닌 인간과 사물의 관계를 수정하라는 일종의 신호다. 그렇다면 인간의 고장은? 직업병이란 자본의 기계 시스템과 인간 노동의 결합 능력이 약화되었거나 잘못 관계 맺었다는 신호라고 할 것이다. 따라서 병을 얻는다는 것, 특히나 직업병을 얻는다는 것은 인간 노동력의 결함이 아닌 노동과 자본–기계와의 결합 관계의 문제다.

이런 논의에 비추어 직업병 문제를 들여다보자. 견딜 수 없는 속도가 주어지면 기계의 오작동이나 인간 신체의 고장이 나타난다. 수천 가지의 화학물질은 그 자체로는 유용하지도 위험하지도 않다. 다만, 인간들과의 관계에서 그것은 유용할 수도 위험할 수도 있다. 이 관계를 잘못 맺으면 화학물질은 위험한 물질이 된다. 즉, 기계나 화학물질 같은 사물은 인간의 신체를 통해 '번역'되며, 이 번역된 의미를 탐색하고 파악할 수 있는 1차 집단은 바로 환자 자신들이다. 환자들은 치료받고 보호받아야 하는 수동적인 존재로, 더 이상 노동을 수행할 수 없는 무기력한 존재로 생각되기 쉽지만, 직업병의 다양한 경험과 역사를 살펴보면 결코 그렇지 않음을 알 수 있다. 제일화학의 석면으로 병을 얻은 환자들은 수십 년간 신체에 남겨진 알 수 없는 물질들을 추적하며 사회에, 지역에, 당시 공장에서 일했던 노동자들에게 석면의 실체를 알렸다. 고작 산재 처리를 피하려 노동자를 죽음으로 몰아간 기업에의 비판은 노동자들과 변호사들, 의사들이 모인 '기업 살인죄' 적용 운동으로 확장됐다. 구의역 스크린도어에서 일어난 죽음은 특성화고 현장실습이라 불리는 청소년 노동의 또 다른 잔혹한 현실들이 뒤따라 나오는 계기가 되었다.

노동자의 정체성만으로는 아픈 노동자인 환자들이 직업병 문제의 적극적인 행위자로 나설 수 없다. 노동자란 노동 수행 능력을 갖춘 자이기 때문에 자신이 병들었다는 것, 예전만큼의 노동력을 갖고 있지 않다는 것에 의기소침해진다. 이들은 자신의 직업병을 개인의 몫으로 돌리지 않고 적극적인 치료의 문제를 제기하면서 또 다른 정체성, 즉 환자로서의 정체성을 갖게 된다. 자본의 입장에서 병든 신체는 아무짝에도 쓸모없는 거추장스러운 것이지만, 노동자들은 환자로서 자신의 정체성을 구축하는 과정에서 자신의 병이 자본의 공장 안에서 벌어지는 일련의 기계 시스템 및 다양한 물질과 관련 있음을 직감한다. 그들의 신체가 공유하는 어떤 특징들이 있기 때문이다. 가령 석면에 노출된 신체들은 공장을 넘어 지역으로 확장되며, 석면에 노출된 과거와 고통의 현재를 그리고 고통이 지속될 미래를 공유한다. 나아가 일본 석면 피해자들과 한국의 신체들이 연결되었다(그리고 지금 이 순간 아시아의 어느 나라에서 석면의 신체들이 형성되고 있다. 우리는 아직 석면의 이윤을 지구적인 차원에서 봉쇄하지 못했기 때문이다). 그래서 노동자들에게는 치료로 가는 길이 곧 새로운 사회적 권리를 획득하는 길이기도 하다. 신자유주의 이후 강화된 노동 강도는 제조업 노동자 대부분을 디스크 환자로 만들었다. 허리 디스크 같은 근골격계 질환이 집단 산재 인정을 위한 싸움이 되는 순간 이들은 자동차 만드는 노동자에서 근골격계 환자라는 또 다른 정체성을 형성하게 된다. 이러한 새로운 정체성들은 근골격계 질환에 '나이 먹으면 으레 생기는 허리병'이 아닌 기계의 속도와 노동 강도, 그리고 신자유주의라는 새로운 문제들을 끌어들여 사회적 이슈로 제기한다. 이들이 요양을 위한 산재 인정 싸움을 집단으로 제기했을 때, 그리고 이들의 치료를 위해 의사들과 노동운동가들이 새롭게 연결의 흐름을 만들 때 근골격계에 관한 사회적 권리는 새롭게 형성된다.

직업병에 걸린 노동자의 역할은 치료받기 위해 병상에만 있는 수동적인 역할에 머물지 않았다. 그들이 치료로 가는 길에 때로는 밝혀지지 않았던 새로운 유해물질을 과학적으로 입증해야 하는 과제가 놓였고, 자신의 질병이 굴뚝 안에서 벌어지는 노동 과정과 기계적인 시스템 때문임을 역학적으로 증명해야 했다. 그때마다 병든 노동자들은 근골격계 정체성을, 석면 정체성을, 수은 정체성을, 백혈병 정체성을 형성하며 의사들과 노무사, 변호사 그리고 노동운동가들과 함께 적극적인 참여자로서 새로운 사회적 권리를 위한 싸움을 벌여왔다. 그것은 온전한 시민으로 인정받기 위한 싸움이기도 하다. 자본주의 사회에서 고장 난 신체는 노동능력이 없기에 배제되어 왔고, 배제되고 있다. 그렇기에 사람들은 더더욱 장애를 입지 않기 위해, 아프지 않기 위해 웰빙의 사생활에 집착하는지도 모른다. 하지만 그것은 시민의 범위를 너무나 협소하게 할 뿐이다. 아프다는 것, 장애가 있다는 것은 오히려 새로운 시민으로서의 정체성을 확장한다. 정상 모델에서 벗어난 예외적인 정체성들이 인정받기 위해서는 눈에 잘 띄게 하고 목소리가 잘 들리게 해야 한다. 이때 환자와 의사가 연결되고 서로의 행위를 결합하게 된다. 의사들은 아픈 노동자들의 목소리를 듣기 위해 굴뚝 속으로 들어갔고, 공장 안의 위험한 비밀을 몸에 새긴 노동자들은 치료와 원인 규명을 위해 굴뚝 바깥으로 나온다. 그들이 치료를 받기 위해서는 먼저 자본주의 시스템에서 퇴출당해야 하는 폐기물이 아닌 또 다른 시민의 모델을 창출해야 하기 때문이었다.

의사들은 여전히 굴뚝 속으로 들어가 질병을 번역하는 수고로운 번역가들이다. 때로는 노동자들의 주검을 탐색하는 탐정이 되어 범인을 추적한다. 그래서 젊은 조선소 하청노동자의 급작스러운 죽음과 휴대폰 부품을 만드는 28세 여성의 실명이라는 이질적인 사건이 하청과 외주화, 불법파견이 야기한 문제로 모이기도 한다. 결국, 기계와 인간의 나쁜 관계는 제도와 정치의 문제로 나아간다. 동시에 근골격계 집단 산재 인정처럼 환자로서의 정체성을 획득한 노동자들은 이후 노동자이자 환자인 이중적 정체성을 더욱 밀고 나가기도 한다. 다시 굴뚝 속으로 들어간 두원정공 노동자들의 운동은 자본화된 기계의 속도를 노동자-환자의 신체에 적합한 속도로 바꾸기 위한 새로운 작업장 운동으로 전환했다. 그들은 노동자이자 환자인 자신들의 신체를 자본의 시선이 아닌 자신들의 시선으로 바라보았고 기계와 인간의 새로운 결합 방식을 고안했다.

기업은 중대재해와 직업병이 기업의 담벼락을 넘지 않도록 온갖 정보망과 권력을 이전보다 더 잘 활용하고 있다. 그러나 직업병을 만드는 기업에 맞서 직업병의 사회적 권리를 확장하려는 번역의 연결망들은 끊어지지 않는다. 직업병이 사라지지 않는 이상, 아니 자본주의 시스템이 기계와 인간을 착취하고 병들게 하면서 이윤을 추구하는 것을 중단하지 않는 이상 직업병이 재구성하는 노동의 권리, 사회적 권리의 확장 역시 계속될 수밖에 없다.